島添大里グスク

南山の有力按司（南山王とも）、大里按司の居城で、南部では最大規模を誇る。15 世紀には第一尚氏の拠点としても利用された。

玉城グスク（上里隆史撮影）

琉球開闢神話の七嶽の一つと伝わる連郭式のグスク。自然の岩を利用した主郭の門が知られている。二の郭、三の郭は根石のみ残る。

座喜味グスク（上里隆史撮影）

15世紀初頭、山田按司の護佐丸が築いたグスク。城壁に多数の張出を築き、沖縄最古とされるアーチ門も残る。

中城グスク遠景（中城村教育委員会提供）

1440年代、座喜味より移った護佐丸の居城。城郭が階段状に連なる大型グスク。護佐丸以前の旧城郭と、護佐丸増築の城郭に分かれる。

シイナグスク（今帰仁村教育委員会提供）

今帰仁グスク築城前の北山王の居城と伝わる。石積は散見されるも明確な防御施設は見られず、自衛的な集落の性格が濃い。

今帰仁グスク（今帰仁村教育委員会提供）

北山王の居城で沖縄島北部最大級のグスク。15 世紀初頭、北山滅亡後には北山監守が置かれ、首里の王族が代々統治した。

宇江城グスク

伊敷索按司の一族により築かれた県内最高所に立地するグスク。安山岩の平石を石積に利用する。16 世紀頃、首里王府により滅ぼされる。

フルスト原遺跡（石垣市教育委員会提供）

15 ～ 16 世紀、首里王府に抵抗した石垣島の有力首長、オヤケアカハチの拠点と伝わる。防御的な性格を持つ集落遺跡。

沖縄の名城を歩く

上里隆史・山本正昭［編］

吉川弘文館

刊行のことば

沖縄県を含む琉球列島では本土とは異なる独自の歴史が展開した。一五世紀初頭に「琉球王国」が形成される過程で幾多の政治権力が興亡を繰り返し、「グスク」と呼ばれる城塞的な施設を築いていった。こうした沖縄の歴史的特性も影響し、沖縄のグスクは日本本土の城とは大きくその様相を異にする。

日本本土に先行して総石垣の城塞が一四世紀までに普及し、城門には中国大陸の技術であるアーチ門が採用される。大型グスクの主郭には中国風の宮殿建築と儀式を行う広場空間が配置され、日本の城のイメージと大きくかけ離れた姿をしている。アジア地域との交易活動が展開された歴史から、島外から伝来した様々な文化・技術がグスクにも反映されている。

グスクの成り立ちはまた琉球列島の自然環境も大きく関係している。琉球列島はその多くがサンゴ礁で囲まれた亜熱帯の島々である。長い時間をかけて堆積したサンゴ礁は琉球石灰岩の地層を形成し、隆起して島尻層泥岩の上に台地となって出現した。この石灰岩丘陵上に多くのグスクは築かれ、また石灰岩は豊富な建材として用いられ、加工が比較的容易であったことから、グスクに曲線を描く美しい城壁に整形することを可能にした。なお住宅の屋敷囲いや墓、石畳道、橋など生活の至る所で石積みは用いられた。沖縄が「石造文化の島」とも呼ばれるゆえんである。

東京から福岡までの距離にほぼ匹敵する広大な海域にちらばった島々は、「琉球文化」と単純にひとくくりにできないほど地域の多様性を広げた。グスクについても同様で、奄美地域と沖縄島北部は土からなるグスクを主体とし、先島地域は「スク」をはじめとした地域独自に発展した防御的集落がみられ、地域によってその姿と特徴はさまざまである。

沖縄の歴史と風土のなかで育まれたグスクの実態は近年、急速に進む考古学調査や歴史研究の進展で明らかになってきた。本書はその最新成果をもとに、国指定史跡を中心とした代表的な大型グスクや、離島を含めた各地域の特徴的なグスクを紹介していく。現在の「日本国」の範囲にある、もうひとつの「城」の姿を読者の皆様に知っていただけたらと思う。グスク巡りにも本書はガイドブックとして役立つ一冊となるはずである。

またグスクは沖縄の聖地としての役割も担った場所であった。グスクが「戦いの場」としての機能を終えても、現地の人々の「祈りの場」として今なお生き続けている。グスクを訪れる際には、その点も念頭に置きつつ見学していただけると幸いである。

なお沖縄には猛毒を持つハブが多数生息している。崩れた石積の隙間や草木が生い茂った未整備のグスクは格好の棲み家となっているので、見学する際には充分注意してもらいたい。

二〇一九年一月

上里隆史
山本正昭

目次

北部 ——121

島嶼部 ——141

（注）「～城グスク」の読み方について
例：「豊見城グスク」は「とみぐすくぐすく」と読みます。本来は「豊見グスク」という名前でしたが、時代が経過して「グスク」まで含め地名化し、現在ではその地名＋グスクと呼称しています。

グスクを知るための基礎知識

上里隆史

【グスクとは】　南西諸島は日本本土と異なる歴史の道を歩んできた。その独自の歴史に育まれた遺跡が「グスク」である。総数は琉球列島で約三〇〇あるとされ、一四～一五世紀頃、各地で「按司《あじ》」と呼ばれる首長層が台頭し勢力を争い、沖縄島に「北山（山北）」「中山」「南山（山南）」の三勢力が鼎立、やがて「琉球王国」が形成される過程で発展してきた遺跡である。

一般的に「グスク」のイメージは、二〇〇〇年にユネスコに登録された世界遺産「琉球王国のグスク及び関連遺産群」のグスクであろう。**首里城**や**中城グスク**、**勝連グスク**、**今帰仁グスク**、**座喜味グスク**などの石積で築かれた城塞を思い浮かべる読者も多いと思う。日本の城のような天守閣はなく、土で築かれた中世城郭とも異なり、琉球石灰岩の石で構築された城壁を持つ。また城壁は曲線を多用するデザインであり、大陸より伝来したアーチ式の城門を持つグスクもある。だがすべてのグスクにこうした姿が当てはまるわけではなく、さまざまな形態をしていることがわかっている。

【さまざまな形態】　例えばミントングスク（南城市）は琉球神話の創世神アマミキヨが居を構えたと伝えられ、現在でも東御廻《あがりうまーい》りの巡礼路となっているが、琉球石灰岩の丘陵であり、広い平坦部もなく石積も存在しない。また根石グスク（南城市）は高さ数十㌢の石積が直径一〇㍍の規模で巡っており、内部には琉球石灰岩や石棺墓があるのみで、城塞としての機能を充分に果たしたとは考えにくい。タカラグスク（南城市）は奥武島中央の丘陵に位置するが、石灰岩の岩陰を利用した墓そのものである。「たから」とは古語で貴人の骨を意味する。**阿彌宜グスク**（渡嘉敷村）は渡嘉敷港の入口付近に位置する城島の標高約一〇〇《メートル》の頂上部にあり、干潮時に渡嘉敷島と連結する。ここは渡嘉敷集落が現在地に移動する以前の集落と伝えられ、御嶽《うたき》（聖地）や井戸も残されている。明確な石積や防御遺構は見つかっていない。このように、明らかに「城」とはいいがたいグスクも少なからず存在しているのである。

【大型グスクのなかの聖域】　按司や王が居住した石積を持つ大型グスクにも内部に聖域や墓所などがあり、純粋な意味での軍事城塞とはいえない側面を持つ。世界遺産の五つのグスクには全てに御嶽と呼ばれる聖域が配置されており、グスクが城塞機能を停止した後にも人々の信仰の対象となっていた。とくに琉球神話のなかでアマミキヨが沖縄島に初めて創ったとされる七御嶽のうち、金比屋武（**今帰仁グスク**）、首里森・真玉森御嶽（**首里城**）、玉城アマツヅ（**玉城グスク**）の三つは大型グスク内部に存在している。御嶽はグスク内の中枢部あるいは古い時代の区画に位置しており、当初の聖域的な性格を持った小型グスクが発展し、やがて城塞的な大型グスクへと変遷した流れが想定できる。

【グスクの性格をめぐって】　こうしたグスクの多様な性格をめぐって、かつて「グスク論争」が巻き起こった。グスクは按司の居城であるとする説、グスクは聖域や墓所であるとする説、グスクは集落であるとする説などである。いずれの説もグスクの持つ特徴をとらえた主張だが、最終的にこれらの説は時期差の視点を導入することで矛盾をきたさず説明することが可能となり、ひとまずの決着を見た。すなわち当初の聖地・拝所・墓所あるいはこれらを含んだ防御集落がやがて発展し、城壁で囲い城塞化された按司や王の居所となり、さらに倉庫や砲台など特定の目的に特化したグスクへと展開していく流れである。初期の段階で聖地を残し他所へ集落が移動したグスク、また発展の途中で放棄され機能を停止したグスクは当時の姿で残される結果となった。今日見るグスクの多様な姿はこのように生まれたのではないかとする考えである。

知念グスク（南城市知念）は古グスクと新グスクの二つの郭からなるが、古グスクはグスク内の石灰岩丘陵上を巡る野面積《のづらづみ》の郭であり、石積の高さも一、二メートルほどで面積も小さく、人が居住するスペースは限られている。グスク内には拝所が設置されている。『おもろさうし』には「知念杜ぐすく／神降れ初めのぐすく」また「あまみきよが／宣立て初めのぐすく」と謡われており、創世神アマミキヨが初めて降臨した聖なる地としての性格を持っていた。新グスクはこの丘陵部の古グスクを取り込み、丘陵部周辺の平地を相方積の石積で囲むアーチ門を有する郭を増築しており、聖域から城塞的グスクへと発展を遂げる過程をうかがうことができよう。

【「グスク」の語源】 グスクの語源については各説あって定説をみないが、「御宿」あるいは「御塞」、「御底」の字を当てたとする説、朝鮮語をルーツとする説、グスクの「グ」は「いしらご」「ましらご」（『おもろさうし』）にあるように「石」を意味し、「スク」は「しけ」「しき」すなわち聖域を指すことから石囲いの聖地であるとする説などさまざまである。

グスクに「城」の字を当てる事例は、宣徳二（一四二七）年の「安国山樹華木之記」に首里城を「王城」と表記しており、管見の限りでは最古の事例である。そのほか「魏古城」（「魏古城洪鐘銘」一四五七）、「大里城」（「大里城雲板」一四五八）、申淑舟『海東諸国紀』（一四七一）所収の「琉球国図」には「中具足城」「越法具足城」など各地のグスクを「城」と表記している。首里城継世門前の左右に造られた二つの碑文には「首里禁城」(「添継御門之北之碑文」一五四六)、「御くすく」(「添継御門の南のひのもん」一五四六)、また「しより(首里)御城」(「やらさもりくすくの碑」一五五四)と、一五～一六世紀にはグスクに「城」の字を当てていることがわかる。

一方、一五世紀中頃までに創建された那覇の波上権現は『おもろさうし』で「はなぐすく(花城、端城)」とも呼ばれている。波上権現は「琉球第一霊験」とされた熊野権現を祀る社で、海岸近くの断崖の先端部に立ち、相方積の高い石積で囲われていた。城塞以外の石積施設も「グスク」と呼ぶ例があることも留意する必要があろう。

【城塞としてのグスク】 グスクの性格を探る「グスク論争」以後、各グスクの発掘調査や復元整備、縄張調査が格段の進展を遂げ、資料の蓄積が進んだ。その結果、出土遺物などからグスクの生活実態を明らかにする動きとともに、グスクの構造に則してその軍事的性格を改めて読み解こうとする動きが活発となる。グスクの出入口(虎口《こぐち》)や進入経路、石積の張り出し施設(馬面)に注目すると、石積囲いを有する単郭の小型グスクから複数郭の大型グスクへの発展の過程において明確な防御的意図を持っていたことが見出せる。

たとえば直線での内部への進入経路を持つ具志頭上グスク(八重瀬町)のような段階から、やがて進入ルートを何度も屈曲させ、途上に小空間を設けて内部までの到達に複雑な経路を辿らせる**糸数グスク**(南城市)や**垣花グスク**(南城市)のような段階と変遷する。また横矢掛りを意図した張り出し施設も当間グスク(糸満市)のような小型グスクをはじめ、具志頭グスク(八重瀬町)や**糸数グスク**、**座喜味グスク**(読谷村)、**中城グスク**(中城村)などの大型グスクまで広く見出すことができる。こうした軍事的要素をグスクから具体的に読み解くことにより、「城」としてのグスクが再び脚光を浴びてきている。

【土からなるグスク】 また従来顧みられてこなかった「土のグスク」も注目される。石積のイメージの強いグスクだが、日本の中世城郭のような土からなるグスクも多数存在している、とくに沖縄島北部から奄美地域にかけて分布しており、これらの地域は琉球石灰岩を多く産出しないことも影響したと考えられる。丘陵地帯を削平し堀切《ほりきり》や切岸《きりぎし》、土塁《どるい》を造成し縄張りを構築している。沖縄島北部では**根謝銘グスク**(大宜味村)や親川グスク、**名護グスク**(名護市)などが挙げられ、中南部にも**幸地グスク**(西原町)や**佐敷グスク**(南城市)などがある。**根謝銘グスク**や**佐敷グスク**など一部に石積も併用するグスクもあり、とくに**佐敷グスク**は土の斜面上に石積を設置する特異な形態をしている(貼石状遺構)。

近年では石積のグスクにも土で造成した郭が見つかっている。**浦添グスク**(浦添市)は石積城郭の周囲に土の張り出し郭と堀切を配置していることが判明した。また**勝連グスク**の東の郭外でも堀切が発見され、従来知られている石積グスクでも土の郭を併用していたことが明らかとなった。石積ばかりが注目され、目立たない土の郭部分が見過ごされてきたわけである。今後、他のグスクでも土の郭が新たに見つかる可能性もある。

【グスクと集落遺跡】 グスクと集落との関係もグスクを理解するための重要なテーマである。当然ながらグスクは単体で存在していたわけではなく、グスクを築き支えた社会も前提としなくてはならない。調査の進展によって、グスクの周囲にあった集落の姿も少しずつ明らかとなってきている。北山王や北山監守の拠点となった**今帰仁グスク**(今帰仁村)の外縁には今帰仁ムラ、志慶真ムラ、親泊ムラが立地し、発掘調査でその実態が明らかになりつつある。これらグスク周辺の集落は一七世紀後半の北山監守制度の廃止にともない海岸部へ移動しており、グスクが機能していた当時の様相をほぼそのまま残している。このほか**糸数グスク**東側の平野部に広がる蔵屋敷遺跡もあわせて注目される。丘陵部などに広域の閉鎖空間をつくり、防御集落的な性格を色濃く残す**伊計グスク**や**糸数グスク**も、防御集落から城館的グスクへの変遷をたどるうえで注目されよう。

先島地域では「スク」と呼ばれる遺跡をはじめ、防御性を有する集落遺跡が分布している。石垣島のビロースク遺跡や**フルスト原遺跡**や波照間島のマシュク村遺跡・**ブリブチ遺跡**（**下田原城跡**）、宮古島の**高腰城跡**などである。一部の集落遺跡の形態は石積の屋敷囲いが不規則な細胞状に集合した構造をしており、それぞれの区画が通用門で連結されている。一六世紀の首里王府による支配の手が及ぶ以前で、先島独自の発展をうかがうことができる。

東アジアから見たグスクの特性

山本正昭

【グスクの調査】　一九八二年、沖縄県教育員会により『ぐすく―沖縄本島及び周辺離島―』と題した調査報告書が刊行された。それ以前に琉球政府文化財保護委員会による勝連グスクやヒニグスク、琉球大学によって根謝名グスクなどの発掘調査が行われ、それら個別のグスクについては詳細な状況が判明していったものの、全体の状況については長らく不明瞭であった。グスクの具体的な姿を知る目的の下で実施されたグスク分布調査によって沖縄本島南部に一一三ヵ所、中部に六五ヵ所、北部に四五ヵ所と具体的な数値が出されたことや、個々の位置情報が押さえられた。また、九〇年代に入ると奄美諸島地域においても名瀬市によるグスクの分布調査や瀬戸内町による遺跡分布調査によって、当該地域のグスクの具体的な姿も明らかになっていった。

分布調査で最も明確となった点は沖縄本島南部に集中しているということである。北部に比べて二・五倍もの数のグスクが分布していることは、沖縄本島北部のように標高の高い山地よりも南部に多く見られる一〇〇メートル未満の丘陵地が、グスクの立地として好条件であることが示されたと言える。さらに琉球石灰岩材が多量に産出される中南部に対してあまり石材が得られない北部という地質的な特徴も関係していることも考えられる。

このようにグスクの分布を概観することで、具体的に島全体における分布の偏差が見えてきたと同時に遺跡としての特徴も炙り出されてくるようになった。この調査の成果によりグスクの概念について遺跡としての範疇でその特性を検証していくことが初めて可能となったと言え、実際に確認できる石積や平場など遺構の構成要素からグスクの特徴が洗い出されるようになっていった。

【石積構造からみたグスク】

戦前からグスクについて他地域との比較の中でその成立背景と発展段階についての見解が出されてきた。中でも周辺地域からの影響が考えられることは一九四二年に鳥羽正雄《とばまさお》が指摘している。

鳥羽はグスクを城郭として認識し、検証を行った『城郭と文化』において「(沖縄の)城に高い石垣を築くことということは、中国の城郭を知ることで若干暗示を得たかもしれない」とあり、その前提として地勢的に東南アジア、中国大陸との接触が好都合であったことから、それらの地域における文化の影響が強く現れたものとしている。

主に沖縄本島中南部に分布するグスクの多くは石積を有しており、首里城や今帰仁グスク、中城グスクのような大規模なグスクになるとその高さは六〜七《メートル》、最高で一〇《メートル》近くにも及んでいる。琉球列島に分布するグスクは、当該地域において初めて大規模土木事業によって成立した構築物であり、その象徴として石積遺構を取り上げることができる。遺跡としてグスクを把握する際に石積はグスクが成立した時代を表徴する遺構であるともいえる。

大規模なグスクに見られる石積は内外面共に面を有し、その上面は平坦面を有している。内面に対して外面を高く積んでおり、上面の平坦面は場所によってその幅が変わる。また、外面に対応するように守り手が身を隠すための低い壁が見られる。

一方で中国大陸に見られる城郭の城壁は一般的には塼積《かわらづみ》であり、一部に石材を積み上げる事例も見られる。その城壁の形態は内外面共に面を有し、その上面は平坦面を有している。さらに「女牆《ひめがき》」と呼ばれる低い壁を外面に対応して設置している。これらの特徴から両地域の城壁はその資材は異なるものの、ほぼ同形態であると言える。しかし、城壁の内部構造においてはグスクの石積内部には裏込《うらご》め石が充填されている一方で、中国大陸のそれは固く叩き締められた黄土が城壁内部に充填されている点で大きく異なる。

この城壁内部の違いについては排水処理の違いと関係している。それは裏込め石で城壁を充填させる場合では、城壁内部にあえて雨水を浸透させ、そのまま地下へ排水していくという考え方に対して、黄土を城壁内部に充填する場合では、黄土を固く敲《たた》き締めて雨水を浸透させない形で城壁外へ排水するという考え方の違いである。後者においては城壁に沿って「護城河」と呼ばれる水掘を見ることができ、城壁へと排水された水が流れ込む。その流れはさらなる防御性を高める効果を担っている。

【石積出現の要因】　そもそも石積を有したグスクはいつ頃出現するのか。発掘調査でもっとも古いグスクとされるシイナグスクでは一三世紀後半から一四世紀前半に相当する遺物が出土し、野面《のづら》積の石積が確認される。この石積は面石と裏込め石との大きさがほぼ同じで、両者の区別はあまり見られない。また、石塁状になっている箇所も散見することができる。

独立した丘陵上に立地し、石積遺構を平場縁辺に配置させて防御性を高めている大湾アガリヌウガン遺跡では一一世紀後半まで遡ることが近年の発掘調査で明らかになっている。当該遺跡はグスクの名称は附されていないものの、柵列《さくれつ》状となる柱穴《ちゅうけつ》も確認されていることから、他とは隔絶した丘陵上を防御する性格を有した遺跡と評価される。当遺跡に見られる石積も面石と裏込め石の違いは見られず、石塁状となる。

このように石積を有するグスクの出現期においては、石材を塁線状に集積させるということが一般的であったと言える。その後、グスクにおける防御性の強化が要請されてくると石積は高層化が求められ、その結果として面石と裏込め石の差別化、一四世紀後半になると糸数グスクや具志頭グスクのように要所となる部分に切石積の石積が採用されるようになり、その差は形状にも現れ出てくる。加えて、グスクが密に分布する沖縄本島南部は琉球石灰岩の分布域であることから大量の石材供給に対してもまったく問題がなかったことも、面石と裏込め石で構成される石積の発展要因として挙げることができる。すなわちグスクに見られる石積の構築技術については、出現期の段階から工法を昇華させる形で構造を変化させていったと解釈することができる。

次にグスクと中国の城郭について平面プランからどのように見えてくるのか。三点に絞って言及していきたい。

【平面プランを概観して】 まずは石積が複雑に湾曲しながら配置されているのを沖縄本島および周辺離島のグスクで多く見ることができる。平面プランとして見た場合に曲線的に石積塁線が構築されていることが一目瞭然であるが、仔細を観察すると石灰岩崖ラインに合わせていることが見て取ることができる。このように自然地形との取り合いの中で縄張が決定されているのが、グスクにおける平面プランの特徴として挙げることができるが、これが一五世紀になると地形的制約を受けない丘陵上でも曲線状の石積塁線を多用するグスクが見られるようになる。

その顕著な事例として座喜味グスクを挙げておきたい。このグスクは標高一二七メートルの緩やかな斜面からなる丘陵の頂上に立地しているが、その石積塁線を曲線状の張出を連続させて全体を構成している。これは全方位においての側射《そくしゃ》を意識したものであり、障壁としての石積以上の機能が付与されていると考えられる。

このように曲線状の塁線が多用されているグスクと比較して、中国大陸の城郭においては直線状の塁線で全体が構成されている点で大きな違いを見ることができる。それはグスクと同時期、一四世紀後半に構築され機能した明朝の所城を概観すると、全体的な平面プランは多角形であり、城壁は直線状の塁線連続させて構成している事例が多く見られることにある。地形的に高低差が見られる部分においては円弧状に大きく張出す、もしくは凹むといった状況が見られるが、グスクのように細やかな曲線で構成されることはない。

二点目において所城は速射を意識した城壁からの張出、「馬面《マーミェン》」はあまり見られないと言った点も挙げておきたい。所城における城壁の周長は約二〇〇〇～三〇〇〇メートルの規模を有しているが、馬面は二～四カ所程度であり、近接して設置される事例は管見の限り見ることができない。これらから明朝の所城については障壁としての城壁以上の防御機能をうかがうことはできず、張出を連続させていくグスクとはその機能の意味から大きく異なると言える。

三点目は中国大陸の城郭は都市を城壁で囲繞することが基本形となっているのに対して、グスクでは核となる空間を中心に他の空間を連続的にそして有機的に配置させていくといった全体プランとなっている。これは防御の対象を不特定多数とするか限定的な集団をするかの違いであると言え、城郭そのものの規模や形態に大きく関係してくるものと思われる。

【土からなるグスク】　沖縄本島北部から奄美諸島地域にかけて石積を有さないグスクを多く見ることができる。それらの中でも名護グスクや奄美市にある赤木名グスクの発掘調査成果から一三世紀後半から一四世紀頃に平場や堀切が設置され、一五世紀頃まで機能していたものと考えられる。石積を有しないグスクは日本本土の中世山城からの影響があるという指摘がかつて見られたが、具体的にどの地域の中世山城であるのかといった検証はなされていない。土からなるグスクは基本的に平場と堀切で構成されており、まれに土塁《どるい》が設置されている。堀切についても尾根を分断するものが大半で、その縄張も日本本土における一六世紀後半の中世山城と比べて単純明快である。ただし、一三〜一五世紀段階での日本本土の中世山城における普請は顕著ではないことから、平場と堀切を造り込む沖縄本島北部から奄美諸島地域にかけてのグスクの形態は異質である感は否めない。

両地域における土からなる防御施設がどこまで関係性を有するのかについては、今後も検討すべき課題であることは言うまでもないが、石積を有するグスクと同様に土からなるグスクについても周辺地域の城郭とは相違点が多く見ることができる。

東アジア全体でグスクを見た場合、地域性が強く現れ出た遺跡であると言え、グスクは琉球列島を取り巻く環境によって醸成された特異な城郭であると言っても過言ではない。

●沖縄県〈南部・中部〉名城マップ

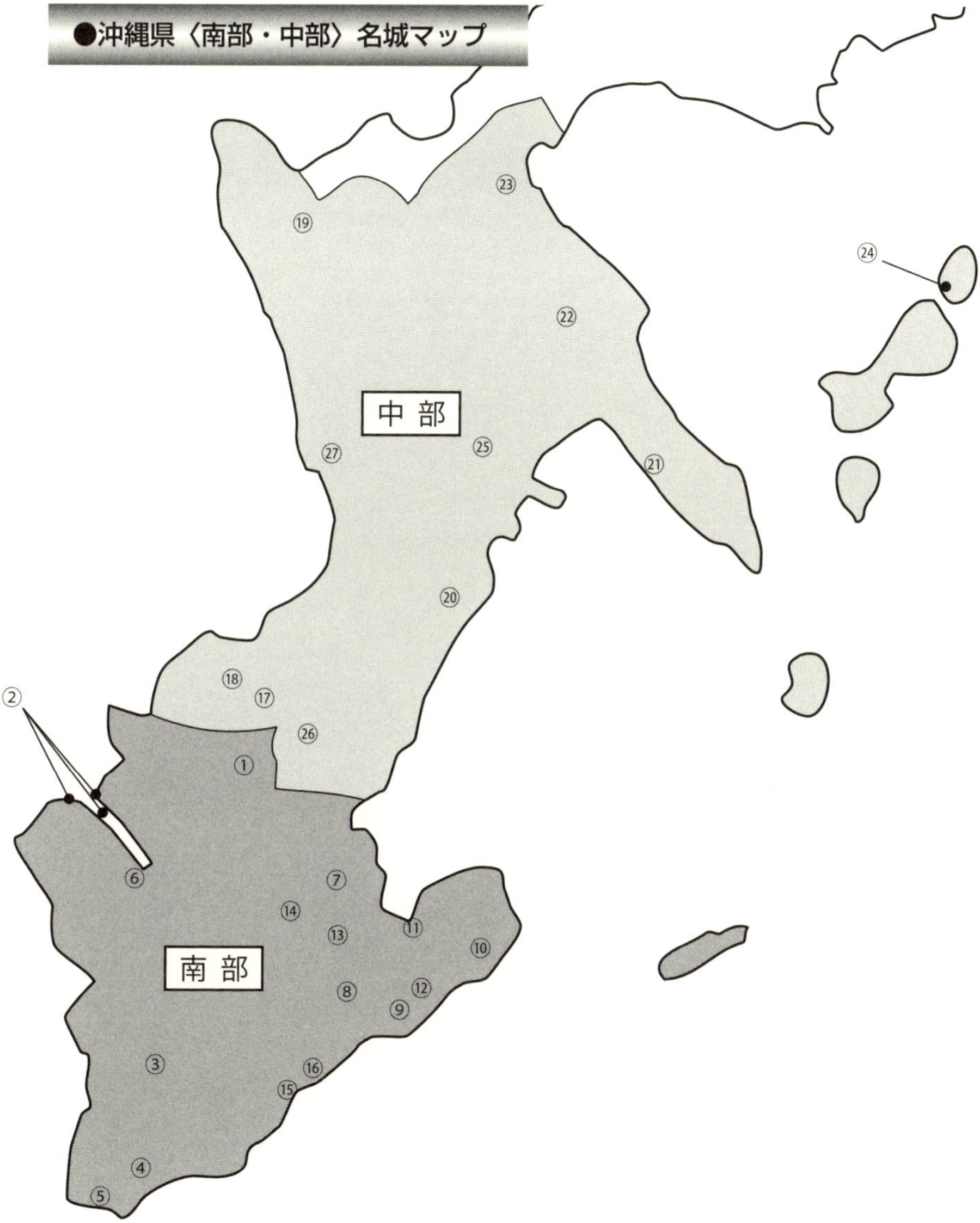

沖縄県

〔南部〕

①首里グスク
②御物、三重、屋良座森グスク
③南山グスク
④上里・山城グスク
⑤糸満具志川グズク
⑥豊見城グスク
⑦島添大里グスク
⑧糸数グスク
⑨玉城グスク
⑩知念グスク
⑪佐敷グスク
⑫垣花グスク
⑬大城グスク
⑭高宮城遺跡
⑮多々名グスク
⑯具志頭グスク

〔中部〕

⑰浦添グスク
⑱伊祖グスク
⑲座喜味グスク
⑳中城グスク
㉑勝連グスク
㉒安慶名グスク
㉓伊波グスク
㉔伊計グスク
㉕越来グスク
㉖幸地グスク
㉗北谷グスク

●沖縄県〈北部〉名城マップ

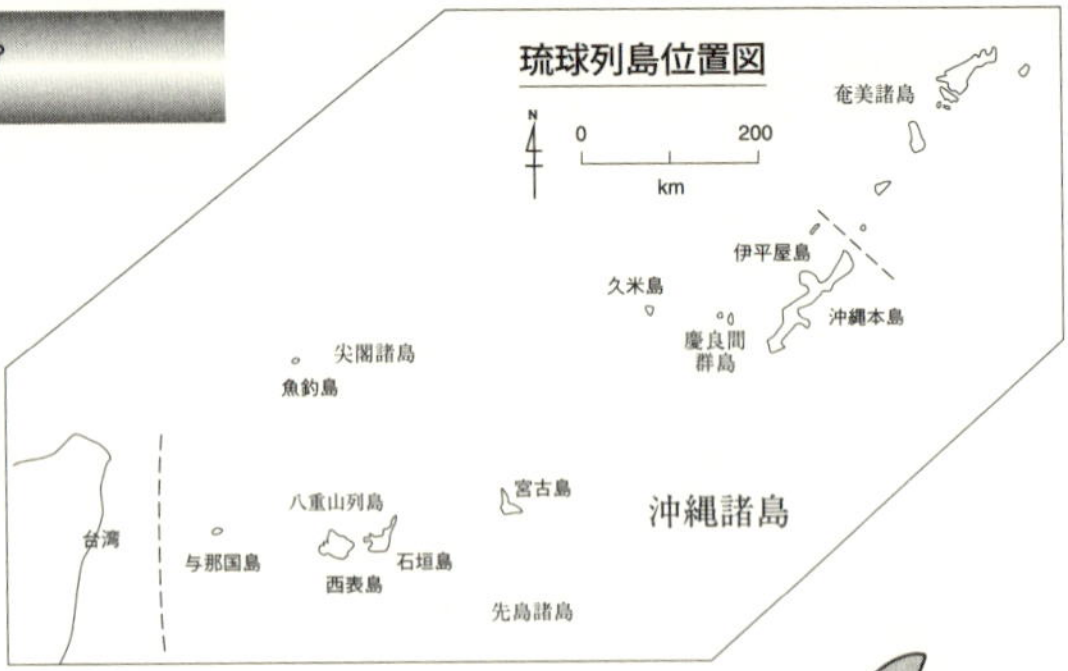

〔北部〕
㉘山田グスク
㉙名護グスク
㉚今帰仁グスク
㉛シイナグスク
㉜根謝銘グスク

●沖縄県〈島嶼部〉名城マップ

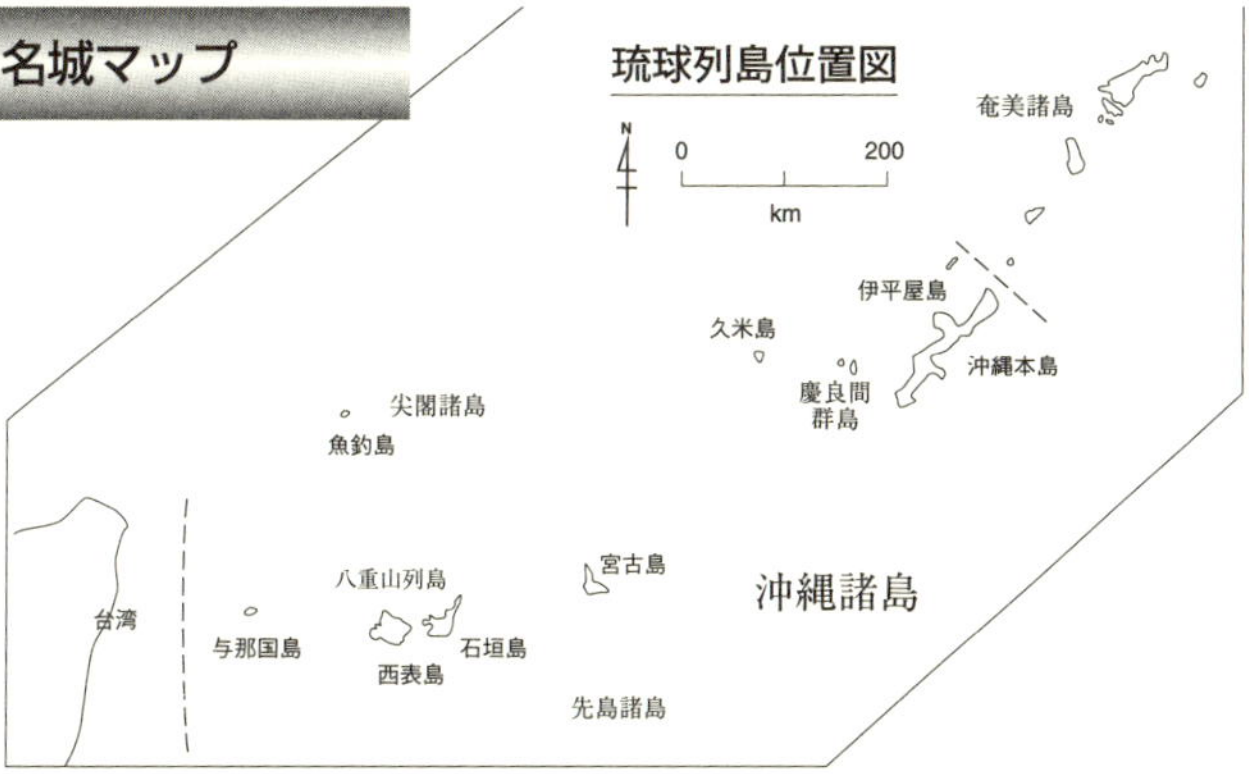

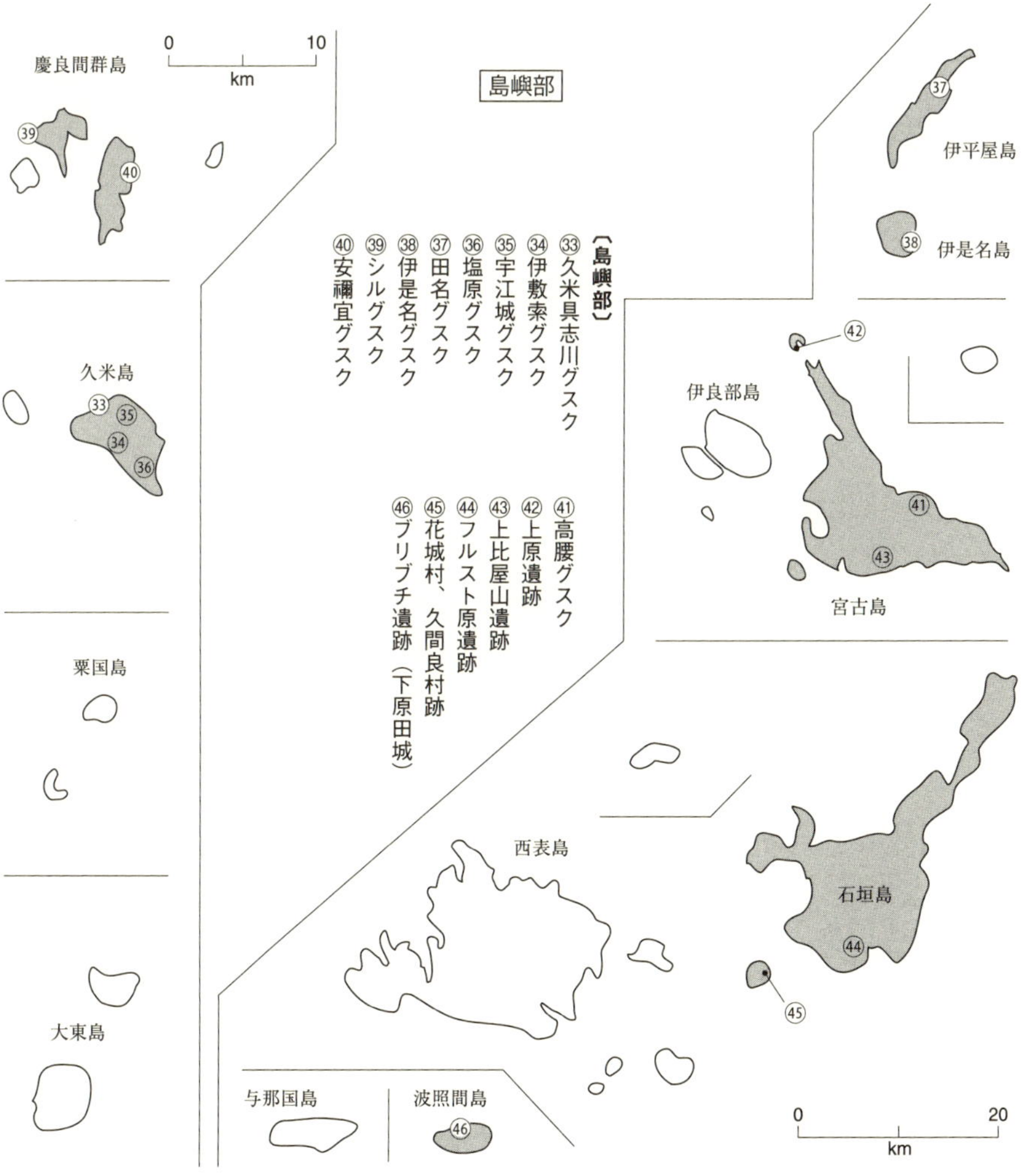

南部

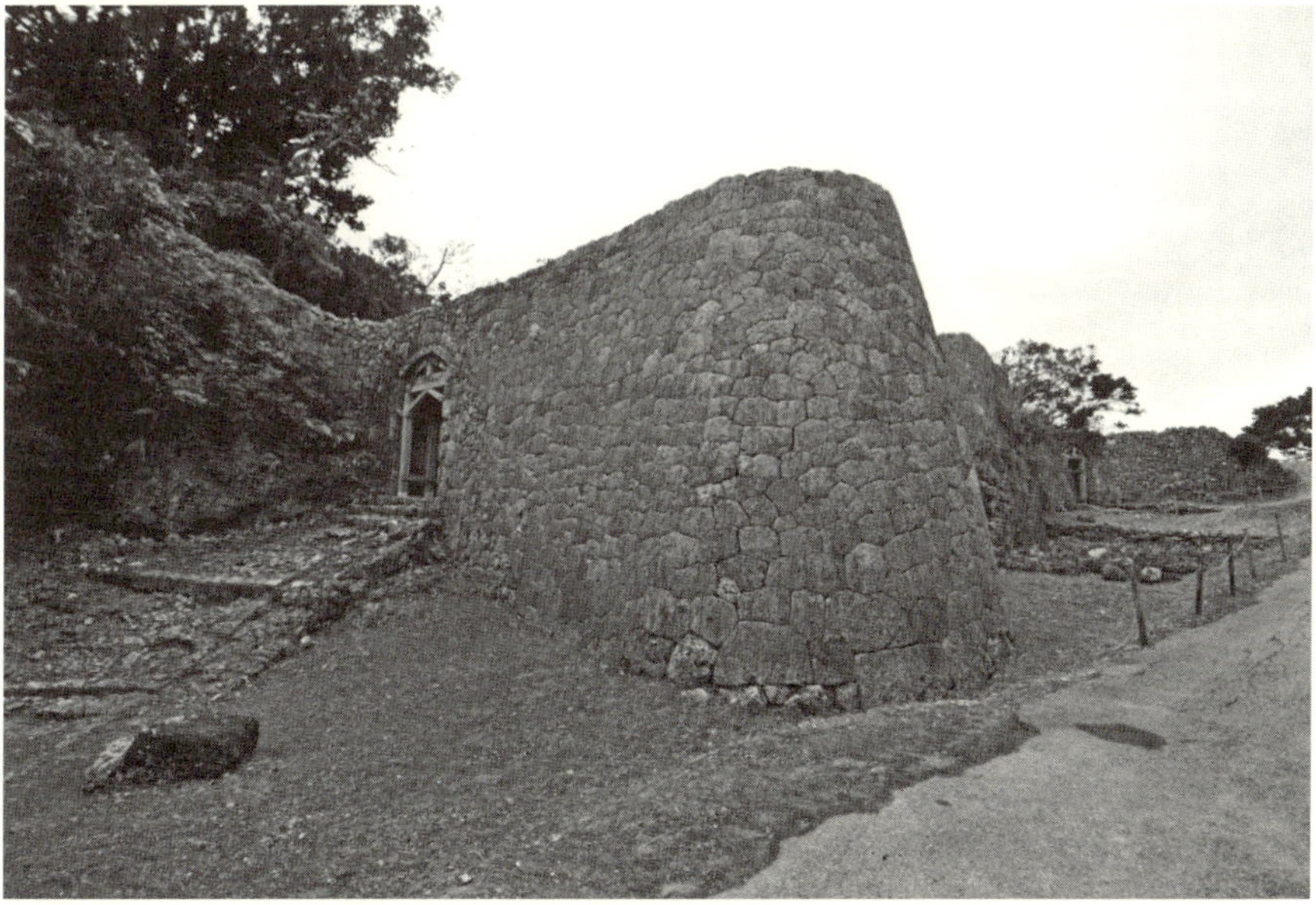

知念グスク

●琉球王国の中枢、王の宮殿

首《しゅ》里《り》城《じょう》

〔国指定史跡〕

〔所在地〕那覇市首里金城町
〔比　高〕約三〇メートル
〔分　類〕平山城
〔年　代〕一四世紀前半
〔城　主〕第一尚氏・第二尚氏
〔交通アクセス〕ゆいレール「首里駅」下車、徒歩一〇分。

【王のグスク】　およそ四五〇年にわたり琉球王国の中心であり続けたグスク。標高約一〇〇メートルの那覇市の東方、首里の高台に立地する。東西約四〇〇メートル、南北約二〇〇メートルの楕円形の城郭であり、大別して内郭・外郭から構成される。

一五世紀初頭、中山を掌握した尚巴志《しょうはし》により本格的整備が開始され、大規模な王宮へと変貌を遂げたが、それ以前の一四世紀前半には「京の内」と呼ばれる区画を中心にすでにグスクとして利用していたようである。文献上の初出は人工池・龍潭《りゅうたん》をはじめとした首里城周辺整備の状況を記した一四二七年（宣徳二）の「安国山樹《あんこくざんじゅ》華木之記《かぼくのき》」であり、この時点で首里城は王城としての機能を備えていたとみられる。一四五三年（景泰四）、博多商人道安《どうあん》が朝鮮王朝に献上した地図に近い系統とされる『琉球国図』（沖縄県立博物館・美術館蔵）には、石積《いしづみ》を表現した内郭と土塁《どるい》を表現したとみられる外郭の二重郭の首里城が描かれており、内郭には正殿を囲む御庭を表現したとみられる二つの門と、外郭には「大倉」と「執政人」の在所が記されている。首里城において土の城郭は確認されていないが、浦添グスクが石積郭の周囲に土の張出郭《はりだしくるわ》、堀切《ほりきり》、柵列などで防御した事例からみると、石積外郭の造営以前、同じ範囲に土塁郭があった可能性も考えられる。

道安が地図を献上した同年、志魯《しろ》・布里《ふり》の乱が起こり首里城は焼失。だがまもなく再建されたようで一四五六年（景泰七）の朝鮮漂着民の表現によると、首里城は「外城」「中城」

●—首里城正殿

「内城」の三つの郭で構成され、外城に倉庫、中城に護衛の兵三百余が待機、内城は正殿と回廊の建物があり、二層三階の板葺き屋根であったという（『朝鮮王朝実録』）。また一四五八年（天順二）には勝連の阿麻和利《あまわり》軍による首里城攻撃で被害を蒙った可能性があるが、真相は不明である。

一六世紀の尚真王代には北側に石積の外郭と歓会門《かんかいもん》や久《きゅう》慶《けい》門が増築、さらに次の尚清王代の一五四六年（嘉靖二十五）に東南側の外郭と継世門《けいせい》を増築し、現在みる首里城の城郭の範囲が完成した。

一六六〇年（順治十七）に首里城正殿をはじめとした建物が焼失し、一六七一年（康熙十）に瓦葺きに改められ再建された。その後、一七〇九年（康熙四十八）に失火で全焼後、一七一五年（康熙五十四）に唐破風《からはふ》と赤瓦で葺かれた正殿が再建された。何度かの重修をへて、一八七九年の王国滅亡により政治の中心としての役割を終えた。

近代には熊本鎮台《ちんだい》沖縄分遣隊の兵舎や学校として利用されるが、一九二三年、老朽化のため正殿解体工事に際し、鎌倉《かまくら》芳太郎《よしたろう》らの尽力で取り壊しは寸前で免れた。一九三三年に沖縄神社拝殿として正殿の大規模修理が完了し守礼門《しゅれいもん》をはじめとした城門などとともに国宝に指定されるも、一九四五年の沖縄戦で灰燼に帰した。

戦後、首里城敷地には琉球大学のキャンパスが建てられたが、一九五八年の守礼門復元を皮切りに部分的な復元が進み、大学キャンパス移転後の一九九二年、正殿など中枢の建物と城壁が復元され、首里城公園として開園した。二〇〇〇年にはユネスコ世界遺産に「琉球王国のグスク及び関連遺産群」の一つとして登録され、現在にいたる。

【三つの郭と三つの空間】 首里城正門から那覇に下る綾門《あやじょー》大道《うふみち》には中山門《ちゅうざんもん》（一四二八年創建）・守礼門（一六世紀創建）の二つの坊門が設置され、それぞれ「下の綾門」「上の綾門」と呼ばれていた。これらの坊門は中国の冊封使《さくほうし》が来航の際、新国王が出迎える場所として利用された。城壁に設置された

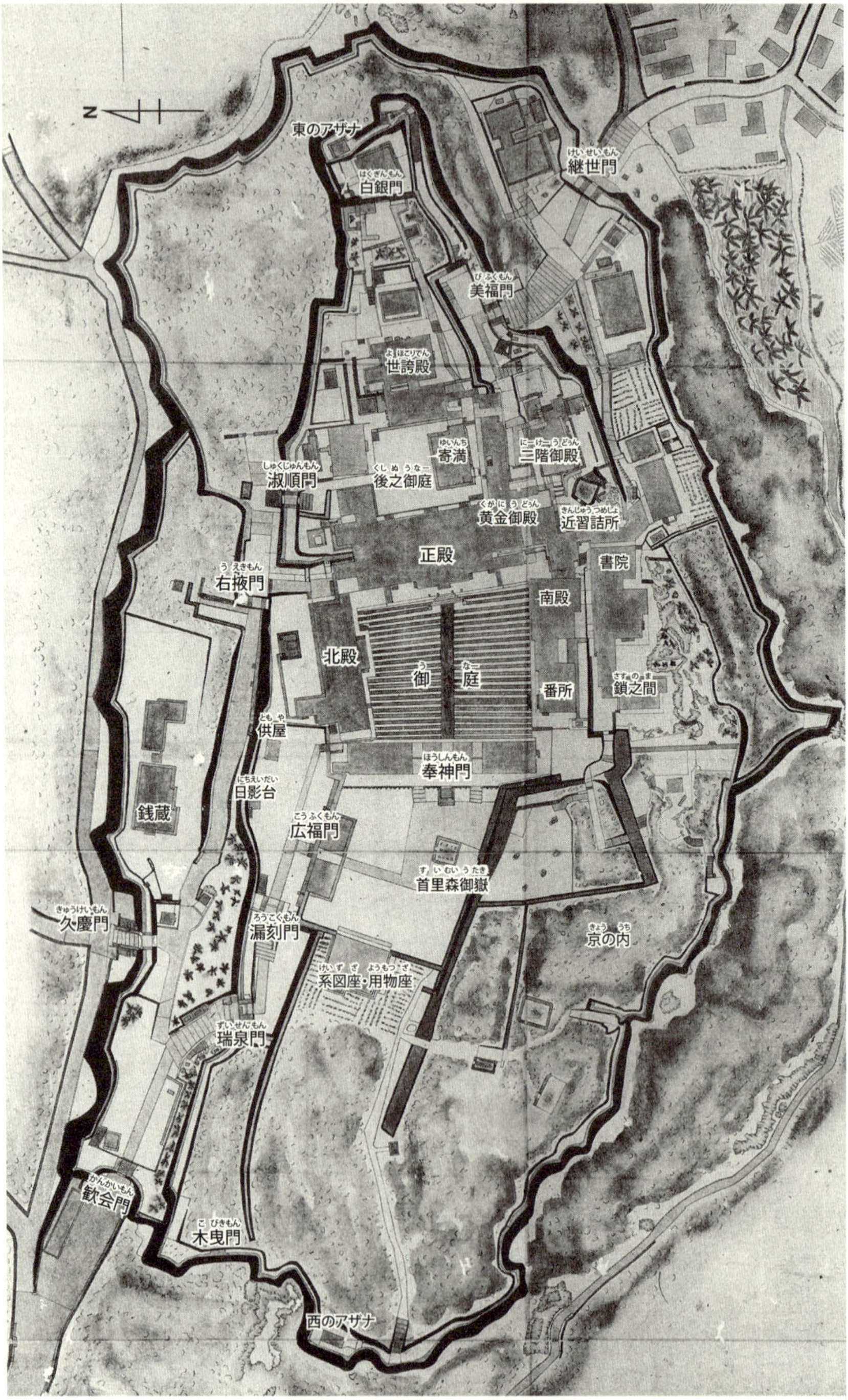

●—構内図（那覇市歴史博物館所蔵）

●—首里城瑞泉門

門は外郭部分の歓会門（正門）、久慶門、継世門、木曳《こびき》門と内郭部分の瑞泉《ずいせん》門、漏刻《ろうこく》門、右掖《うえき》門、美福《びふく》門、淑順《しゅくじゅん》門、白《はく》銀《ぎん》門があり、木造建物を利用した広福《こうふく》門、奉神《ほうしん》門、左掖《さえき》門などがある。内郭の門が城壁上に直接櫓《やぐら》を乗せて門としているのに対し、外郭はアーチ門の形式で、門の形式からも造営年代の時期差を判断することができる。石積は内郭部分が布《ぬの》積《づみ》が主で、外郭部分は相方積《あいかたづみ》と布積が併用されており、石積の工法からも時期差が見てとれる。

内郭部分は正殿を中心とした中枢部、南西部の「京の内」、正殿裏側一帯の「御内原《うーちばら》」の三つに大別できる。首里城の中枢部にあたるのが正殿と隣接する北殿・南殿・奉神門で囲われた御庭である。国王即位の際の冊封式典や正月儀礼の朝拝御規式など一大イベントが行われる儀礼空間でもあった。

【首里城の中心・正殿と御庭】 正殿は「百浦添御殿《ももうらそえうどぅん》」と呼ばれたが、「百の浦々を襲う（支配する）御殿」という意味で、まさに琉球における支配者の建物といえよう。現在の正殿は二層三階建て、赤瓦葺きの入母屋《いりもや》造りで、壁は弁柄《べんがら》色で塗られ、中央正面には豪華に装飾された唐破風が備わっている。正面階段はハの字状に広がり、左右に砂岩製の龍柱《りゅうちゅう》が立つ。この様式は琉球独自のものである。この正殿は一七一五年（康熙五十四）時点の建物を一九九二年に復元したものである。

発掘調査では正殿基壇はおよそ五期の変遷（七期とも）が認められ、最下層は一三世紀末～一四世紀頃で大量の大和系瓦が出土している。第二期は一四五三年（景泰四）の志魯・布里の乱までのものと推定され、基壇表面が火を受けて変色する。第三期は尚泰久王代の基壇と考えられ、石段の摩耗が少なく粗雑な積み方であることから（ただし裏込め石の可能性あり）短期間で急造したと考えられている。第四期が尚徳王代の基壇、第五期が沖縄戦による焼失までの基壇で、これが現在復元された基壇に相当する。その規模は次第に大型化し、前面にせり出してくるが基壇の向きだけでは変わらず西面してるのが特徴である。

【古琉球期の正殿とその周辺】 志魯・布里の乱後に再建された一五世紀中頃の正殿は二層三階、板葺き屋根に大棟両端の飾りは金属製塗料で塗り（あるいは棟瓦を誤認したか）、壁面は朱塗りであった。一階は酒食を置き、二階に国王がいて、三階は宝物庫であったという（『朝鮮世祖実録』）。一六世紀の尚真王代には正殿に中国製輝緑《きりょく》岩の欄干《らんかん》と龍柱が設置された。一六〇六年（万暦三四）に来琉した冊封使・夏子陽《かしよう》の記録によると、正殿は西面する二層七間の板葺き屋根で、中央三間は金碧《きんぺき》で装飾されていた（『使琉球録』）。また首里城には御庭を囲む正殿（常御之宮）、南殿（故宮）、北殿（北宮）があり、ともに七間の板葺き建物で、南側の「故宮」はすなわち前王の殿という。一七世紀初頭の『喜安日記《きあんにっき》』は御庭を囲む施設として正殿・北殿・奉神門とともに「宝聚閣《ほうじゅかく》」をあげている。南殿は天啓年間（一六二一〜一六二七年）に創建されたと記録されるが、発掘調査ではそれ以前の遺構も検出され継続利用されていることから、一七世紀以前は現在知られる南殿とは異なる建物が存在したと推定される。

【聖なる空間「京の内」】 標高約一三六メートルの城内最高所を含んだ東南部一帯が「京の内」である。「京の内」とは「気《け》おのうち」すなわち霊力の満ちる場所を意味し、城内にある御《う》嶽《たき》の半分近くがこの区画に集中している。琉球七嶽の一つ、真玉森《まだまむい》御嶽も京の内にあり、隣接する下之御庭には同じく七嶽の首里森御嶽があった。人が頻繁に立ち入る場所ではなく、神女らによる祭祀が執り行われた儀礼の場であった。

また城内でもっとも古い区画であり、王城として整備される以前はこの範囲が当初のグスクの範囲であったと考えられている。発掘調査でも第一尚氏以前の一四世紀前半の遺構が見つかっている。伝承によると、中山王の察度によって高《たか》世層理殿《よそうりでん》という高楼《こうろう》が建てられたという。一五七六年（万暦四）、天界寺の火災で高世層理殿が類焼したとの記録もあるが、建物の詳細はわかっていない。実際にこの区域からは一三〜一四世紀頃の高麗系瓦が出土、礎石とみられる石の一部も京の内最高所の一角から見つかっている。後世の『琉球国由来記』は高世層理殿の場所は下之御庭の南側にあり、北面して立っていたと記す。礎石の位置とほぼ合致するが、高世層理殿に該当するのか確定していない。少なくとも高麗瓦葺きの何らかの建物が存在していたとの指摘はできよう。

【「大奥」御内原】 正殿裏側にあたる一帯が「御内原」と呼ばれる区画である。王とその家族、女官たちが居住する生活空間で、いわゆる「大奥」に当たる男子禁制の区画である。

正殿の裏側に表側の御庭のような広場空間があり、「後《くし》之御庭」と呼ばれる。近世期には国王・王妃などの居室である黄金御殿や二階殿、調理場の寄満《ゆいんち》、御内原の主要建物である世《よ》添《そえ》殿や世誇《よほこり》殿、女官居室などがあったが、古琉球期における御内原の具体的な状況は不明である。一七世紀初頭の『喜安日記』には「金御殿」が登場し、また「玉御殿《たまうどぅん》の碑文」（一五〇一年）には尚円王妃オギヤカを指す「よそひおとん（世添御殿）の大あんし（按司）・おきやか」とあることから、近世期に継承されていく名称の建物があったことがうかがわれる。

御内原の発掘調査によると、遺構の変遷は第一期（一四世紀後半～一五世紀中頃）、第二期（一五世紀後半）、第三期（一六～一七世紀）、第四期（一八世紀～近代）の四期に分けることができるという。古琉球期に当たる第一期の遺構からは柱穴、土壙群が検出されており、志魯・布里の乱に関係すると推定される炭混じりの黒色粘土層を隔て、第二期からは基壇状の遺構も確認されている。また一四世紀末から一五世紀前半に推定される石敷き遺構も確認され、石敷きの礫内には大量の高麗系・大和系瓦が混入しており、これらが一四世紀頃の第一期の正殿基壇に関係する可能性が指摘されている。

【王都としての首里城下町】　首里城周辺には人工池の龍潭と安国山（一四二七年）、蓮小堀《りんぐむい》（一五世紀）、城外の聖域である園比屋武御嶽《そのひやんうたき》（一五一九年）、国王菩提寺の円覚寺（一四九四年）、高麗版大蔵経を収めた経堂（一五〇二年。後の弁財天堂）と円鑑池《えんかんち》、先述の中山門・守礼門、円覚寺と並ぶ三大寺院の天界寺・天王寺（一五世紀中頃）をはじめとした寺院群、第二尚氏王族が葬られた玉陵《たまうどぅん》（一五〇一年）などが立地しており、王都としての威容を高めていた。一六世紀前半の尚真王代には、各地に割拠する按司《あじ》たちを首里に集住する政策が採られ、家臣団の城下町が本格的に形成されたとみられる。近世期には身分制の確立によって士族層は原則として首里・那覇に居住が限定されることになる。

【参考文献】安里進『グスク・共同体・村』（榕樹書林、一九九八）、上里隆史『尚氏と首里城』（吉川弘文館、二〇一五）、沖縄県立埋蔵文化財センター編『首里城跡—御内原地区発掘調査報告書』（沖縄県立埋蔵文化財センター、二〇〇六）、沖縄県立埋蔵文化財センター編『首里城跡—御内原西地区発掘調査報告書』（沖縄県立埋蔵文化財センター、二〇〇七）、首里城友の会編『首里城の復元—正殿復元の考え方・根拠を中心に—』（（財）海洋博記念公園管理財団、二〇〇三）、首里城研究グループ編『首里城入門』（ひるぎ社、一九八九）

（上里隆史）

●那覇港口の砲台と貿易倉庫

御物《おもの》・三重《みえ》・屋良座森《やらざもり》グスク

〔所在地〕那覇市垣花町
〔比　高〕約六〜九メートル
〔分　類〕平城、海城
〔年　代〕一六世紀頃、一六世紀後半、一五五四年
〔城　主〕なし
〔交通アクセス〕那覇バス「三重城」下車、徒歩五〜一〇分。

【那覇港のグスク群】 琉球王国の港湾都市・那覇の港口に位置するグスク群が御物グスク、三重グスク、屋良座森グスクである。一五世紀初頭までに那覇は琉球王国の貿易拠点として整備が進んだ。当時「浮島」と呼ばれた那覇は独立した小島で、島内には久米村（唐営）など外来者の居留地や親見世など王府の貿易関連施設、交易品を売買する市場が立地し、「唐・南蛮、寄り合う那覇泊」（『おもろさうし』）とあるように海域世界からの船が集まる交易都市でもあった。御物グスクは那覇港湾内の貿易倉庫として、三重グスク・屋良座森グスクは那覇港口を守る砲台として一五〜一六世紀頃、いずれも首里王府による政策のもとで築かれたものである。

御物グスクの創建年代は不明だが、『琉球国図』や『海東諸国紀』所収地図に描かれることから、少なくとも一五世紀半ばにはすでに存在していたと考えられる。中継貿易が活発化するなか、海外からの貿易品を格納する必要から築かれたとみられる。さらに一六世紀、尚真王のもとで強力な中央集権化を達成した王府は、政治拠点である首里と貿易拠点である那覇の連携守備にとりかかる。一五二二年、首里城から那覇港南岸へいたる軍用路「真珠道《まだまみち》」と真玉橋が築かれた。有事の際には、この真珠道を経由して、那覇港防御の拠点となる豊見グスクと那覇の水源である根立樋川《ねたてひがわ》（落平《うていんだ》）を、王府中央の軍事組織「ヒキ」と南部の諸間切軍で防御に当たらせることが規定された（「真珠湊の碑文」）。次の尚清王代になると、防衛体制はさらに強化された。一五五四年には那覇港口

の南岸に屋良座森グスクと名づけた砲台を造営した。対岸の三重グスクも同時期に汪農大親によって築かれたと伝わる。

【御物グスク】　御物グスクは那覇港湾内に浮かぶ小島に築かれたグスクで、一五～一六世紀頃に海外交易品をストックする宝物庫であった。古くは「見物グスク」と呼ばれたようで、『琉球国図』には「見物具足」とあり、「江南・南蛮の宝物、ここに在り」と記されている。「みもの」とは「美しい、立派」という意味である。近世期に古語を集めた『混効《こんこう》験集《けんしゅう》』にも「みものぐすく」とあり、本来はこの呼び方であったとみられる。一五世紀頃、御物グスクは「御物城御鎖之側《おさすのそば》」という長が管轄していた。御物城御鎖之側は単なる宝物庫の管理人ではなく、王国中枢の那覇行政をも兼ねる重職でもあった。第二尚氏王朝を開いた尚円（金丸）はかつてこの職にあったことが知られている。

●―御物グスク

グスクは単郭式で細長い菱形をした形状をしている。北側中央部にはアーチ門が設置され、ゆるやかな斜面の道が海岸部まで続く。小船からグスクへと荷物を搬出するのに適した構造をしている。石積《いしづみ》は多角形の石を組む相方積となっており、ところどころにサンゴ石が積まれている。こうした特徴は三重グスクもふくめ那覇港口のグスクに共通して見られるもので、グスク石積の採石を考えるうえでも注目すべき事実である。戦後行われた試掘調査では青磁《せいじ》・白磁などの陶磁器、とくに一五世紀の中国龍泉窯《りゅうせんよう》の青磁が多く出土しており、この地がまさに宝庫であったことを示している。現在でもグスク内の地表面には陶磁器の破片が散見される。

近世期に御物グスクは宝物庫としての役割を終え、一七一六年には一時的に塩硝蔵（火薬庫）として利用されたが、海上にあり湿気が多いため翌年には移設されている。一九世紀頃の那覇港を描いた『那覇港図屏風』には御物グスク内にすでに建物はなくなっている。近代になると敷地内に高級料亭の「風月楼《ふうげつろう》」が営業し、多くの客で賑わった。戦後は米軍基地の敷地内となりコンクリート製の建物が建てられ、石積の大部分が破壊された。現在は立ち入りが制限されており、対岸の那覇港埠頭からその全景を眺めることができる。

【屋良座森グスク・三重グスク】 屋良座森グスクと三重グスクは那覇港口の先端部にあった岩礁の上に築かれ、陸地とは海中道路と橋で連結された。屋良座森グスクは一五五四年、三重グスクは一六世紀後半に築かれた（「三重」とは「新しい」を意味する）。屋良座森グスクは長方形の石積で囲われ、外海側と港口側に計一六ヵ所もの銃眼が設けられていた。那覇港に侵入する船舶への攻撃を意図したものに他ならない。対岸の三重グスクも同様の構造であった。いわば琉球の「台場」である。多数の銃眼を備えた構造、港湾防御に特化し、他のグスクとの連携を前提として築かれたものは従来の琉球では見られず、在来のグスクの発展系とは異なる、新たな技術の導入で建造されたことが想定される。

屋良座森グスク・三重グスクの造営は、一六世紀に猛威を振るった東アジアの倭寇問題が大きく影響したと考えられている。とくに一五五三年以降、中国沿岸部を中心に「嘉靖《かせい》の大倭寇《だいわこう》」と呼ばれる海上勢力の略奪・破壊行為の激化は琉球にもおよんだようで、一五五〇年代には「日本賊徒の兵船」往来による海上の治安悪化から、琉球各地の島嶼・津泊を警固する対策を採っ

●―屋良座森グスク（戦前）（那覇市歴史博物館提供）

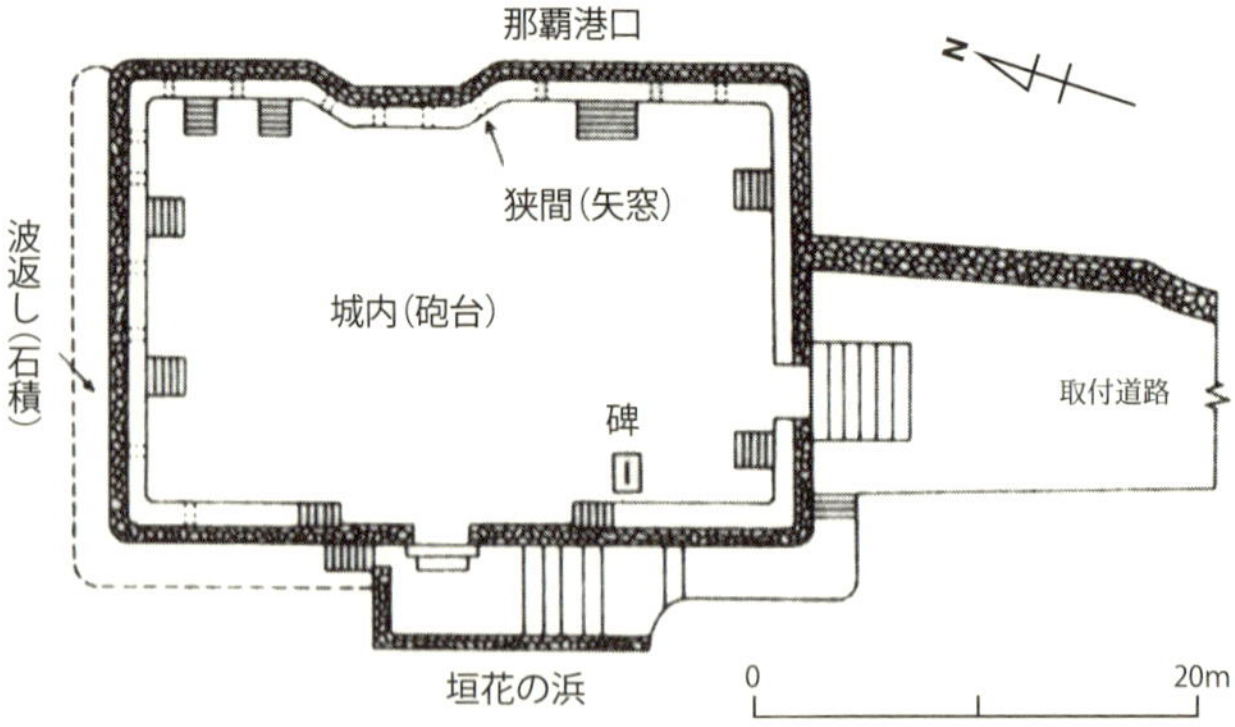

●―屋良座森グスク平面図（「琉球建築」『沖縄大百科事典』沖縄タイムス社より）

●—三重グスク（戦前）（那覇市歴史博物館提供）

ている（『感応寺文書』）。また一五五六年には明の官軍に敗れた倭寇の船が琉球に来航、尚元王は馬必度らの兵を派遣して倭寇船に火を放ち殲滅した後、捕らわれていた中国人を保護して中国へ送還している（『歴代宝案』）。

倭寇の脅威が目前に迫るなか、すでに効果をあげていた明の対倭寇策が琉球へも導入されたと考えられる。この時期の中国沿岸部では倭寇対策のため「衛・所・堡・寨」などの軍事施設が設けられ、火器兵器で防御していた。琉球ではそうした築城ノウハウをもとに那覇港の砲台を造ったのではないだろうか。例えば中国山東省・蓬萊《ほうらい》水城の水門部の砲台は屋良座森グスクの構造と近似している。

グスクには銃眼が備わっていたことから、中国の築城ノウハウとともに大砲がセットになって導入された可能性が高い。一六世紀初頭にポルトガルから中国に伝来した新型砲「仏郎機《ふらんき》砲」が倭寇撃退に威力を発揮していたので、琉球にも同種の火器がもたらされた可能性がある。実際に一六〇九年、薩摩島津軍の船が那覇港へ突入をはかった際、屋良座森グスク側と三重グスク側に鉄鎖を張って港口を封鎖し、両岸のグスクより「大石火矢」（『琉球入ノ記』）、「銃」（『歴代宝案』）を放ったとの記述もあり、また両グスクは「南砲台（屋良座森グスク）」「北砲台（三重グスク）」とも称されており（汪楫『使琉球雑録』）、何らかの火器が両グスクに設置されていたとみられる。

戦後、米軍による軍港造成で屋良座森グスクは完全に破壊され、三重グスクも石積の多くが失われたが、三重グスクはわずかに基礎部分の石積が残されており、かろうじて往時の姿をうかがうことができる。

【参考文献】上里隆史『海の王国・琉球』（洋泉社歴史新書y、二〇一二）

（上里隆史）

●平地の王城

南山《なんざん》グスク

〔糸満市指定史跡〕

〔所在地〕糸満市大里小字桃原
〔比　高〕―
〔分　類〕平城
〔年　代〕不明（一四世紀～一五世紀前半）
〔城　主〕承察度《しょうさっと》（一三八〇～一三九六?）・汪応祖《おうおうそ》（一四〇四～一四一四）・他魯毎《たるみい》（一四一五～一四二九）（文献上）
〔交通アクセス〕琉球バス交通(107)南部循環線「高嶺小学校前」下車、徒歩四分。

【衛星的グスクの中心】　南山グスクは、糸満市のほぼ中央にある糸満市大里の標高約六〇メートルの微高地上に位置するグスクである。面積は二万三〇一平方メートル。方言ではナンジャングシクといい、高嶺《たかみね》グスク、島尻大里グスク、単に大里グスクとも呼ばれる。『海東諸国紀』（申叔舟、一四七一）の「琉球国之図」にある「島尾城」は本グスクとされる。

グスクの現況は、東側が南山神社、西側は市立高嶺小学校敷地となっており、周囲は畑地と住宅地が広がる平地である。南山グスク周辺はグスクが比較的密に分布する地域で、南山グスクの半径一八〇〇メートルの範囲内には、北側約八五〇メートルに大城森グスク（標高約五〇メートル）、東側約一七〇〇メートルに与座《よざ》グスク（標高約一一〇メートル）、南西側約七〇〇メートルには国吉《くによし》グスク（標高約六〇メートル）、北西側約一三〇〇メートルには照屋《てるや》グスク（標高約五〇メートル）がそれぞれ立地する。これら周辺のグスク群については、平地に立地する南山グスクの防御機能の一部を担っていたとし、〝衛星的グスク〟として、南山グスクと密接な関連を有していたとする見解がある。

南山グスクは、三山時代（一四～一五世紀前半頃）の沖縄本島南部を支配した山南《さんなん》（南山）王《おう》の居城と伝えられる。中国明朝の『明実録』には、一三八〇年の承察度《しょうさっと》による進貢の記事を初出とし、以後、汪応祖《おうおうそ》、他魯毎《たるみ》の三人の王による進貢の様子がうかがえる。明朝との交流は、山南繁栄の基礎となったが、一四二九年の他魯毎による進貢の記事を最後に『明実録』からは山南関連の記事が消え、同年を以って山南

●—遠景

は滅亡したとされる。山南滅亡の経緯等については『球陽』・『遺老説伝』（ともに鄭秉哲ら一七四五）に記載がある。なお、南城市の島添大里城跡を王城とする説もある。

【往時の南山グスク】　山南滅亡後の南山グスクに関する記録は僅少で、一七一九年に第二尚氏一三代の尚敬《しょうけい》王の冊封副使徐葆光《じょほこう》が蔡温《さいおん》らと南山グスクを訪れた際に「高嶺城」と題する漢詩を詠んでおり、すでに王城としての面影はなかったようである。ただ、発掘資料では一六〜一七世紀代の陶磁器が出土していることから、廃城後も何らかの利用はなされていたようである。

　一九一五年頃にグスク内に高嶺小学校が建設されるが、その建設工事に先立って当時の高嶺村によりグスクの測量が行われており、往時の南山グスクの一端を知る貴重な資料となっている（次頁、一九一五年頃の南山グスクの図）。それによるとグスクの外周には石積《いしづみ》が巡らされ、グスク内は石積でいくつかの郭に区画されていることが分かる。南西側石積には城門が二ヵ所みられ、東側の城門は南山神社への出入口、西側の城門はグスク内への直接の出入口となっており、付近には池があったことが分かる。グスク内には所々に井戸、墓所や御嶽《うたき》（拝所）がみられる以外は、南山神社を除いては特に建物はなく、松や竹が繁茂して鬱蒼としていたことがうかがえ、往時はグスクというよりも御嶽として人々には認識されていたのではなかったかと思われる。

【南山グスクの調査】　南山グスクは、市内のグスクとしては比較的早くから調査が行われ、過去七度にわたって調査が行

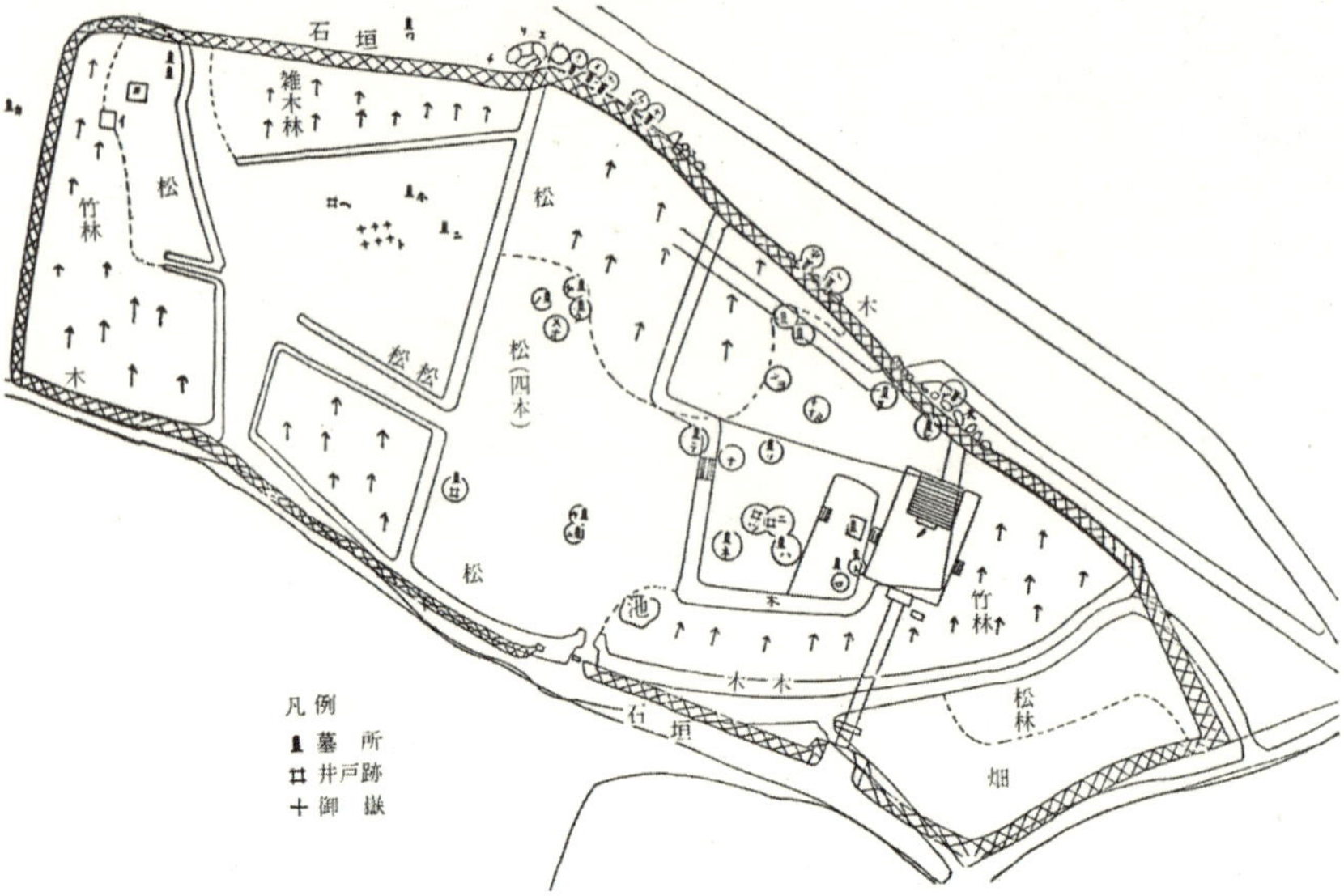

●—1915年頃の南山グスク（沖縄県島尻郡高嶺村『郷土史』耕文社、1934年より）

われている。もっとも早くは、一九一五年頃の高嶺小学校建設工事に伴う測量調査で、南山グスクの平面測量図が残されているのは先述のとおりである。一九三七年には南山グスク初の発掘調査が鎌倉芳太郎により実施されている。調査地点は北側裏門城壁付近とされ、青磁《せいじ》・白磁・天目釉片《てんもくゆうへん》が出土し、その成果の一部は『南海古陶磁』（伊東忠太・鎌倉芳太郎、一九三七）に収録されている。

発掘調査が行われた北側裏門城壁であるが、現存しないため場所の特定は今後の課題となっている。糸満市による調査は、一九七八年に市文化財保護委員会による文献・民俗調査および測量調査を実施して基礎資料を整理した後、校舎改築による市教育委員会による緊急発掘調査を一九七九年、一九八四年および一九九三年に実施している。これらの調査は範囲が限定されていたため、南山グスクの全体的把握には至らなかったものの、往時の南山グスクの外周石積が野面積《のづらづみ》であったことや大規模な土地造成等が行われていたこと、遺物としては在地のグスク土器や中国産陶磁器、鉄製品等の出土が確認された。二〇〇八年以降は、南山グスクの保存状況等の確認調査を周辺グスクとともに行っている。

【現在の南山グスク】 先述したように市立高嶺小学校と南山神社が南山グスク内に所在し、かつての面影は、北東側の野

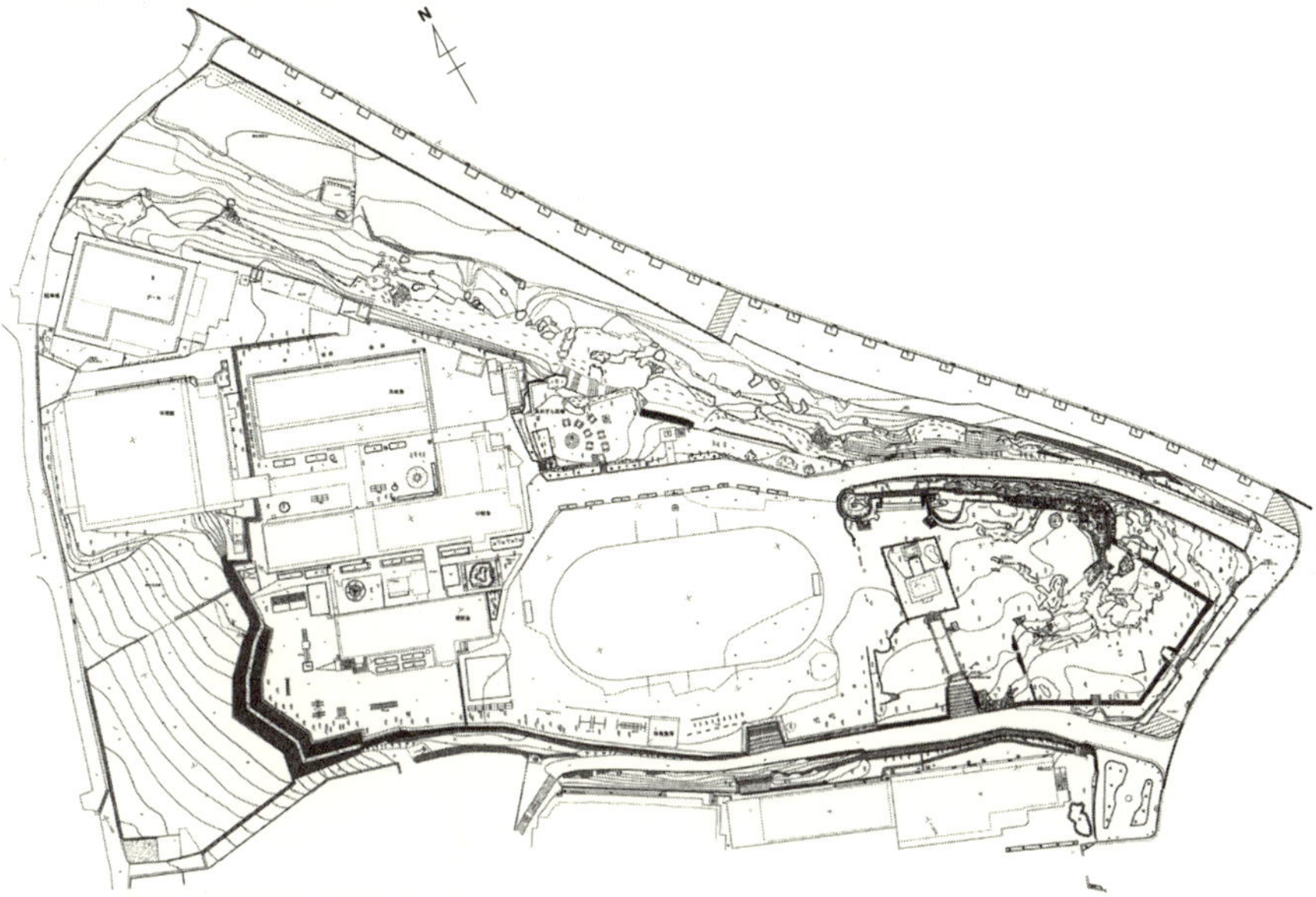

●―現況図（糸満市教育委員会提供）

面積を除いてはみられない。現在みえる切石《きりいし》の石積は、小学校と神社建設の際に積まれたもので南山グスク本来のものではないが、これまでの発掘調査結果では、地下にはまだ南山グスクの遺構が残存していることが分かっており、今後は計画的な発掘調査を行い、南山グスクの全体像を把握する必要がある（現況図）。

【山南をめぐる今後の課題】　南山グスクは、三山時代の主要なグスクの一つであり、歴史学分野を中心に多くの研究の蓄積がある。明治以降近年まで、王の居城とその王権をめぐり多様な議論が展開されてきた。具体的には南山グスクと島添大里城跡のいずれが山南王の居城であるのか、内紛が続く山南の王権の実態はどのようなものであったかなどである。近年、南山グスク・島添大里城跡および周辺遺跡の発掘調査が行われ資料の蓄積も進んでいることから、今後は考古学分野の成果も取り入れながら、山南の実態把握に迫っていく必要がある。

（大城一成）

【参考文献】児玉幸多・坪井清足監修『日本城郭体系　第一巻　北海道・沖縄』（新人物往来社、一九八〇）

●沖縄本島南端断崖の大型グスク

上里《うえざと》グスク・山城《やまぐすく》グスク

〈所在地〉糸満市字上里・山城
〈比　高〉約二〇メートル
〈分　類〉平山城
〈年　代〉一四世紀頃
〈城　主〉上里按司
〈交通アクセス〉沖縄バス「山城入口」下車、徒歩二〇分。

【断崖を挟んで立地】　上里グスク・山城グスクは沖縄島南部・糸満市の南端にある字上里・山城の東西に伸びる標高約七〇メートルの琉球石灰岩の丘陵地帯に位置する。丘陵は断崖状になっており、南側の断崖上に上里グスクが、北側の断崖下に山城グスクが立地する。二つのグスクが断崖を隔て隣接している特異な形態だが、地元では上里グスクを「上グスク」、山城グスクを「下グスク」と呼んでおり、実質的には一体のグスクとして機能していたと考えられる。

創建年代は不明だが一四〜一五世紀頃と考えられ、当地域を治める上里按司の居城とみられる。その実態は不明だが、『おもろさうし』には「一、聞ゑ上里杜に／八千代　見つめてだ／又、鳴響《とよ》む上里に」（名高い上里杜に、永遠に期待されている按司様、名高い上里に）と上里の按司を称えるオモロが存在している。

上里グスクの構造は北側の断崖を背に、三つの郭からなる。南側の平野部に石積を築き、敵の侵入を阻んでいる。石積の大部分が野面積《のづらづみ》だが、城門付近は切石《きりいし》が確認できる。保存状態は良好で、高さ三〜五メートルの石積が当時のまま残る。また一部には長方形に近い自然石を目地を通して上下一列に積んだ箇所も見られ、野面積から布積《ぬのづみ》への変遷の移行期もうかがうことができる。南側に向けてグスクの左右、中央部の石積にほぼ等間隔で張出《はりだし》（いわゆる馬面《ばめん》）を設けている。

中央部と東側の張出の間に城門があり、左右を切石で積んだ櫓門《やぐら》あるいは冠木門《かぶきもん》形式の門だったと推定される。城門

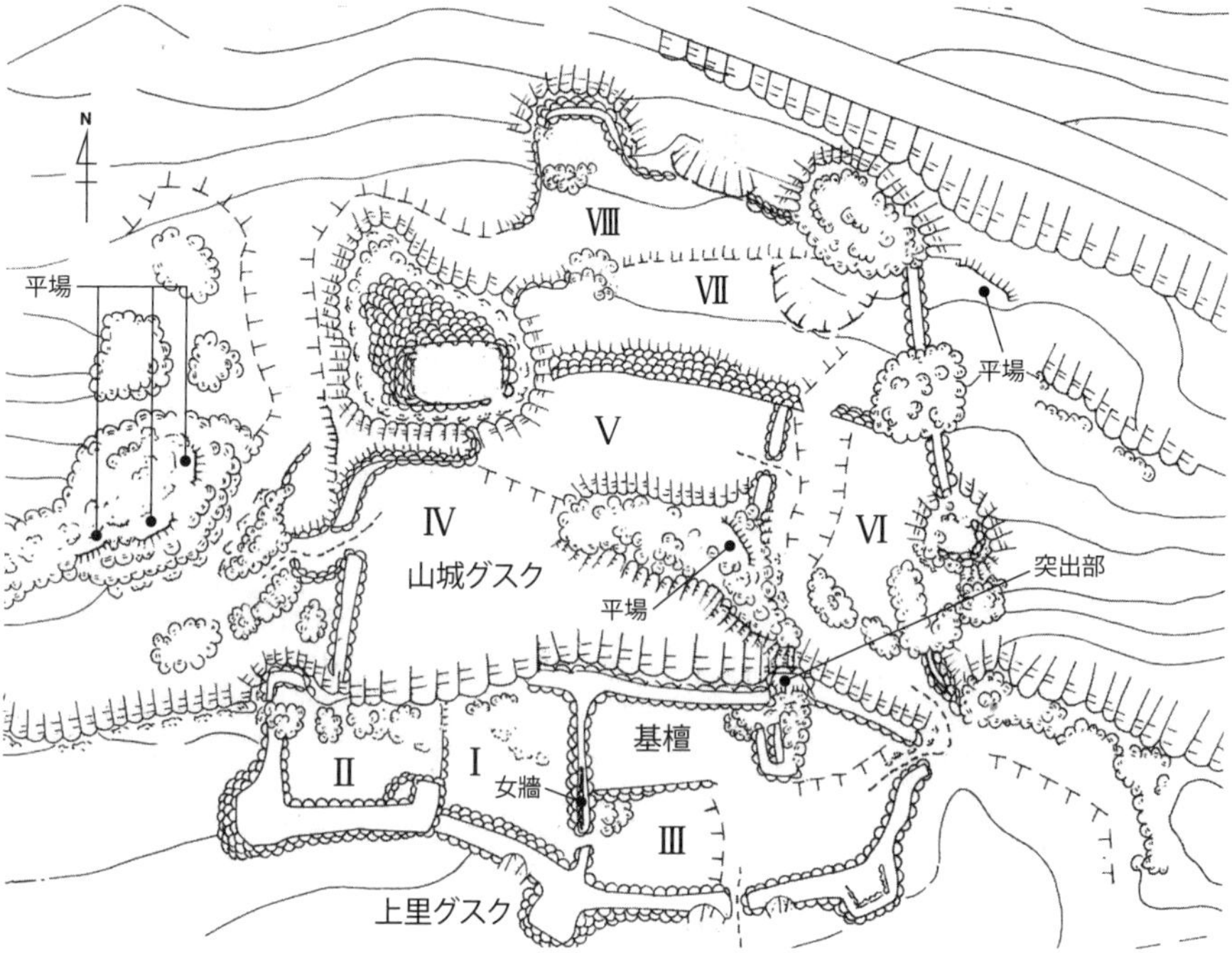

●—上里グスクと山城グスク周辺図（作図：當眞嗣一）

を入るとグスク内でもっとも大きな郭となっており、北側半分が石積を隔て一段高くなっている。ここに主要建物が立っていたとみられ、現在では拝所が設置されている。東端には出入口があり、ここから急峻な坂道を降りて山城グスクへと至る。

門から西側に進むと高さ三メートルほどの石積が現れ、そこを越えて二つの郭が並ぶ。西端の北側には断崖の突出部に沿って高さ一メートルほどの石積が築かれている。崖下の山城グスクの城壁を見下ろせる位置にあり、ここに登る敵兵を上から攻撃することが可能であった。本格的な発掘調査は行われていないが、雷文の青磁《せいじ》碗の欠片や貝錘、タカラガイ、クモガイの加工製品などが表面採取されている。

【崖下の山城グスク】　山城グスクは上里グスクの直下に位置しており、規模としては上里グスクより大きい。琉球石灰岩の岩盤がところどころ露出しており、それらを取り込んで城壁を形成している。大部分は野面積だが、ごく一部に加工石がわずかに転がっており、一部は切石積だったことが推定される。

グスクは南側の断崖を背に五つほどの郭からなり、巨岩と巨岩の間の空間をうまく利用している。とくに圧巻なのが、北西側の端にある巨岩の上に構築された物見状郭《ものみじょうくるわ》である。

●—石垣（郭Ⅱ）

ここからグスク内とその周辺を一望でき、往時はおそらく当グスクのシンボル的な存在であっただろう。さらにその巨岩から東側に一直線に石積が伸びており、ここも見どころの一つである。

●—郭Ⅰへの入口

北側にはいくつかの自然の岩盤が位置しており、その間を石積でふさいで防御している。岩盤上が物見台の機能も担っていた可能性がある。グスクの入口は西側の斜面から岩盤の隙間を通ってUターンをするような形で門に到達する。その登城ルートの途中には先述の巨岩上の物見台状郭の直下を通過しなくてはならず、防御上の工夫が見てとれる。水源は巨岩の南側に窪みがあり、そこが湧泉になっていたようである。なおグスクに入る途上の岩の下にも泉があり、現在でも水をたたえている。

【連携する丘陵上のグスク】　上里・山城グスクは単体で存在していたのではなく、近隣の小型グスクと有機的に連関していたとみられている。上里・山城グスクは旧喜屋武《きやん》間切の南北に伸びる丘陵地帯にあるが、この丘陵に沿って、佐慶《さち》グスク、束辺名《つかへな》グスク、當間《とうま》グスクが数百㍍の間隔で築かれており、さらに南側海岸には具志川《ぐしかわ》グスクも位置しており、上里グスクを中核として、丘陵地帯を天然の防御ラインとして南側に広がる喜屋武一帯を防備する意図があった可能性がある。

佐慶グスクは上里グスク東側にあり、断崖上に築かれている。二つの郭から構成された小型グスクで、南側の入口には二つの馬面状の張出施設が確認される。上里グスクから西側五〇〇㍍ほど離れて束辺名グスク、當間グスクが位置する。束辺名グスクは他のグスクと同様に、北側の断崖上に立ち、単郭の小型グスクだったとみられる（現在は大部分が破壊）。當間グスクも束辺名グスクから南西約三五〇㍍の丘陵上にあり、野面積の単郭、入口の左右には馬面状の張出を持つ小型グスクである。

【連携守備するグスク】　これらのグスクはいずれも丘陵上を通過する古道のすぐそばに立地しており、丘陵上を通過する際の要衝である点が注目される。すなわち、喜屋武地域一帯を統治する按司の拠点として上里・山城グスクがあり、このグスクを中心として丘陵上の佐慶グスク・束辺名グスク・當間グスクが支城的役割を担い、また外部よりの侵入経路を防御する機能を果たしていたと考えられる。統一王朝以前において按司のグスクが複数連携して機能していたことがうかがえ、上里・山城グスクはその興味深い事例の一つといえる。

【参考文献】糸満市教育委員会総務部文化課編『上里グスクほか発掘調査報告』（糸満市教育委員会、二〇〇一）、當眞嗣一『琉球グスク研究』（琉球書房、二〇一二）

（上里隆史）

●沖縄本島最南端のグスク

糸満具志川《いとまんぐしかわ》グスク

〔国指定史跡〕

〔所在地〕糸満市喜屋武小字具志川原・カネク原
〔比　高〕—
〔分　類〕平城
〔年　代〕不明（一四世紀後半〜一六世紀頃）
〔城　主〕真金声按司《まかにくいあじ》（伝承上）
〔交通アクセス〕琉球バス交通(108)南部循環線「喜屋武」下車、徒歩二五分。

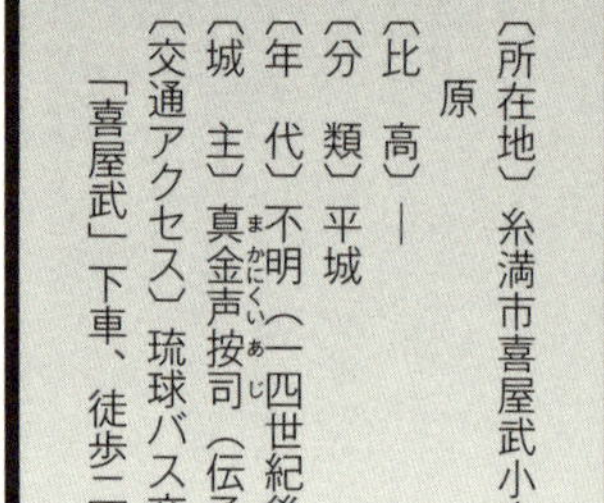

【海食崖上のグスク】　具志川城跡は、沖縄本島最南端近くの海岸に突出する標高約一七メートルの琉球石灰岩の海食崖上に形成されたグスクで、面積は約一六一〇平方メートルである。方言ではグシカーグスクあるいはグシチャーグスクとも呼ばれる。海食崖は北東側から南西側に向けて延び、北東側に開口する城門部分を除いて周囲は断崖となっており、その上に高さ約一〜四メートルの琉球石灰岩の石垣が巡らされている。石垣は、海食崖先端部の南西側から北東側に向けて順次高さを増し、城門部分で最大高となる。城門の左右には方形状の突出部が設けられ、西側部分にも半円形状の突出部がつくられ、グスク北東側は比較的堅固な様相を呈している。石積は野面積《のづらづみ》を基本とするが、城門の部分はやや雑な切石積《きりいしづみ》となっている。

グスクのほぼ中央にある長さ約一二メートル、幅約一五メートル、高さ約一・五メートルの基壇状の石積遺構により、南西端の一の郭（岬の郭）と北東側の二の郭（城門の郭）に二分される。この石積遺構は、グスク内で確認された唯一の建物跡であるが、性格の把握については今後の課題となっている。

二の郭（城門の郭）内には火吹き穴《ひーふちみー》と呼ばれる一・五×三・〇メートルの縦穴があり、グスク基盤岩下部の海食洞へ通じている。このことからこの縦穴は、緊急時の避難経路や物資の搬出入に用いられたものではないかといわれているものの、結論は得られていない。一の郭（岬の郭）はグスクの先端部で、東シナ海を一望でき、沖を行き交う船の様子を知ることができる格好の場であったとみられる。

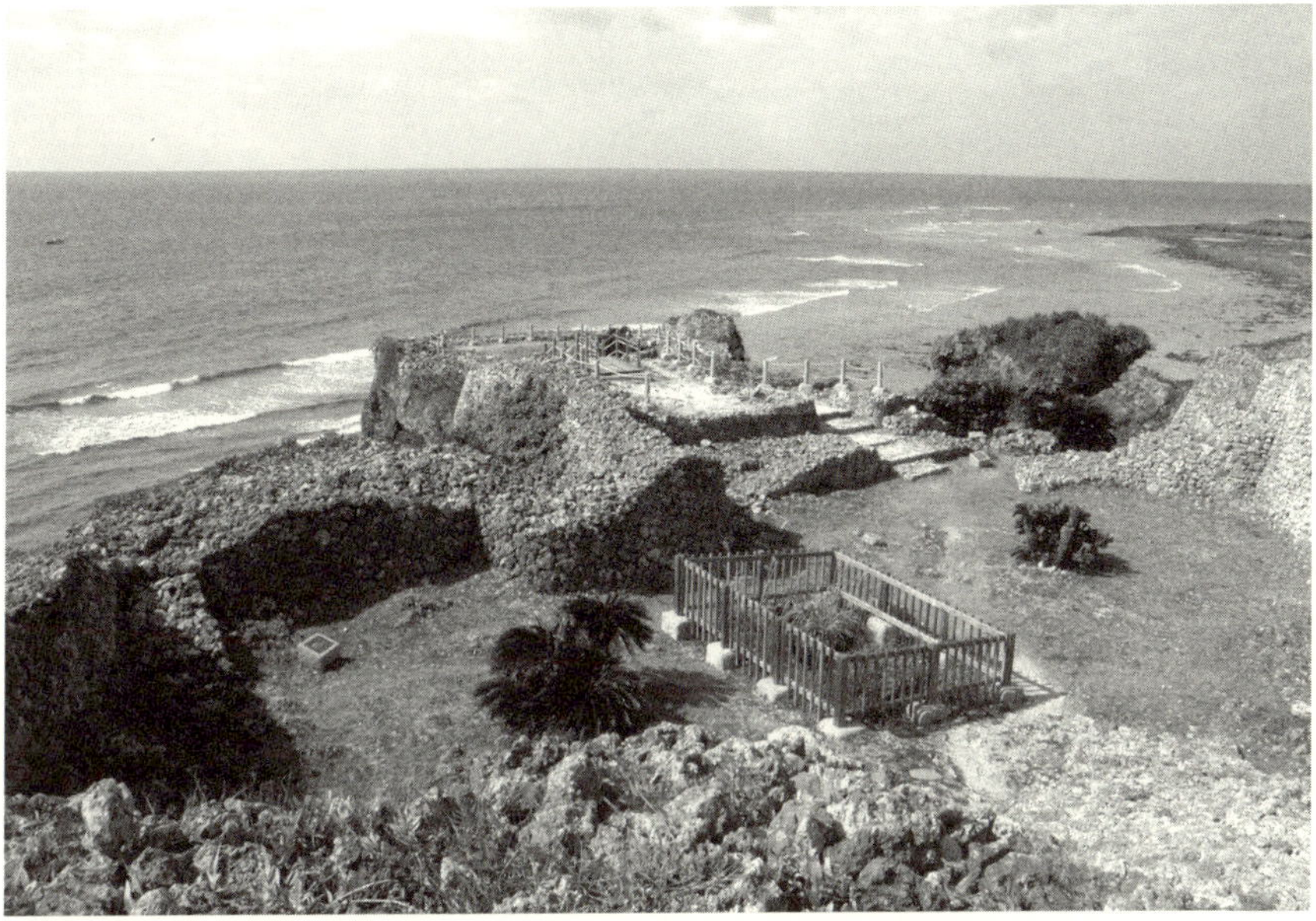

●—城門から城跡先端を望む（具志川城跡）

【伝承上の具志川城跡】　現在のところ本城跡に関する文献は見当たらず、築城年代や城主等については明らかではない。伝承によると久米島具志川城跡の二代目按司《あじ》真金声《まかにくい》が、同じ久米島の伊敷索《ちなは》按司の次男真仁古樽《まにくたる》との戦いに敗れて沖縄本島南部へ逃げ延び、最南端の喜屋武《きゃん》に故郷を偲んで同名のグスクを築いたとされる。

真金声按司と彼の子孫はその後も喜屋武の地に留まっていたが、第二尚氏三代目の尚真王代（一四七七〜一五二六）に城を明け渡して後は空城となったともいわれている。なお、久米島側の記録である『久米島間切旧記』（一七四三年）にも真金声按司が沖縄本島南部へ逃れたとする記述がみられる。

【具志川城跡の保存修理事業】　具志川城跡は、一九五九年十二月十七日に琉球政府文化財保護委員会（現沖縄県教育庁文化財課の前身）によって琉球政府史跡に指定され、一九七二年五月十五日の沖縄県の日本復帰に伴い国指定史跡となった。なお、二〇〇八年七月二十八日には南西側先端部の追加指定が行われている。

一九七二年の国史跡指定後は、年数回の除草作業を除いては未整備のままであったが、城跡が沖縄本島最南端に近く、自然景観的にも良好なことから県内外からの訪問客が多く、また、地元の喜屋武を中心に城跡の保存と活用を求める要望

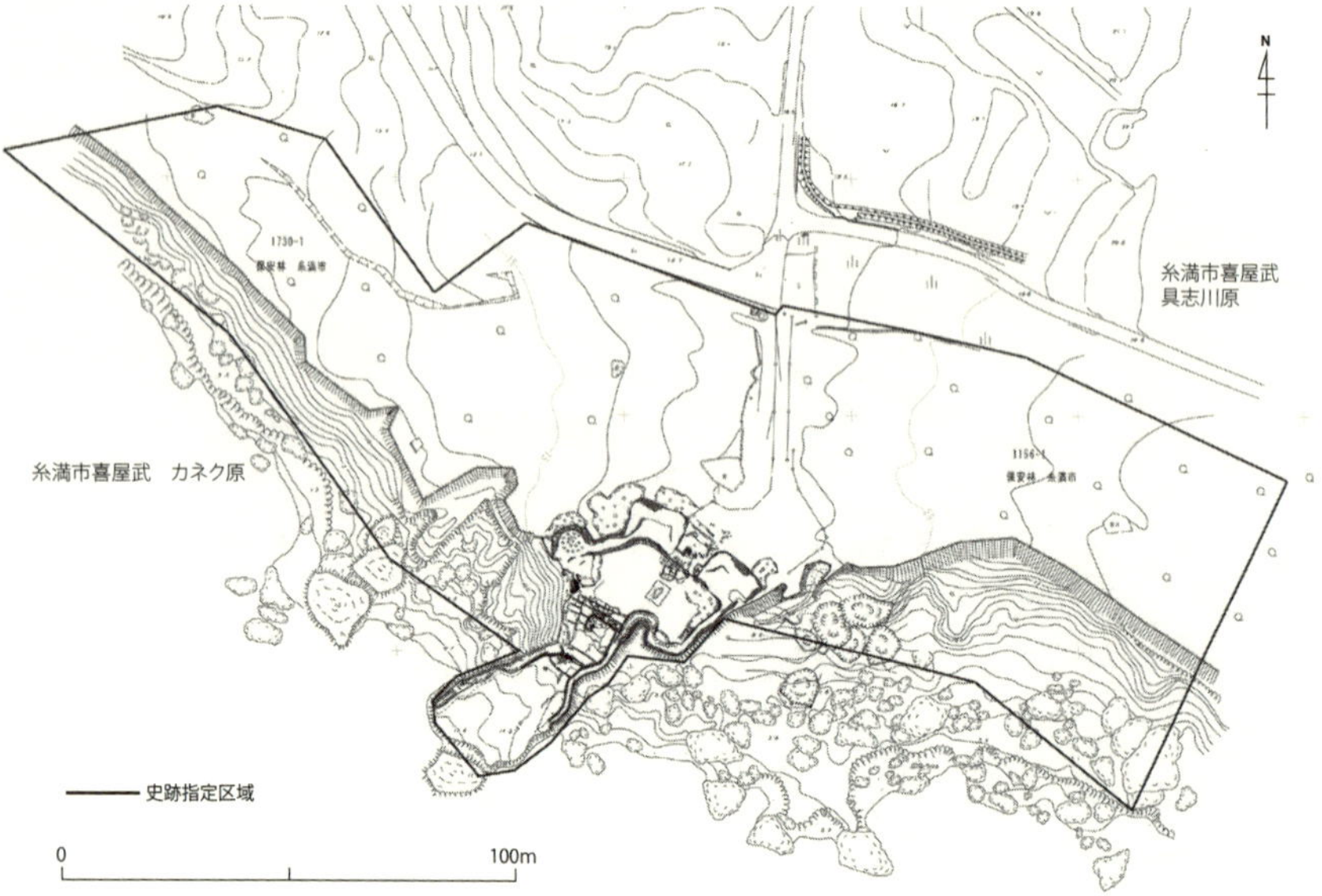

●—周辺図（糸満市教育委員会提供）

が持ち上がった。これを受けて糸満市では具志川城跡の保存修理事業の検討を始め、一九九七年度に『具志川城跡及び周辺グスク環境整備構想』を策定して城跡整備の方向性の大枠を定め、関係機関との協議調整をへて、二〇〇〇年度から保存修理事業を開始した。二〇〇二年度に『具志川城跡整備実施計画報告書』（以下、「整備計画書」と表記する）の策定と史跡具志川城整備委員会（以下、「整備委員会」と表記する）を設置して以降は、整備計画書に基づいて整備委員会の指導の下に「現況のままの城跡の姿の維持」の基本理念実現のために、最低限の石積修復とデッキ園路と案内板設置の事業を実施した。

当初、保存修理事業には二〇〇〇年度から二〇一二年度までの一三ヵ年間を予定していたが、実施にあたり石積の追加調査・工事等や城跡基盤岩の補強工事の必要性が生じ、事業を三ヵ年延長し、最終的には二〇一五年度に保存修理事業は終了した。現在は、二〇一六年度から二〇一七年度にかけて史跡の価値を将来にわたって維持・継承していくための「具志川城跡保存活用計画」を策定中である。

【現在の具志川城跡】　現在の具志川城跡は、必要最小限度の遺構修復、デッキ園路と案内板等の設置を行い、保存修理事業は一段落した。一五ヵ年にわたるこれまでの保存修理事業では、具志川城跡に関していくつかの新知見が得られている。

まず、遺構については、これまで城門は幅が約七メートルあり、防御を目的としたグスクの城門としては広すぎると考えられてきたが、二〇一一二年度の調査において、城門の左右にある突出部から延びる石積が城門を塞ぐように延び、この延長石積に幅約一メートルの五段の階段が取り付けられていた。元来の城門幅はかなり狭まることが確認できた。また、先述した城内を二分する基壇状の石積遺構でも階段が確認されていることから、城内は起伏に富んでいたことが分かった。

●—具志川城現況

人工遺物としては、中国産の陶磁器が多く、主なものは青磁碗、青磁皿、盤、酒会壺、褐釉陶器、青花小杯などのほか、カムィヤキ、古銭、金属製品などが得られている。自然遺物としては、獣魚骨片、石材片などがある。出土遺物で特徴的なのは、グスク土器が出土していないことであり、具志川城の性格等を把握する際の今後の検討課題である。

【今後の具志川城】 保存修理後の具志川城は、二〇一七度策定予定の保存活用計画を基に維持修復措置が行われていくことになる。学校教育や生涯学習での利用に加えて、本誌の地域資源の一つとして保存活用を図っていきたい。

沖縄県内には同名のグスクがうるま市と久米島町にもあり、いずれも海岸近くに立地するなど三者とも共通する特徴を有していることから、各グスクの関連性についても検討を進めたい。

【参考文献】 新城徳祐『沖縄の城跡』（緑と生活社、一九八二）

（大城一成）

●首里王府の防衛拠点

豊《とよ》見《み》城《ぐすく》グスク

〈所在地〉豊見城市豊見城東原
〈比　高〉五〇メートル
〈分　類〉平山城
〈年　代〉一四～一六世紀
〈城　主〉汪応祖
〈交通アクセス〉那覇・琉球バス「豊見城公園前」下車、徒歩三分。グスク内駐車可

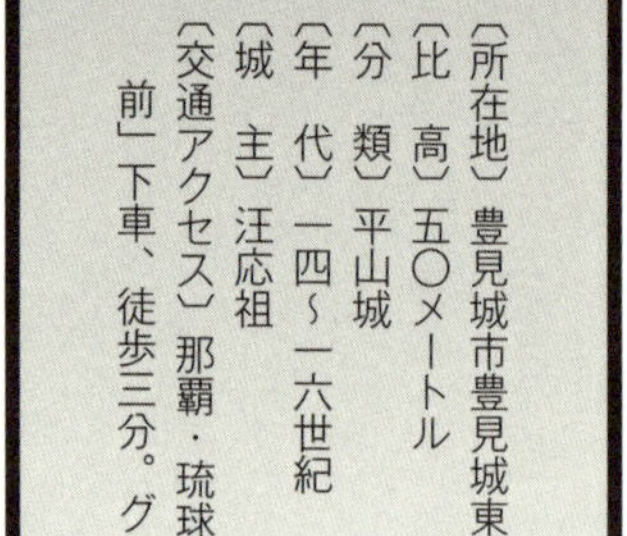

【自然地形の要害】　標高約五〇メートルの低丘陵に位置する当グスクは東西北が急崖となり、さらに北、東側には漫湖《まんこ》や饒波《のは》川が麓に流れるといった地形的に自然の要害を呈している。南側も緩やかな傾斜を成していることから独立丘陵としての様相を濃くしている。

このグスクは発掘調査が過去に実施されていないため、築かれた時期についてはまったく分っていない。文献資料においては『球陽』には山南《さんなん》（南山）王の弟である汪応祖《おうおうそ》の居城であったことのみが記されており、一四世紀から一五世紀初めあたりまでは山南に属する城であったことがうかがえる。

【首里王府の防衛拠点】　一五二二年に建立された「真《ま》珠湊《だまみなと》の碑文《ひぶん》」から第二尚氏の時期におけるこのグスクの役割をうかがい知ることができる。それは有事の際に豊見城グスクへ、水源となる根《ね》立樋川《たてひーじゃー》確保を目的に一番里主部・赤頭隊と南風原、島添大里、知念、佐敷、下島尻地域の隊は真珠道経由で垣之花に集結させるという役割が与えられている。この碑文により一五世紀段階における山南に属する城から、一六世紀における首里王府の防衛拠点としての性格が変化していることが読み取れる。加えてこの時期に首里王府によって維持管理がされていたことも指摘できる。

その後の一八世紀前半に記された『琉球国志略』にある徐葆光の詩文で「題垣宮無全瓦　荒草牛羊似破村」と豊見城グスクを詠んでいることから、近世に入るとかなり荒廃していたことが解る。よって首里王府の防衛拠点としての役割を担

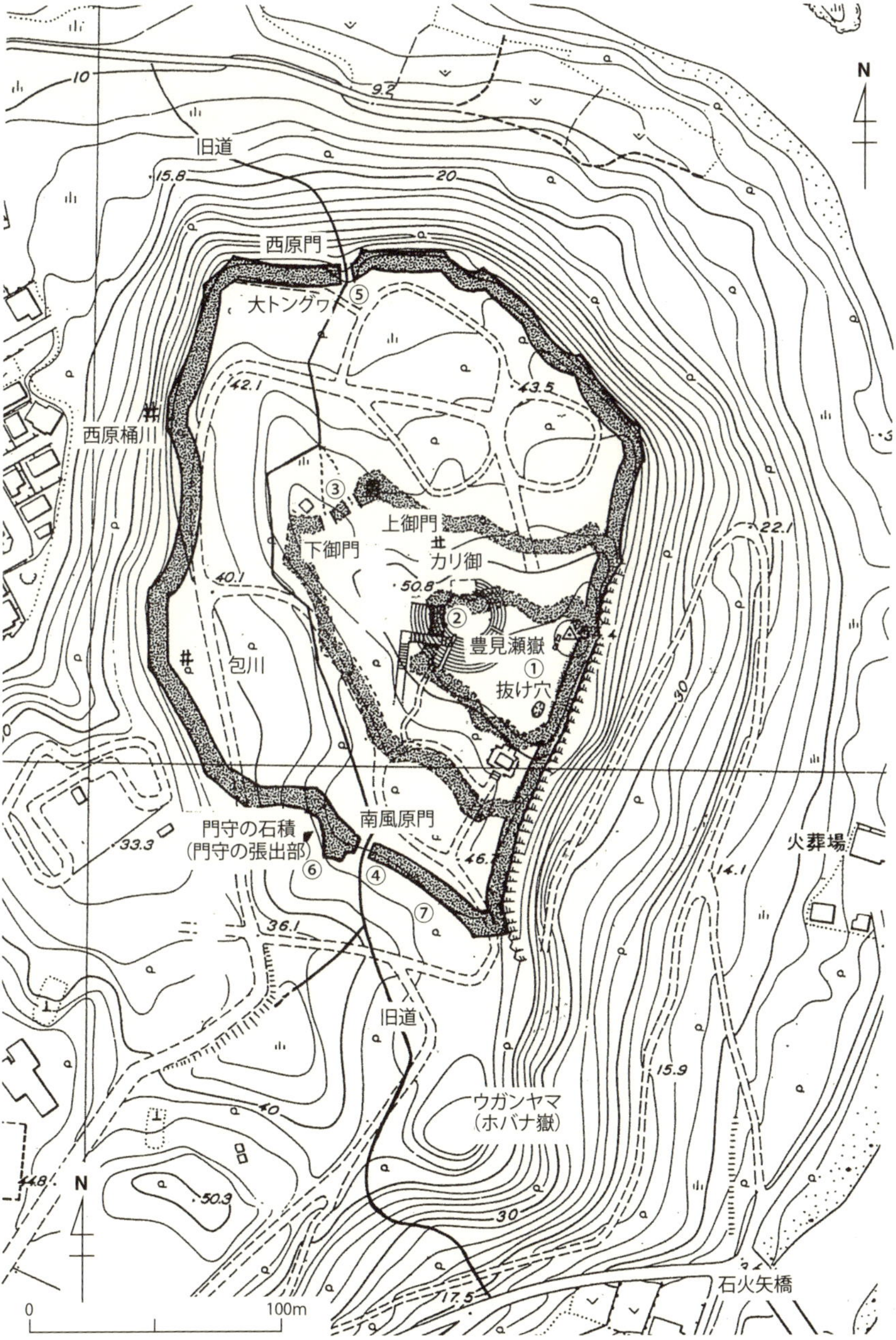

●—豊見城グスク平面概要図（豊見城村教育委員会提供）

●—戦災前の豊見グスク（『琉球建築』より抜粋）

っていたのは一六世紀から一七世紀の間であったと考えられる。

【推定される縄張の構造】

戦前まで城壁が良好に残存していたが沖縄戦と戦後の採石で壊滅な被害を受けたため、石積《いしづみ》の根石《ねいし》が一部、見られるものの遺構はほとんど残っていない。縄張は沖縄戦直前に撮影された米軍の空撮写真と同じく米軍によって作成された地形図からうかがうことができる。これらの資料と古老からの聞き取り調査から一九八八年に豊見城村教育委員会が推定復元図を作成している。この復元図では東西約一五〇メートル、南北約二二〇メートル、面積は約三万三〇〇〇平方メートルを有する。全体的な縄張の特徴としては、東側の石積囲い①を核にして同心円状に石積囲いが配される。出入口については、核となる石積囲いでは東側②に取り付く。この出入口は一九三七年刊行、田辺泰他『琉球建築』に破壊される以前の写真が掲載されている。それには切石積のアーチ門で、左右の城壁は高さ約三・五メートル有していることが推定される。

これらのことから石積囲い①は大規模な城壁を立ち上げていたことがうかがえ、かつ戦前は内部へ立ち入ることができなかったことがわかる。さらに外側を取り囲む石積囲いは北西部③に「上御門」「下御門」と呼ばれる出入り口が、最も外郭にあたる石積囲いには南④北⑤に「南風原門」「西原門」と呼ばれる出入り口がそれぞれ二ヵ所取り付いていた。南風原門の東には横矢掛かりの張出施設⑥が付属している。最外郭となる石積囲いの城壁ラインは東西北が地形のラインに沿って配置されており、地形に規制されない南側⑦の城壁ラインは比較的直線状となる。この縄張がいつ頃完成したのかはわからないが特に大きな改修が行われたという伝承や記録が見られないことから一六世紀段階には既にこの縄張が確定していたものと思われる。

沖縄戦前まではグスクの中心部に豊見瀬嶽と呼ばれる拝所が、そしてチチンガー、カリウカーと呼ばれる井戸がグスク内にあったが、現在においてその詳細については分っていない。

【参考文献】新城徳祐『沖縄の城跡』（緑と生活社、一九八二）、豊見城村教育委員会「豊見城村の遺跡」『豊見城村文化財調査報告書』第三集（一九八八）

（山本正昭）

●中山を望む南山王の居城

島添大里《しましーおおざと》グスク

〔国指定史跡〕

〔所在地〕南城市大里字大里
〔比　高〕約一五五メートル
〔分　類〕山城
〔年　代〕一二世紀末〜一六世紀前半
〔城　主〕島添大里按司、第一尚氏
〔交通アクセス〕沖縄バス「西原入口」下車、徒歩一〇分。グスク近辺に駐車場有

【南山王の城】　島添大里《しましーおおざと》グスクは、グスク時代（一二〜一五世紀頃）、沖縄島が三つの勢力に分かれていた頃の南部地域（南山）の王城であったといわれている。南山国の北端にあり、中山と接して位置し、境い目の城としても重要な場所に所在している。島添大里グスクの規模は三万平方メートルを越え、南山地域では最大の規模を持ち、周囲を高石垣が巡り、まさしく王城にふさわしい容貌であったが、現在では一部に城壁跡を残すのみとなっている。

　グスクは連郭式であり、北側崖を背に一の郭、その外側に東の郭・二の郭・西の郭が同心円状に展開している。二の郭は、現在戦後の造成で一つの広場となっているが、元々は東西で段差があり、段差部分に城壁が築かれていたといわれている。東の郭は、港からの玄関口にあたり、正門が位置していたといわれている。港からの坂道を登りきった場所に正門があり、その前方の谷底部分に道が造られていたと考えられており、周囲からの見通しがよく、敵の攻撃に対して、いち早く気づくことができたと考えられる。西の郭については、明確な用途は定かではないが、拝所などがみられることから、中城《なかぐすく》グスクの南の郭同様、祈りの場であった可能性もある。

　また、北西端の崖沿いの高まり部分を組み入れており、防御のための櫓台《やぐらだい》的な役割を担っていた可能性も考えられている。一の郭は、グスク内の最高所に位置し、ここに城主が居する正殿があった。正殿は、北側崖沿いの城壁に接した城

●―正殿跡全景

内奥部に位置しており、周囲から一段高くなった基壇上に、首里《しゅり》グスクに次ぐ大きさの正殿が建てられていたことが、発掘調査で確認されている。基壇上には柱を支える礎石が現在もそのままの位置に残っている。基壇上からは石段を使用し、前方にひろがる御庭に下りていたことが確認されている。正殿からの眺望は素晴らしく、中山王城である浦添《うらそえ》グスクや首里グスク・中城グスク・勝連《かつれん》グスクといった世界遺産に登録されたグスクをみることができるほか、太平洋・東シナ海の両海を見渡すことができ、南山国に接する北側（中山国）全体を視野に治めることができる攻防に長けた場所に築かれていることが分かる。発掘調査の結果、グスク内からは貿易陶磁器をはじめ、鉄や青銅の金属製品、ガラス玉など嗜好品などが豊富に出土している。中でも金鍍金《めっき》された青銅製品が出土していることは、王城にふさわしいものといえる。

【グスク周辺にひろがる遺跡】 グスクの周

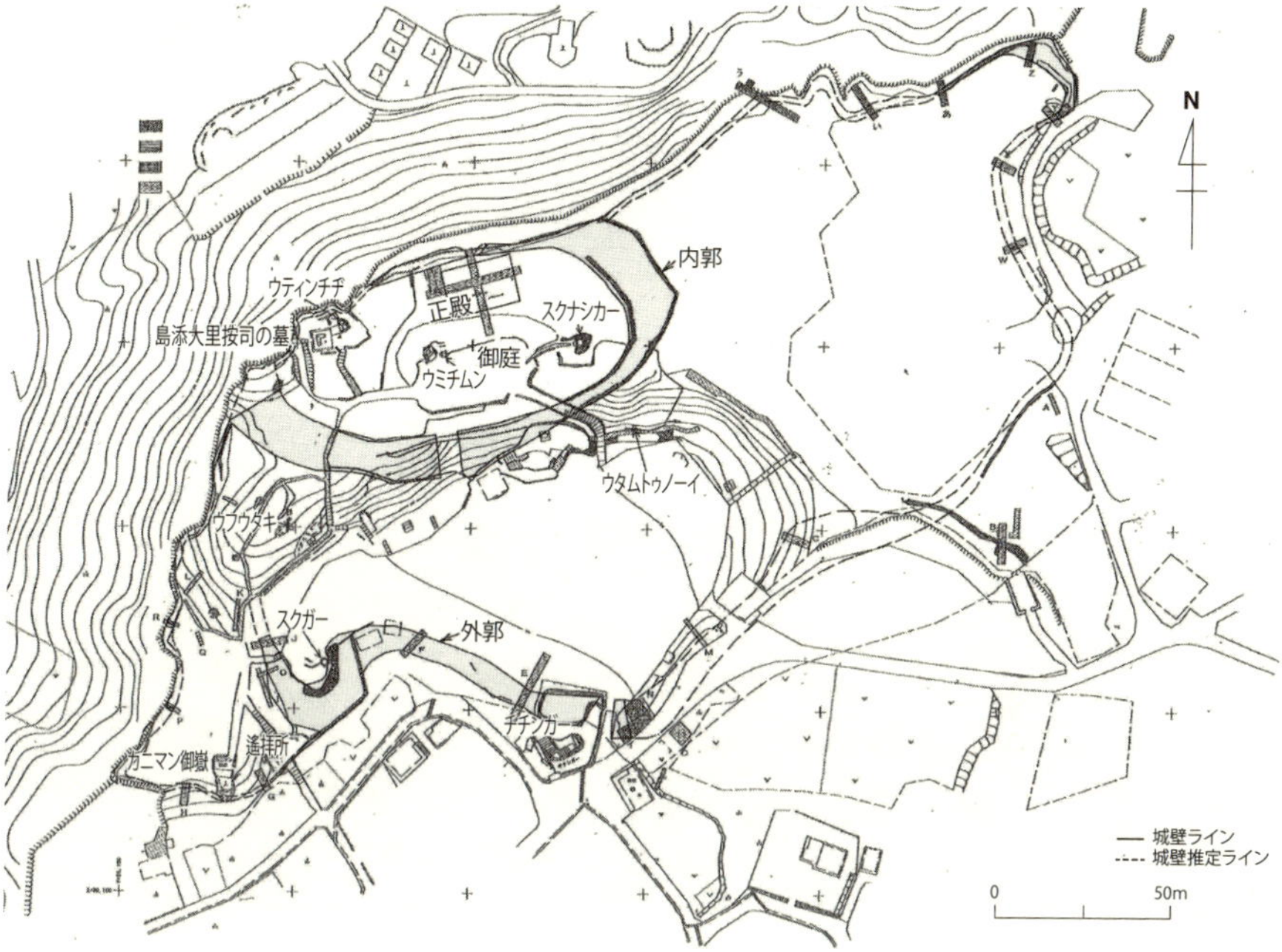

●—縄張図（『島添大里グスク』2011 年より）

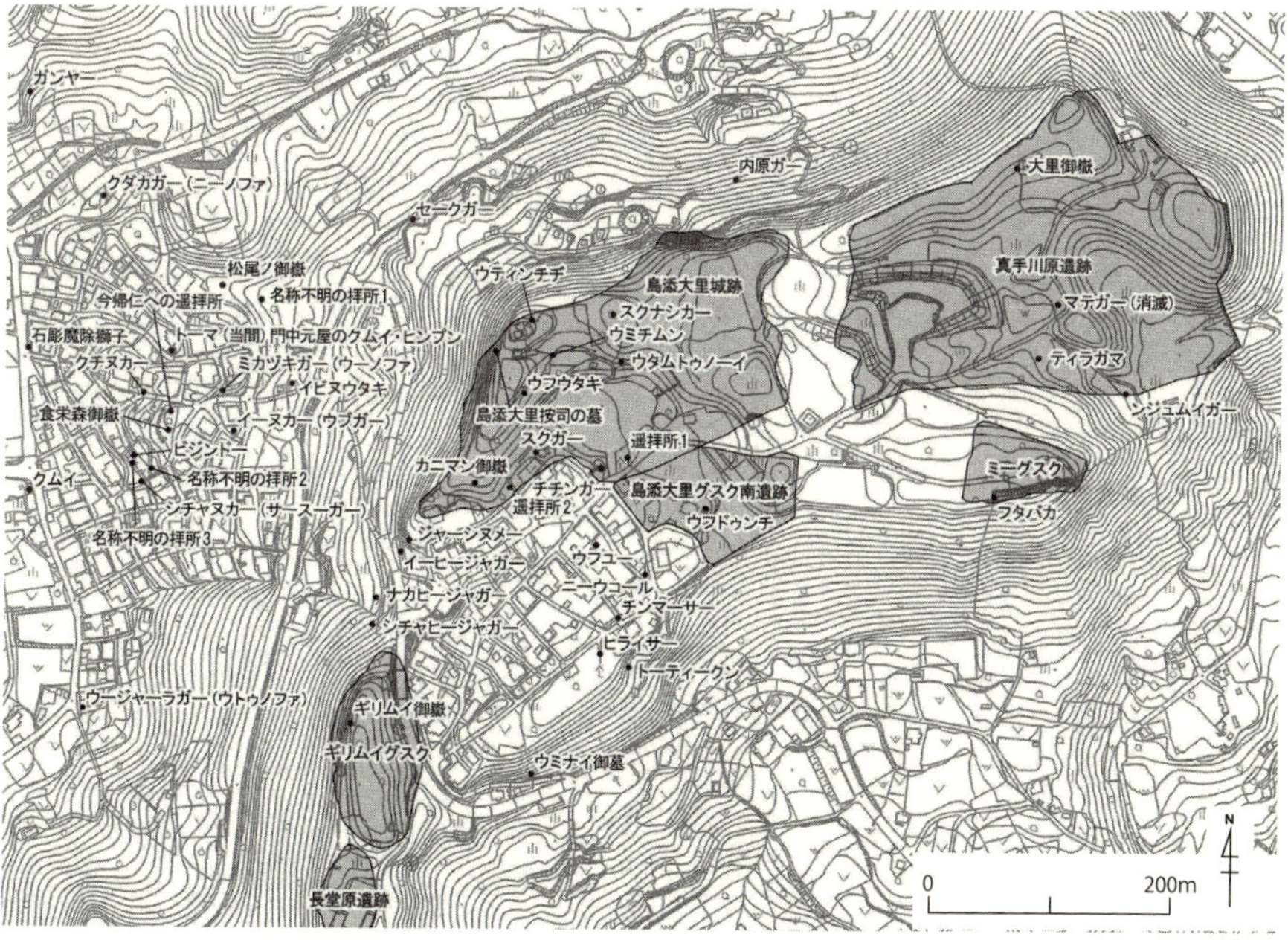

●—周辺図（『島添大里グスク南遺跡』2013 年より）

●—正殿跡 発掘調査風景（南城市教育委員会提供）

辺には、王城としてのグスクを支えた遺跡がひろがっている。島添大里グスクが所在する台地上は、北・東・南の三方が崖となる石灰岩丘陵の北端に位置しており、島添大里グスクは先述のとおり北側崖を背にして築かれている。発掘調査の結果、その南側には城下町としての集落（島添大里グスク南遺跡）、東側には湿地や丘陵段丘を利用した田畑（真手川原《まてがーばる》遺跡）が確認されている。両遺跡はこの地でグスクが築かれる基礎となった遺跡であり、グスク内の人々とそれを支えた人達の営みが垣間見える遺跡である。また、丘陵が連なる西側は堀切状の窪地となっており、その外側に出城であるギリムイグスクが所在する。ギリムイグスクは、丘陵から島添大里グスクへとつながる唯一の場所に位置しており、防御における重要な拠点となっている。

　また、東側には港からの進入口を監視するミーグスクが所在する。ミーグスクは、貿易港である与那原《よなばる》港や馬天《ばてん》港などから島添大里グスクへ入ってくる人を監視していた。グスクへの進入道は谷底を利用していたと考えられることから、丘陵の両側から谷底に対して射掛けることが可能であり、東側からの防御において機能したものと考えられる。東西に所在する両グスクは、本城である島添大里グスク並びにその集落の人びとを守るために配されていた。

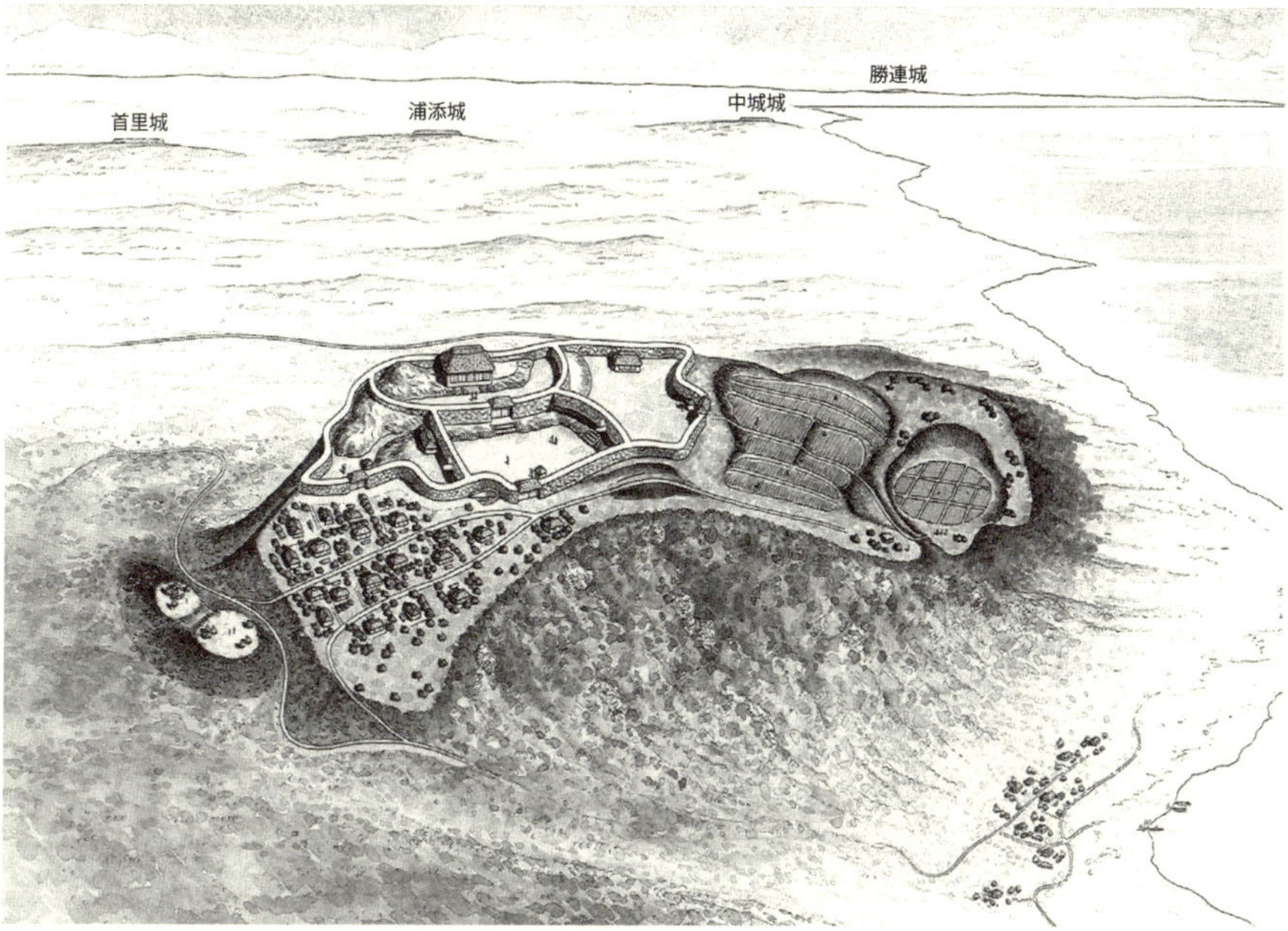

●—島添大里城鳥瞰図（南城市教育委員会提供）

【尚巴志に攻め落とされる】 しっかりとした防御施設を配置し、安定的な生産力のもと、力を蓄えた島添大里グスクは、南山を治めるまでの力を手にし、南山王として明との朝貢貿易も行うほどの権勢を誇っていた。しかし、一四〇二年、佐《さ》敷《しき》グスクの城主であった佐敷小按司《さしきのこあじ》・尚巴志《しょうはし》によって攻め落とされる。

『中山世鑑《ちゅうざんせいかん》』によれば、権勢を驕り、傍若無人な振る舞いを行うようになってきた南山王に対して、南山の諸按司が離れていき、人徳で評判の高かった佐敷小按司が推挙される形で立ち上がり、夜陰に乗じて南山王を討ったとされている。この戦いに勝利することによって、北への最大の障壁でもあった島添大里グスクを得た尚巴志は、本グスクを三山統一に向けた拠点の城として用い、一四二九年、三山を統一し、琉球国を興した。正殿部分の発掘調査を行った結果、現在の基壇並びに御庭部分を整備した際の土層の中に、火災に伴うと考えられる層が確認されている。その中からは武具を伴う多くの遺物が出土しており、当包含層が、南山王と尚巴志の攻防による戦火を物語るものと考えられている。

【第一尚氏の離宮】 三山統一をなしとげ、首里グスクを築城した尚巴志は、島添大里グスクから首里グスクにその拠点を移した。その後の島添大里グスクは、第一尚氏の離宮として整備され、使用されることとなり、先述のとおり、首里グスクに次ぐ大きさの正殿が建てられていた。その様相は、首里グスク正殿と同じものであったと『朝鮮王朝実録』に記されている。

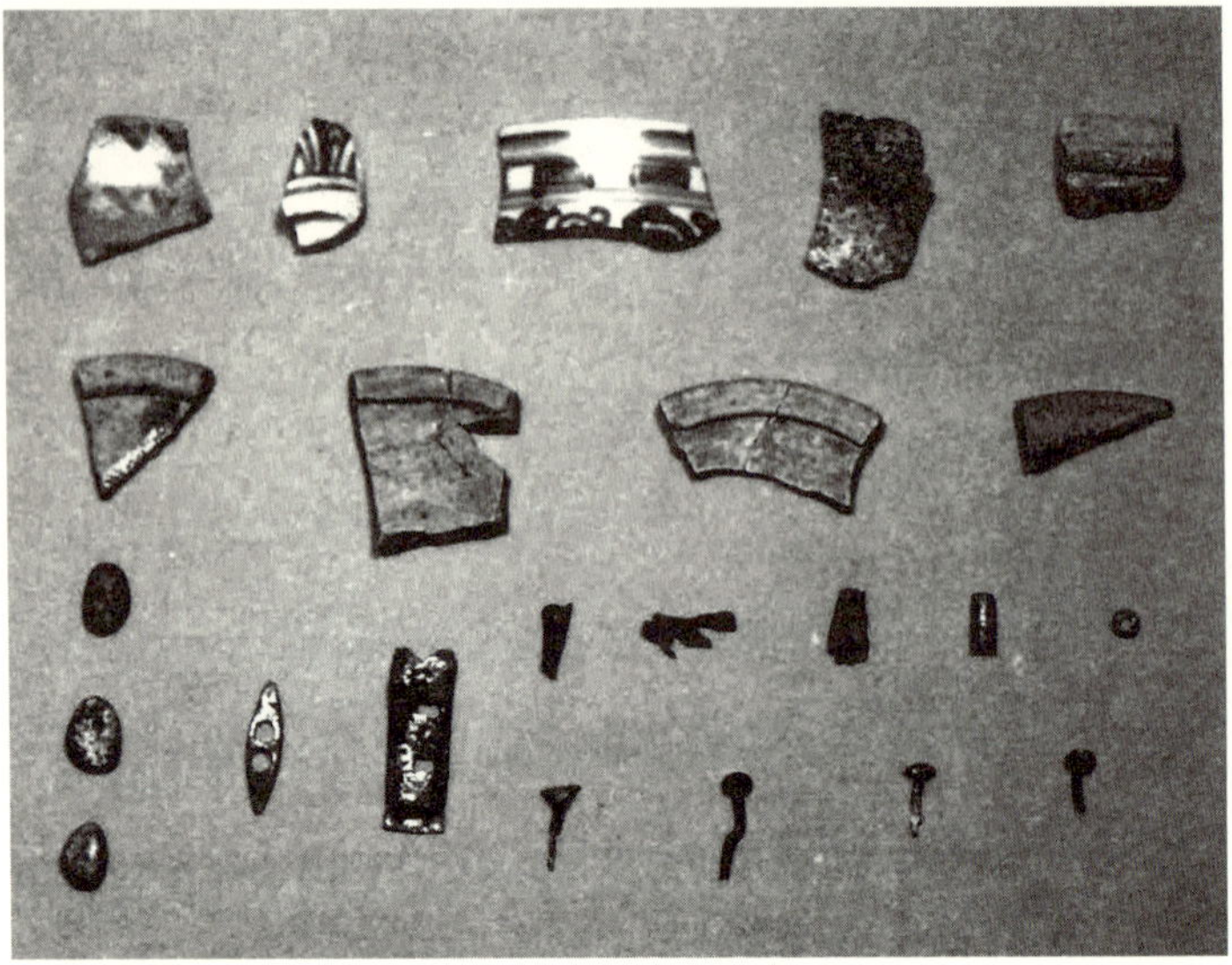

●―陶磁器・青銅製品等（南城市教育委員会提供）

また、この記述の中には、第一尚氏王統第七代王尚徳《しょうとく》による島添大里グスクへの行幸の場面が記されている。甲冑を身に纏い、剣や槍などの武具を携えた三〇〇名程の警護の兵に守られながら、子供たちとともに行幸し、二泊あるいは三泊過ごしたと記されている。そのほかに、第六代王尚泰久《しょうたいきゅう》が鋳造した「雲板《うんぱん》」（時を告げる役割をもつ青銅製の雲状の板）には、「大里城」の文字が刻まれており、これが掲げられていたと考えられている。

　このように、首里グスクに移った後も島添大里グスクは、第一尚氏王統の重要なグスクとして使用されていたことが分かっている。しかし、島添大里グスクは、第一尚氏王統と運命をともにする形でグスクとしての終焉を迎え、第二尚氏王統の頃には、グスクとしての機能は失われ、その後現在に至るまで、地域の重要な拝所の一つとして、多くの方が訪れる場所となった。

【参考文献】南城市教育委員会『島添大里グスク―都市公園計画に係わる緊急確認発掘調査報告書（五）―』（二〇一一）

（山里昌次）

●南部有数の規模を誇る単郭グスク

糸数《いとかず》グスク

〔国指定史跡〕

〔所在地〕南城市玉城糸数
〔比　高〕約三メートル
〔分　類〕平山城
〔年　代〕一四世紀頃
〔城　主〕糸数按司
〔交通アクセス〕琉球バス志喜屋・百名線「糸数入口」下車、徒歩二〇分。

【糸数按司と比嘉ウチョウ伝説】　糸数グスクは沖縄本島南部、南城市玉城の琉球石灰岩台地（標高約一八〇メートル）に位置する大型のグスクである。伝承によると一四世紀初頭、玉城一帯を勢力としていた玉城按司《あじ》が三男を近隣の糸数に派遣し、当地に築城したという。同時代に書かれた詳しい記録はほとんど残っていないが、オモロ（琉球の神歌）を収録した『おもろさうし』では糸数を領する首長を「糸数てだよ／按司添いてだよ／歓へて輝ちよわれ（糸数のテダ（太陽）よ、按司を支配するテダよ、喜び輝いておわしませ）」と神聖な太陽と按司を同一視してその権威を称えており、糸数グスクは「せしきよ金ぐすく」「玉寄せぐすく」と美称で謡われている。

また伝承によると糸数按司の配下には比嘉ウチョウなる勇猛な武将がいたが、彼がグスク普請《ふしん》のため沖縄島北部の国頭へ材木を購入に出向いた際、敵対する真和志の上間按司が彼の留守の隙を突いて急襲、火攻めにより糸数グスクは落城、帰還したウチョウも敵に包囲され討ち取られたという。

【外来技術を導入したアザナ】　糸数グスクは周囲を断崖とした台地上に築城され、自然地形をうまく利用した造りである。三方が断崖で天然の防壁としているのに対し、グスクの弱点部分である北東から東側の平野部には最高六メートルもの高さで堅固な城壁が築かれ、敵の侵入を阻んでいる。石垣の大部分は自然石を積んだ野面積《のづら》だが、城門や物見台などの要所には方形の加工石を積んだ布積という技法で防御を強化している。石積は一四世紀末〜一五世紀前半頃のものと推定されて

●—石垣（南のアザナ）

いる。城門は二つあり、東側の正門はアーチ門ではない古い櫓門《やぐらもん》形式だったとみられる。この部分の石積はとくに精緻に積まれており、グスク正門としての威容を増している。なおこの正門の方角は夏至《げし》の日の出の方角とほぼ一致しており、按司を太陽（テダ）と同一視する古琉球の太陽信仰が反映されているとみられる。こうしたグスクの構造は近隣の玉城グスクほか他のグスクでも共通して見られるもので、意図的に方角を合わせ門を築いた可能性が高い。もう一つの裏門は西側の断崖から崖下の糸数集落へと通じる山道にある。

グスクには三ヵ所の「アザナ」と呼ばれる物見台状の張出施設が設けられ、とくに北のアザナ、南のアザナはグスクを特徴づける造りとなっている。南のアザナは直線の野面積の城壁に、布積で構築された張出状の箇所を設置し、防御力を強化している。その構造は中国や朝鮮半島の「馬面」や「雉」などと共通しており、造営の際にこれら海外の築城ノウハウを持つ技術者が関与したと考えられる。北のアザナは北東側にある丘陵上に築かれており、首里・那覇方面や慶良間諸島を一望できる。北のアザナから西のアザナにかけての城壁は丘陵の斜面を這うように野面積が伸びており、まるで万里の長城を思わせるような光景である。

【グスク内の構造】　面積は約二万一〇〇〇平方メートルを超える沖

（ご注意）
・この用紙は、機械で処理しますので、金額を記入する際は、枠内にはっきりと記入してください。また、本票を汚したり、折り曲げたりしないでください。
・この用紙は、ゆうちょ銀行又は郵便局の払込機能付きＡＴＭでもご利用いただけます。
・この払込書を、ゆうちょ銀行又は郵便局の渉外員にお預けになるときは、引換えに預り証を必ずお受け取りください。
・ご依頼人様からご提出いただきました払込書に記載されたおところ、おなまえ等は、加入者様に通知されます。
・この受領証は、払込みの証拠となるものですから大切に保管してください。

収入印紙
課税相当額以上
貼　　付

印

この用紙で「本郷」年間購読のお申し込みができます。

◆この申込票に必要事項をご記入の上、記載金額を添えて郵便局でお払込み下さい。

◆「本郷」のご送金は、４年分までとさせて頂きます。

※お客様のご都合で解約される場合は、ご返金いたしかねます。ご了承下さい。

この用紙で書籍のご注文ができます。

◆この申込票の通信欄にご注文の書籍をご記入の上、書籍代金（本体価格＋消費税）に荷造送料を加えた金額をお払込み下さい。

◆荷造送料は、ご注文１回の配送につき420円です。

◆入金確認まで約７日かかります。ご諒承下さい。

振替払込料は弊社が負担いたしますから無料です。

※領収証は改めてお送りいたしませんので、予めご諒承下さい。

お問い合わせ　〒113-0033・東京都文京区本郷７―２―８
吉川弘文館　営業部
電話03-3813-9151　FAX03-3812-3544

この場所には、何も記載しないでください。

払込取扱票

02 東京

通常払込料金加入者負担

口座記号番号	金額（千百十万千百十円）
00100-5-244	※

加入者名	料金	備考
株式会社 吉川弘文館		

ご依頼人・通信欄

フリガナ

※お名前

郵便番号　電話

※ご住所

※

◆「本郷」購読を希望します

購読開始　　号より

1年 1000円（6冊）　3年 2800円（18冊）
2年 2000円（12冊）　4年 3600円（24冊）

（ご希望の購読期間に○印をお付け下さい）

日附印

各票の※印欄は、ご依頼人において記載してください。

裏面の注意事項をお読みください。（ゆうちょ銀行）（承認番号東第53889号）

これより下部には何も記入しないでください。

切り取らないでお出しください。

記載事項を訂正した場合は、その箇所に訂正印を押してください。

振替払込請求書兼受領証

口座記号番号	00100-5-244（通常払込料金加入者負担）
加入者名	株式会社 吉川弘文館
金額（千百十万千百十円）	※
ご依頼人	おなまえ ※　様
料金	
備考	

日附印

この受領証は、大切に保管してください。

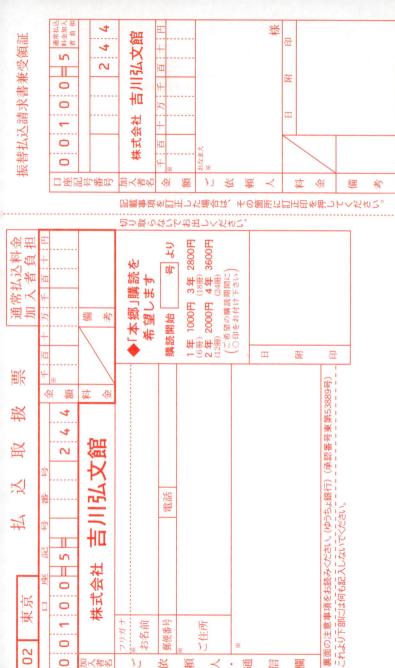

●—正門と石垣

縄島南部でも有数の規模だが、城の構造は単郭式で内部に複雑な構造は見られず、主郭に相当するような中核部分も明確に確認できないのが特徴である。伝承によると糸数グスクは築城途中で滅び未完成だったとされるが、石積全体を見ても未完成の箇所は特に確認できず、グスク内の内部施設の有無からこのような説が生まれたのではないかと考えられる。

グスク内の平場からは一三〜一四世紀頃の掘立柱建物が見つかっているが、正殿に相当するような基壇建物跡は見つかっていない。城主のための特別な区画を造らなかった理由は、糸数按司が首里城の王のように突出した権力を確立していない段階で、当時の糸数における権力関係が城の構造にも反映されているとの説もある。

またグスク内には「糸数城之嶽」と呼ばれる拝所があり、ご神体（イビ）にあたる琉球石灰岩の周囲に低い石積で囲い、入口には香炉と灯籠が設置されている。石積囲い内には聖なる樹木とされるガジュマルとビロウ（クバ）が繁茂し、石棺が安置されている。

糸数按司の滅亡後はどのように使用されていたか定かではないが、グスク内の糸数城之御嶽では糸数村の祭祀が執り行われた。一八二〇年にはこの御嶽に糸数村の太田仁屋が灯籠を寄進している。当地の領主である玉城按司が鹿児島へ渡航

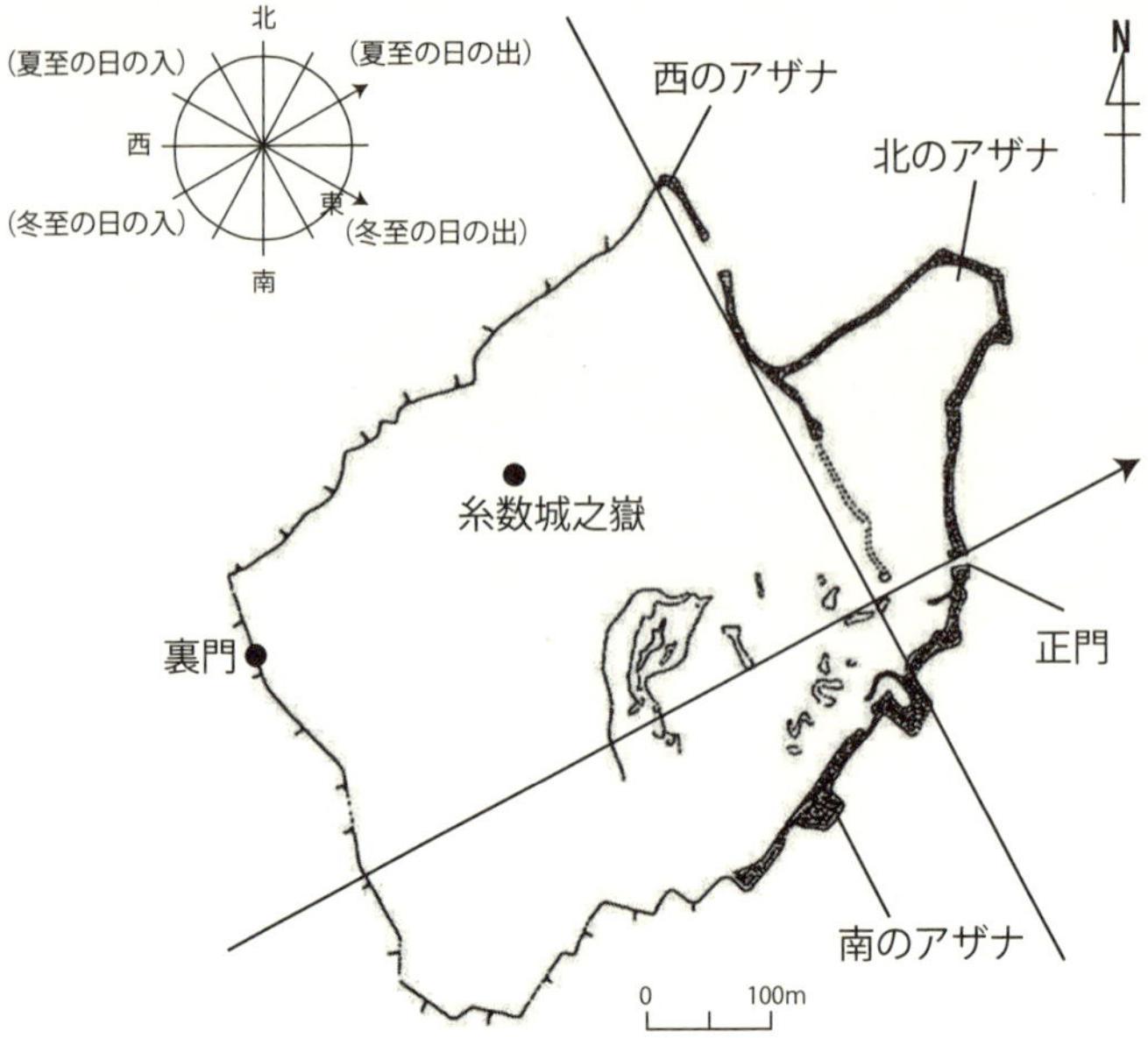

●—周辺図（南城市教育委員会提供）

する際に従者として同行しており、旅の安全を願ってのものとみられる。その他、知念仁屋や大嶺仁屋も灯籠を寄進しており、地元民の信仰の対象になっていたことがうかがえる。

城内と周辺の発掘調査では現地製作の土器や中国陶磁器、東南アジアの陶器が出土しており、また鉄の矢じりや釘、刀子などの鉄製品もあり、とくに鉄滓《てっさい》や羽口など鉄器生産にかかわる遺物が注目される。その他、炭化した米・麦や牛馬の骨、食用の魚貝類なども確認されている。

【グスク周辺の集落遺跡】　糸数グスク外の東側には「根石グスク」と呼ばれる小型グスクがあり、伝承によると糸数按司が糸数グスク造営以前に築いたとされている。石灰岩丘陵に高さ数十チセンの野面積の石積が円形に造られている。内部には香炉などがあり、「根石城之嶽」という御嶽として信仰されている。また同じくグスク外の東側平野部には蔵屋敷遺跡という集落遺跡もあり、屋敷囲いの石積が不規則な形状で細胞状に配置されている。グスクのみならず周囲に集落遺跡や小型グスクがセットになって残されていることは、グスクをとりまく当時の社会をうかがうことにつながり、今後の調査・整備の進展が注目される。

【参考文献】『国指定史跡保存管理計画報告書　糸数城跡』（玉城村教育委員会、一九七七）、『日本歴史地名体系第四八巻　沖縄県の地名』（平凡社、二〇〇二）、『玉城城跡整備実施計画報告書』（玉城村教育委員会、二〇〇五）

（上里隆史）

●琉球開闢神にまつわるグスク

玉《たま》城《ぐすく》グスク

〔国指定史跡〕

〔所在地〕南城市玉城門原
〔比　高〕三〇メートル
〔分　類〕平山城
〔年　代〕一四世紀～一五世紀中頃
〔城　主〕アマミキヨ、玉城按司
〔交通アクセス〕沖縄バス「垣花」下車、徒歩二〇分。グスク近辺に駐車場有り

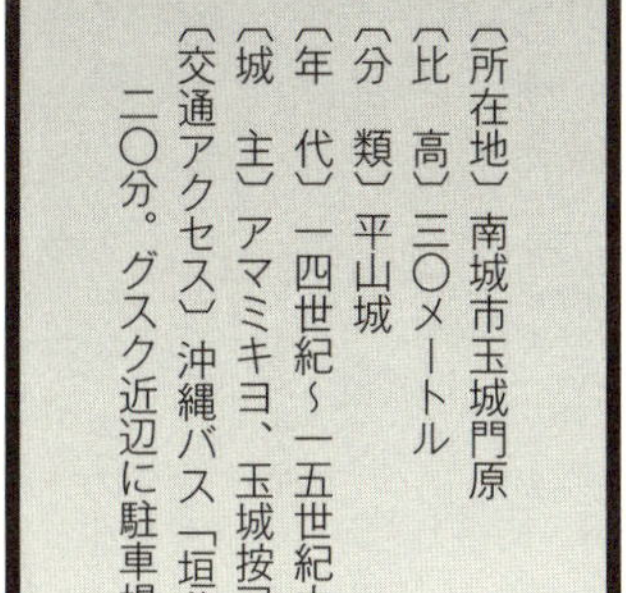

【アマミキヨ伝承の地】　沖縄本島南部でもっとも標高の高い台地が現在の南城市一帯にあり、その丘陵縁辺部には複数の石積《いしづみ》を有したグスクが立地している。この中の一つである玉城グスクはこの台地上のさらに比高三〇メートルの独立丘陵上に立地している。『島尻郡誌』によると琉球の開闢《かいびゃく》神とされるアマミキヨが築城し、その子孫である天孫氏が当グスクの主としていたという伝承が残されている。当グスクの頂上部は石積で囲繞《いじょう》され、その内部に「アガルオイビ、ツレルオイビ」と呼ばれる、アマミキヨが築いたとされる拝所が存在している。この拝所は琉球国国王と国王の正妻である聞得大君《きこえおおきみ》が隔年ごとに沖縄本島南部の拝所を巡拝する「東廻り」の一つであったことから、近世期に敷設されたと思われる石畳を拝所の周辺ならびに、登坂道の一部に見ることができる。そして、この拝所を「雨粒天次《あまつづてんつぎ》」の御嶽《うたき》として、国王による雨乞いの儀式が執り行われたという伝承も残る。

【全体構造】　全体の平面プランを見ると標高一八〇メートルを有する丘陵頂上部の平場を石積で囲う一の郭を頂点に、東側にかけて末広がり状に石積囲いが配置される。進入ルートとしては基本的に東側から登坂するルートがあり、一の郭の東側には石灰岩を穿ったアーチ門を見ることができる。このアーチ門の南北につながる石積は高さ三メートルほどあり、当グスクの中でもっとも残存状況が良好である。また、近年の発掘調査では石積内面側は段状に構築されており、また外面側には切石《きりいし》が多く用いられているが確認されている。この一の郭の東側

に隣接する二の郭は当グスクでその面積が一六〇平方メートルと狭小な石積囲いの空間であり、出入口は南側に取り付く。北側に面する石積は高さ約二メートル残存しており、切石積となるが大部分は基礎部分が残る程度である。この二の郭は平場造成が行き届いておらず、また狭小であることから、一の郭へ至る出入口の占有空間があることが指摘される。それはすなわち、その下方にある三の郭から一の郭へ進入する際にそのルートを限定させ、東側の一の郭から睥睨《へいげい》して上方から攻撃を加えるための防御施設であると評価できる。

三の郭は当グスクの中で三八〇〇平方メートルともっとも広大な面積を有する空間で、外郭部に相当する。石積は北東部と南西部に野面《のづら》積と切石積の石積が〇・五〜一メートルほど残存しているのが見られる。戦後、米軍基地建設のために当グスクの三の郭と二の郭から石積を崩し、資材として持ち出したことから、両郭の残存状況は良好ではない。史跡整備にともなう発掘調査が平成十五、十六年に実施された際にこの三の郭東側における石積のラインがある程度明確となった。検出された石積の多くは切石を用いており、残存高は最高で二・二メートルも有していたことが確認された。そして、石積は南北方向で一直線状に延びていることが判明し、北東部は東側へ大きく張り出していることが地表面に見られる石積遺構から判断される。この発掘調査では三の郭における出入口は明確することができなかったが、現況の地形から現在、先の張出《はりだし》の南隣が緩斜面となっていることからこの周辺に出入口を想定することができる。

【『玉城々趾之図』が語るもの】　右記のように三の郭を囲繞していた石積は戦後の改変によって大きく毀損しているが、近代に描かれたとされる沖縄県立図書館所蔵の『玉城々趾之図』において、当グスクの全容をうかがい知ることができる。当該資料では三の郭を囲繞する石積は高く勾配を有しているように描かれている。あわせて、三の郭への出入口も先述した張出近くに描かれているのが確認できる。さらに注目されるのは三の郭の下方にやや低めの石積で囲繞した空間が見られる点である。現況では三の郭の東側から玉城グスクの東隣にある玉城少年自然の家との敷地境界線の間までを比定できるが、その部分においては石積等の遺構を地表面では確認することができない。『玉城々趾之図』を見る限りでは三の郭の石積から分岐して、そして石積ラインが方向を横方向に変えて延びていること、三の郭の出入口からほど近い部分にこの空間の出入口を取り付いていることが見て取れる。この出入口と三の郭の出入口とは喰い違い状となっており、両者は石段でつながっていることも見て取ることができる。加えて、当該資料を見る限りではこのように四の郭と言えるようなこの空間は三の郭ほどの面積は有していないものの、建物が配置できるだけの面積を有しているように描かれている。このことから二の郭のような出入口占有空間ではなく、一定の面

●—玉城グスクーの郭城門

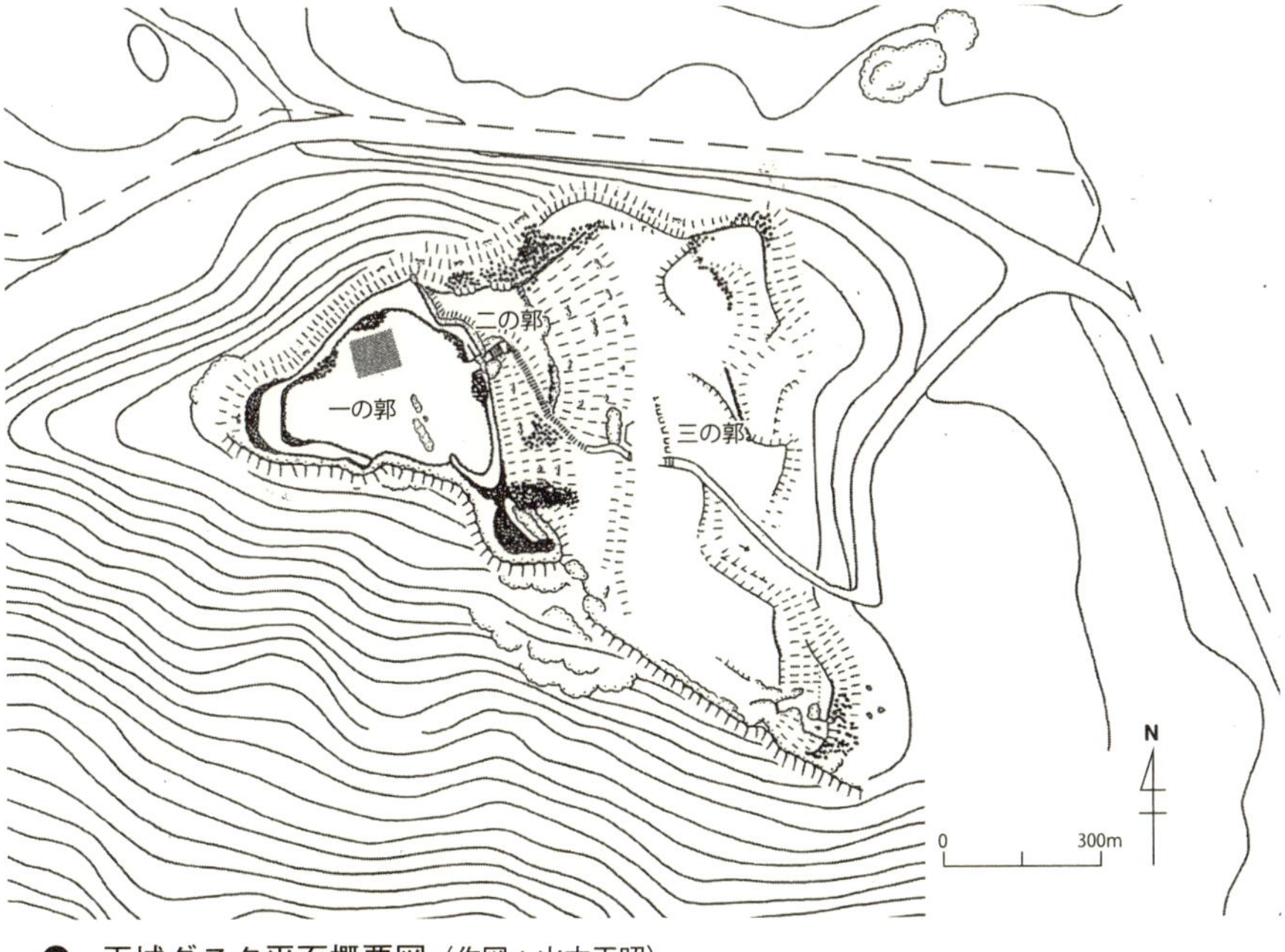

●—玉城グスク平面概要図（作図：山本正昭）

●—琉球国玉城々趾之圖（沖縄県立図書館蔵）

積を石積で囲繞することを目的とした空間であることが指摘できる。今後、この空間がどの時期に成立したのかについては当グスクの構造を考えていく上での検討課題と言える。

過去に実施された発掘調査では中国産の青磁《せいじ》、白磁、青《せい》花《か》、グスク土器、銭貨、金属製品等が出土しており、それらからグスクが機能していた時期は主に一四世紀後半〜一五世紀後半であると考えられる。

最後に沖縄県立博物館・美術館が現在所蔵している、当グスクから表採された甲冑《かっちゅう》資料について少し触れておきたい。この甲冑資料は一九七七年に当グスクの南側崖下にある岩陰から小札、脇板、胸板、冠板、脇板、八双《はっそう》金物などの金具廻り一領分が表採されたものである。沖縄県内では甲冑資料一式がまとまって確認された唯一の事例であり、その形式から時期は中世で、薩摩地方の甲冑に類似しているという指摘がなされている。当グスクの首長である按司《あじ》もしくはそれに関係した人物が所有していたものと推察されると共に、グスク時代における争いの一端を垣間見ることができる貴重な資料として位置付けられる。

【参考文献】新城徳祐『沖縄の城跡』（緑と生活社、一九八二）、玉城村教育委員会「玉城村の遺跡―詳細分布調査報告書―」『玉城村文化財調査報告書』第二集（一九九五）、金山順雄「グスク出土の小札について」『南島考古』第一八号（沖縄考古学会、一九九九）、玉城村教育委員会『玉城城跡整備実施計画報告書』（二〇〇五）、南城市教育委員会『南城市のグスク』（二〇一七）、沖縄県立博物館・美術館『開館一〇周年記念博物館収蔵資料一〇〇選』（二〇一八）

（山本正昭）

●『おもろそうし』にも見る祈りのグスク

知念《ちねん》グスク

〔国指定史跡〕

〔所在地〕南城市知念字知念
〔比　高〕約一〇〇メートル
〔分　類〕山城
〔年　代〕一二世紀末～明治三十五年頃
〔城　主〕知念按司
〔交通アクセス〕東陽バス「知念」下車、徒歩一〇分。グスク近辺に駐車場有

【琉球開闢の城】　知念グスクは、知念森《ちねんむい》グスク、知念森、添森ともいわれており、琉球最古の古謡集である「おもろさうし」には「ちゑねんもりぐすく　かみおれ　はじめのぐすく　又　ぢゃくにもりぐすく　かみが　おりはじめの　ぐすく」（知念杜ぐすく、大いなる国の杜ぐすくは立派なぐすくである。神が初めて天降りをしてきた由緒あるぐすくであるよ）と謡われており、琉球開闢《かいびゃく》の神であるアマミキヨが降り立ち、築いたグスクといわれ、今も多くの人びとが訪れる聖地としての側面を持ち合わせている。

【二つのグスク】　知念グスクは、知念区の北西方向約二〇〇メートル、標高一〇〇メートルの琉球石灰岩台地の頂部より一段下がった段丘部南端に位置している。グスクの南側から西側にかけては断崖に面し、北側には旧集落がひろがり、南西側を約三〇メートル下っていくと知念大川《うっかー》という井泉がある。グスクは、二つのグスク、クーグスク（古城）とミーグスク（新城）から構成されている。クーグスクは、アマミキヨが築いた頃のグスクとされており、ミーグスクは、第二尚氏王統、三代目の王である尚真《しょうしん》の異母兄弟にあたる内間大親《うちまうふや》によって築かれたといわれている。しかし、その新旧については、発掘調査などの成果に基づかれたものでないことから、真偽が確認されていない。ではなぜ、二つのグスクが別々に築かれたと考えられているのか。それには、二つのグスクの石積の積方の違いからである。クーグスクの城壁は、野面積《のづらづみ》であり、ミーグスクの城壁は、切石《きりいし》積で造られている。一般的に野面積は

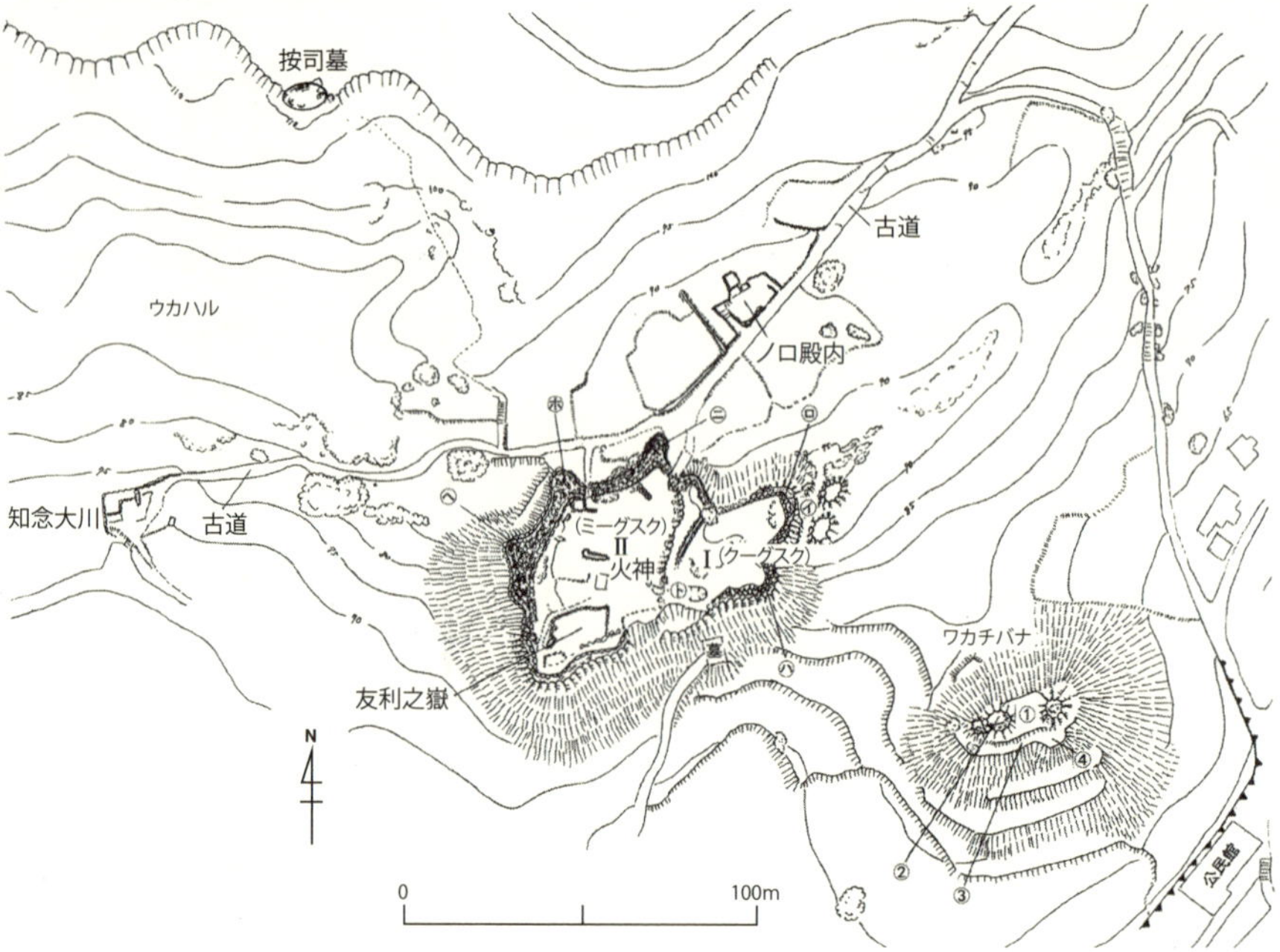

●—知念城縄張図（『史跡知念城跡保存管理計画書』より）

古く、切石積は鉄の使用が始まって以降（沖縄においては一三世紀頃とされている）と考えられ、新しい技法とされている。この石積の技法とクーグスクが現在も森に覆われていることから、知念森グスクと「おもろさうし」で謡われたグスクは、クーグスクを指すと考えられるようになった。

クーグスクは、ミーグスクの東側丘陵の上部に位置しており、その比高は四～五メートルを測る。長辺四〇メートル、短辺二〇メートルで北東部が張り出した台形状を呈し、その縁辺部を野面積で高く積み上げた城壁が巡っている。特に同じ丘陵地へと延びている東側の城壁は厚く積み上げており、コーナー部分は円《まる》く張り出し、敵に対する防御のほか、横矢《よこや》掛《がけ》などの攻撃の際の役割を担っていたと考えられている。北東部の先端には、大きな岩盤を石垣で囲み台状にした櫓台《やぐらだい》と想定される遺構もみられ、周辺部を見渡すことができる。東側城壁直下には城壁に沿う形で、四メートルほどの溝がみられることから、堀切の可能性を想定されている。グスクの内部は、石灰岩が露出した自然地形が占めており、北東から南西へと傾斜している。現在は、樹木が生い茂り、立ち入りが困難な状況となっている。

一段下ったミーグスクは、北東側に正門、北側に裏門が造られている。二つの門ともに琉球石灰岩によるアーチ門で出来ており、大きな石は使用していないものの、幅の厚い頑丈

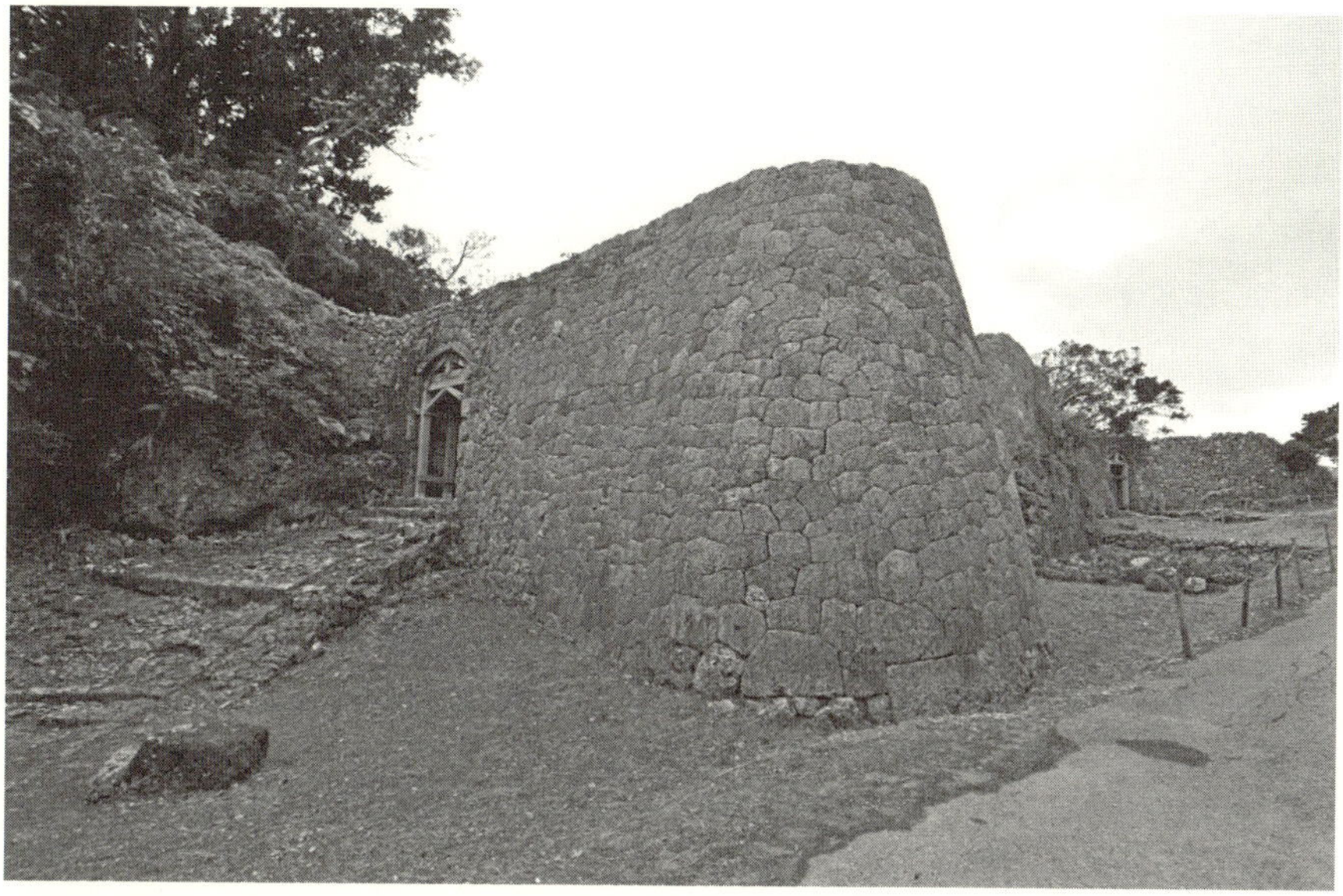

●—城壁

な造りとなっている。正門を抜けると正面には、琉球王国時代、番所を建設した際に造られたヒンプン（建物内部の目隠し用に置かれた建築物）があり、後方には番所跡が残っている。

城内は、北側が低く、南西側が若干高くなっており、南西側には低い石垣で囲まれた「友利之嶽《とむいのだき》」がある。この御嶽《うたき》は「琉球国由来記」にも記載されており、男子禁制の聖地とされ、そこから久高島へ遙拝を行うとされている。城壁は、正門のある北東側から南西側にかけて四〜五メートルと高く積み上げられている。ここは、集落や道路（石畳道）と接する場所であり、防御の観点から高く積み上げられたものと考えられる。また、城壁は緩やかに曲がりながら造られており、門付近は一部張出《はりだし》がみられることから、攻城戦の際、横矢掛の機能を持っていた可能性も考えられている。

対して、南側は崖に面しており、容易に攻撃をできないことから、城内側に関しては城壁も高く積まれなかったと考えられている。しかし、崖側下方、南東側には、出城と考えられている「ワカチバナ」と呼ばれる小高い丘（標高九〇メートルほど）がある。現在は拝所となっているものの、「ワカチバナ」の所在する場所は、知念グスクからの南東側の死角となる場所であることから、知念グスクの死角を補う出城として機能していたと考えられている。このように、知念グスクは、各所に防御機能を有したグスクであったと考えられている。ただし、知念グスクについては、琉球開闢に関わる聖域としての機能が重視されたと考えられ、攻城に関わる伝承はほとんど残っていない。

【隣接する城下町】　知念グスクの周辺には、城下町がひろがっている。先述したように北側城壁外には、東西につらなる石畳道が通っている。その石畳道を隔てた北側に集落はひろがっていた。現在も屋敷の敷地が残る知念ノロ（祝女《ノロ》は神職の女性をさす）の屋敷を中心に、古い町並みが石畳道に沿って東西にのびていた。この集落は近代まで継続しており、知念グスク内に学校が建設されていた。また、知念ノロ屋敷跡の隣（西側）に下《げ》知役詰所《ちやくつめしょ》があり、廃藩置県の頃、巡査駐在があったことが、発掘調査の成果として確認されている。石畳道を西側に下っていくと、今でも多くの水量を誇る知念大川があり、地域の畑を潤している。グスク当時は、水田の源泉となる井泉であり、今日も「東御廻り《あがりうまーい》」の拝所として多くの人びとが訪れている。このほか、周辺には稲作発祥の地（もう一つ、南城市には稲作発祥の地として玉城字百名に「受水《うきんじゅ》走水《はいんじゅ》」がある）とされる「ウカハル」がみられる。「ウカハル」は、『中山世鑑《ちゅうざんせいかん》』では「稲ヲハ知念大川ノ後又玉城ヲケミソニソ藝給」と記されており、『琉球国由来記』では、「知念村ニ、有一田。内川ト云《いう》。故ニ、根人モ川内ト名ヅク。然《しかる》ニ、今誤テ、幸地ト云。此田ニ昔、阿摩美久、稲ヲ為蒔始ト也。」と記されている。両書とも「ウカハル」から沖縄の稲作が始まったと記されている。現在、当地では稲作は行われていないものの、岩山からの湧き水がコンコンと流れており、周辺の農作物の源泉として利用されている。知念グスクが所在する丘陵中腹の地域では、知念グスクを中心に狭い地域ながら、屋敷や道路、田畑がひろがる城下町が作られていた。

【参考文献】沖縄県知念村教育委員会『史跡知念城跡保存管理計画書』（一九九五）

（山里昌次）

●琉球統一の起点となった土のグスク

佐敷《さしき》グスク

〔国指定史跡〕

〔所在地〕南城市佐敷字佐敷
〔比　高〕約五〇メートル
〔分　類〕平山城
〔年　代〕一二世紀末〜一五世紀後半
〔城　主〕佐敷按司（尚思紹、尚巴志）
〔交通アクセス〕東陽バス「佐敷小学校前」下車、徒歩一〇分。

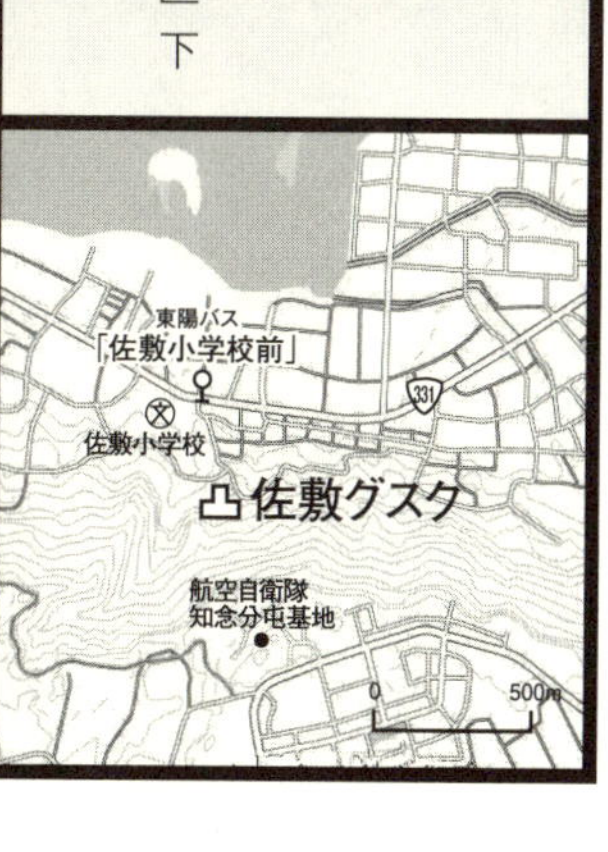

【琉球国誕生のグスク】　佐敷上《さしきうぃー》グスクは、南城市字佐敷の丘陵中腹に所在する。字佐敷は、擂鉢《すりばち》を思わせるカルデラ状地形の位置しており、擂鉢の縁辺部は台地となり、その台地から海岸へと下る斜面中腹の舌状《ぜつじょう》に突き出した尾根上に佐敷上グスクは位置している。現在、グスクへの進入口（国道三三一号線沿い）には大きな鳥居が建てられており、グスク内には第一尚氏王統の関係者にあたるつきしろ奉賛会《ほうさんかい》によって「つきしろの宮」を始めとした施設が建てられている。

　このグスクは、琉球国を建てた尚思紹《しょうししょう》（苗代大比屋《なーしろうふや》）・尚巴志《しょうはし》（佐敷小按司《さしきのこあじ》）親子が住んでいたとされており、琉球国を興した尚巴志が、幼少期・青年期を過ごし、三山統一を目指すきっかけともなった琉球史上、大変重要なグスクであることから、二〇一三年に国史跡として文化財指定を受けた。

【土でできたグスク】　佐敷上グスクの最大の特徴は、土で築かれたグスクという点である。沖縄のグスクの特徴の一つに、丘陵台地上で周囲に高い石垣を巡らしたグスクを想像すると思われるが、一部に土で築かれたグスクが所在する。佐敷上グスクは、その代表的なグスクといえる。土でグスクを築く理由は、所在地に琉球石灰岩が産出しないためである。

　そのため、石灰岩の供給が難しく、佐敷上グスクの場合は、防御のため、丘陵と連なるグスク最高部分には石積の痕跡が残っているものの、その大半は斜面を切り崩し（切岸《きりぎし》）、縁辺部に土を盛り（土塁《どるい》）、柱を巡らしていた（柵列）ことが発掘調査の結果、確認されている。このような形態は、日本

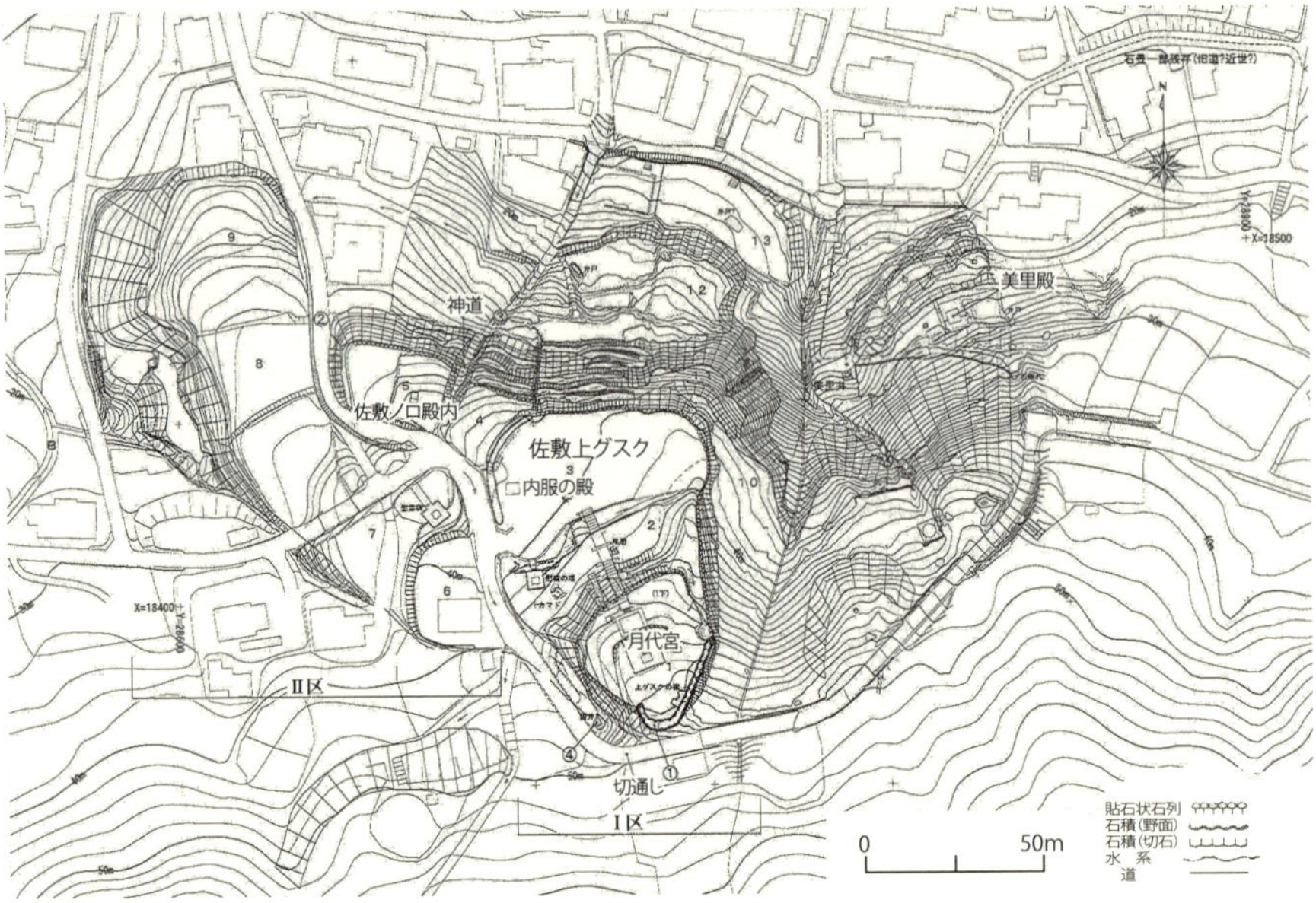

●—佐敷グスク縄張図（「佐敷グスク遺跡群」2013年より）

本土における一般的な中世城郭と同様の形態をなす。そこで、斜面部分に平場を造成し、郭を構成している。つきしろの宮が建つ最高所の平場が一の郭、拝殿が建つ平場が二の郭、参道の踊り場周辺の平場が三の郭、参道前の平場が四の郭となる。その東側には腰郭、その下方、切岸下に帯郭（伝美里殿《んざとぬとぅん》周辺遺跡）がひろがり、西側には現在の進入道路の西側に段上にみられる畑が帯郭と考えられ、斜面下方までひろがっている。

また、グスクが所在する丘陵上部に張り出した尾根が物見台的施設（タキノー）と考えられ、これらを含めた範囲が佐敷上グスクの縄張とされている。

【グスクからの遺構・遺物】 本来のグスク内への進入口については、現在わかっていない。グスク内には、先述のとおり、グスクの南端で最高所でもある丘陵斜面に連なる場所に石積の城壁を巡らせた痕跡が残っているほかには、グスク内に露出した石積はみられない（発掘調査において、石積は確認されているが、城壁として使用されたものか、明確には分かっていない）。東側および北側には切岸がそのまま残っている。

ここからは、佐敷上グスクを特徴づける遺構が確認されている。それは、切岸部分に階段状に石を貼り付けた「貼石状《はりいしじょう》石列《せきれつ》」と呼ばれるものである。これは、当地が島尻層という

●—Bトレンチ貼石状石列（上部・南側から）

泥岩が基盤となっていることから、地滑りが起こりやすいことに起因するもので、切岸部分の崩落防止の土留めとしての役割をもつほか、グスクを遠くから眺めた際の景観が石積の城壁を巡らしていたかのようにみえる防御としての効果を狙ったものと考えられる。

遺物に関しては、青磁碗《せいじわん》である「佐敷タイプ」に代表される多様な中国産陶磁器のほか、朝鮮磁器、中世陶器、鉄器などが出土しており、その年代的な位置づけから佐敷グスクの最盛期は、一四世紀初頭〜一五世紀代に位置付けられている。その後は、三山統一の始まりとなった島添大里《しましーおおざと》グスク・首里《しゅり》グスクへの移転に伴って、グスク本来の機能は失われ、第一尚氏王統の生誕の地である聖地としての役割を担っていくこととなる。

【尚巴志の三山統一】 尚巴志の父である尚思紹は、苗代大比屋と呼ばれており、佐敷上グスクの東側の尾根筋に居を構えていた（伝苗代大比屋屋敷跡周辺遺跡）といわれている。この地は、佐敷上グスクを構成する要素ということで、同時に国指定史跡となった。こちらでも発掘調査が実施されており、佐敷上グスク同様に切岸や貼石状石列が検出されたことから、グスクと同一の機能をもった遺跡であることが確認されている。尚思紹は、この遺跡を築いた経験を生かし、新たな本拠地として佐敷上グスクを築城したと考えられる。佐敷上グスクの地は、舅の美里子《んざとしー》の屋敷跡に隣接することから、移転は容易に行われたと推測される。また、遺物の出土状況から、移転後も伝苗代大比屋屋敷跡周辺遺跡は、佐敷上グスクの東側の防備として機能していたと考えられている。佐敷上グスクに移って以降、尚思紹・尚巴志は、佐敷の地を治め、徐々に力を蓄えたと推察される。尚巴志は、身長が低かったことから佐敷小按司と呼ばれており、名刀と鉄を交換し、その鉄を農具に変え、人々に配ったという逸話が残るなどの善政を行ったことから、佐敷の人民からの信頼を獲得することとなった。

その評判は、徐々に南山（山南）地域にひろまり、当時、傍若無人の振る舞いを行っていたとされる南山王に反旗を翻した南山の諸按司に押される形で、南山王の居城であった島添大里グスクを攻め落とした。その後、居城を島添大里グスクに移し、中山・北山（山北）を滅ぼして三山を統一。首里グスクにおいて琉球国を興し、父である尚思紹を中山王とし、第一尚氏王統による統治を行っていく。

●—青磁碗（佐敷タイプ）（「佐敷グスク遺跡群」2013年より）

【その後の佐敷グスク】 尚巴志が島添大里グスク・首里グスクへ本拠を移動していった後の佐敷上グスクは、一説によれば平田子《ひらたしー》が城主となり治めたともいわれている。しかし、発掘調査の成果をみる限りにおいては、島添大里グスク移転後にはグスクとしての役割を終えたことを物語っており、「東《あがり》御廻り《うまーい》」に代表される聖地としての機能が重視されるようになり、現在に至るまで、聖地として多くの方が訪れる地となっている。

佐敷の地については、第二尚氏王統はじめころ、即位前の王子（尚豊《しょうほう》王・尚質《しょうしつ》王・尚純《しょうじゅん》王・尚益《しょうえき》王）が佐敷間切を領有し、佐敷王子と称していた。後年は、尚敬《しょうけい》王妃を始めとした王妃（尚敬王妃・尚穆《しょうぼく》王妃・尚温《しょうおん》王妃・尚灝《しょうこう》王妃・尚育《しょういく》王妃・尚泰《しょうたい》王妃）が佐敷間切を領有して、佐敷按司加那志《がなし》となっており、佐敷並びに佐敷上グスクが、琉球王国が崩壊するまで、王府の重要な地域であったことを物語っている。

【参考文献】沖縄県南城市教育委員会『佐敷グスク遺跡群―佐敷上グスク・美里殿遺跡・苗代殿遺跡範囲確認調査―』（二〇一三）

（山里昌次）

●グスクロードの最終地

垣花《かきのはな》グスク

〔県指定史跡〕

〔所在地〕南城市玉城字垣花
〔比　高〕約一二〇メートル
〔分　類〕山城
〔年　代〕一二世紀末〜一五世紀後半
〔城　主〕垣花按司
〔交通アクセス〕沖縄バス「垣花」下車、徒歩五分。

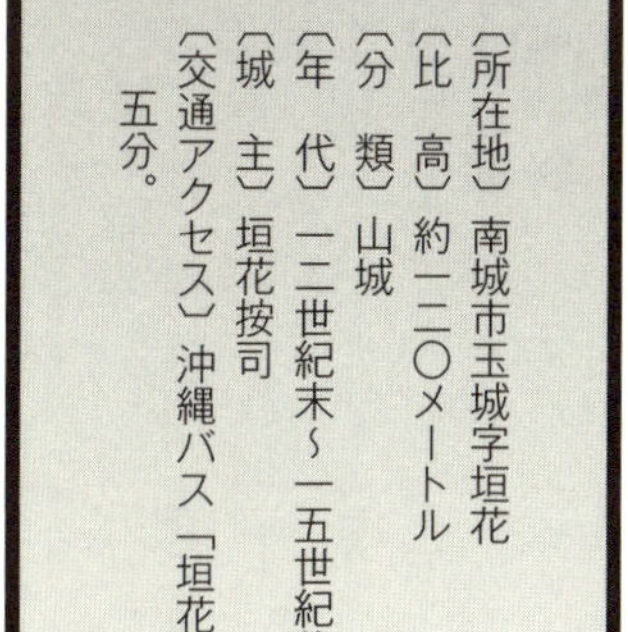

【森の古城】　垣花グスクは、垣花集落の南側に位置する標高一二〇メートルの小高い丘にひっそりと佇んでいる。垣花の集落は、元々垣花と和名盤《わなばん》という集落に分かれており、グスクが所在していたころ、本地域は和名盤集落と呼ばれていた。垣花グスクは、市内を弧を描いて縦断するハンタ緑地と呼ばれる石灰岩の台地上にある。台地の連なる西側は国指定史跡の玉城《たまぐすく》グスクや糸数《いとかず》グスクが所在しており、東側は高低差が一〇メートルを越す崖を呈し、その崖側からは日本百名水に選出された垣花樋川《かきのはなひーじゃー》や国指定建造物の仲村渠樋川《なかんだかりひーじゃー》などの湧水が湧き出す水に恵まれた地域となっている。

【古城の城壁】　垣花グスクは、山城形式であり、一の郭と二の郭の二つの郭で構成された連郭《れんかく》式のグスクである。小高い丘は、東南側が崖となり、残り三方は比較的緩やかな傾斜面となっており、傾斜面部分には石灰岩を用いた城壁が築かれている。一の郭には、一部を加工された自然石を利用した野《の》面積《づらづみ》の城壁が比較的良好な形で残っている。二の郭には、四角く加工された石を高く積み上げた切石積の城壁がみられる。城壁の厚さは六〇センチから一五〇センチ程で比較的薄く、傾斜をほとんど伴わない、垂直に近い積み方となっている。城門は、東側に作られている。一の郭の奥は一段高くなっており、そこに神名「アフイハナテルツメサノ御イベ」が祀られている拝所がある。

　これまでに本格的な発掘調査が行われていないことから、その築城年代などについては不明であるが、野面積によって城壁を積み上げる工法、表面採取された土器や陶磁器などの遺物から判断して、グスク時代開始期（一二世紀後半頃）のグスクと考えられている。また、伝承によれば、琉球の開びゃく神であるアマミキヨの流れを汲み、近接するミントングスクに住んでいたミントン按司《あじ》の次男が築城したとされ、その後代々の垣花按司が居城したといわれている。

【尚巴志】垣花グスクは、尚巴志《しょうはし》の琉球統一のきっかけともなったグスクとしても知られている。尚巴志が三山統一に向けて、最初に攻略したグスクは、当時、南山《なんざん》の王城と言われていた島添大里《しましーおおざと》グスクであり、南山王である島添大里按司を倒したことから始まる。島添大里按司を倒す契機は、南城市大里字大城《おおしろ》に所在する大城グスクの城主大城按司を島添大里按司が倒したことによる。大城按司は、尚巴志の祖母方の親戚であり、大城按司の奥さんが垣花按司の娘（妹）と言われており、島添大里グスクとの戦いに敗れた大城按司の奥さんは、長男を連れて垣花グスクまで落ちのび、島添大里按司からの追跡を一時逃れるため、垣花グスクに隠れていた。

その後、成長した長男が親戚筋であり、当時南山において勢力を拡大しつつあった尚巴志に助けてもらう形で、父親の敵討ちを行ったとされている。尚巴志は、大城按司の長男の敵討ちを手伝うという大義名分を得ることで、島添大里按司を倒し、南山地域での力を絶対的なものとした。その後、倒した島添大里グスクを拠点として、三山統一に向けて動き始める。そのきっかけをつくったグスクとして、垣花グスクは琉球の歴史に登場する。

【参考文献】沖縄県教育委員会『ぐすく　グスク分布調査報告（Ⅰ）—沖縄本島及び周辺離島』（沖縄県文化財調査報告書第五三号、一九八三）

（山里昌次）

●—遠景

●—堀切

●奢侈品が語る往時の繁栄

大城《おおしろ》グスク

〔所在地〕南城市大里大城
〔比　高〕一四三メートル
〔分　類〕平山城
〔年　代〕一三世紀〜一六世紀
〔城　主〕大城按司真武
〔交通アクセス〕沖縄バス「大城」下車、徒歩約一〇分。

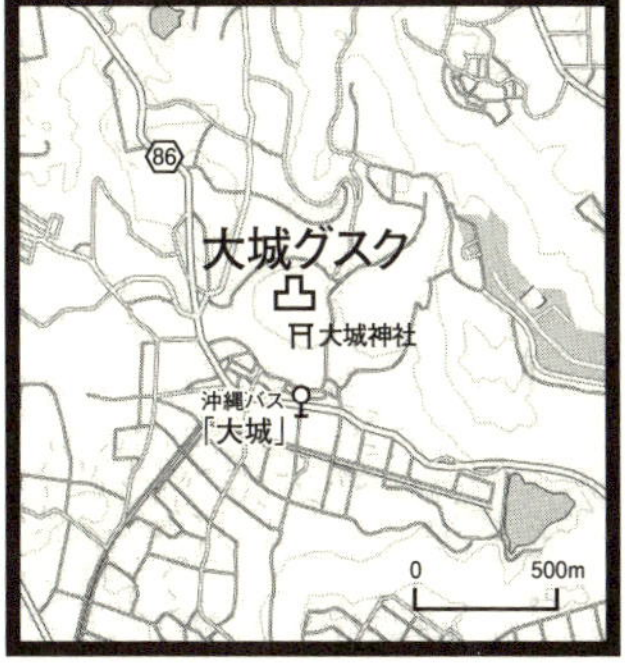

【頂上部にあるグスクの構造】　当グスクは大城集落の北側に位置する独立丘陵の頂上部一帯に占地しており、その面積は約一万五〇〇〇平方メートルとなっている。

その全体プランとしては石灰岩丘陵の頂上部が東西約一二〇メートル×南北約八〇メートルの範囲で平場造成されており、その縁辺部に石積《いしづみ》が配置されている。加えて、その内部は三つの空間があり、その間は石積によって区画されている。現在の出入口は東側に取り付いているが、これは後世に取り付けられた農道で、本来の出入口は北西端に取り付いている。この出入口の北側に隣接する石積は外側へ張り出していることから、横矢掛《よこやがか》りを意図していると思われる。また、この張り出し内部には「三様御嶽《うたき》」と「ユノーシ」という二つの拝所を見ることができる。当グスクの中央西側寄りには柱筋が整った形で石灰岩製の礎石が点在している。礎石の配置から七間×四間の建物規模であることが推測される。あわせて南側に隣接して土留め状の石積が見られ、礎石建物の基壇部に相当するものと思われる。この礎石が点在している地点で試掘調査が過去に実施されており、グスク土器、中国産陶磁器、中国産陶器、金属製品、銭貨、石製品、獣骨など、一三〜一六世紀に相当する遺物が出土している。

【「御内原」と拝所】　そして、当グスクの北西には「御内原《うーちばら》」とされる空間があり、この空間と礎石が点在している空間とを区切る石積の西端には拝所を見ることができる。この拝所は高さ約三メートルの石灰岩塊で「イビ加那志《がなし》」として祀られてい

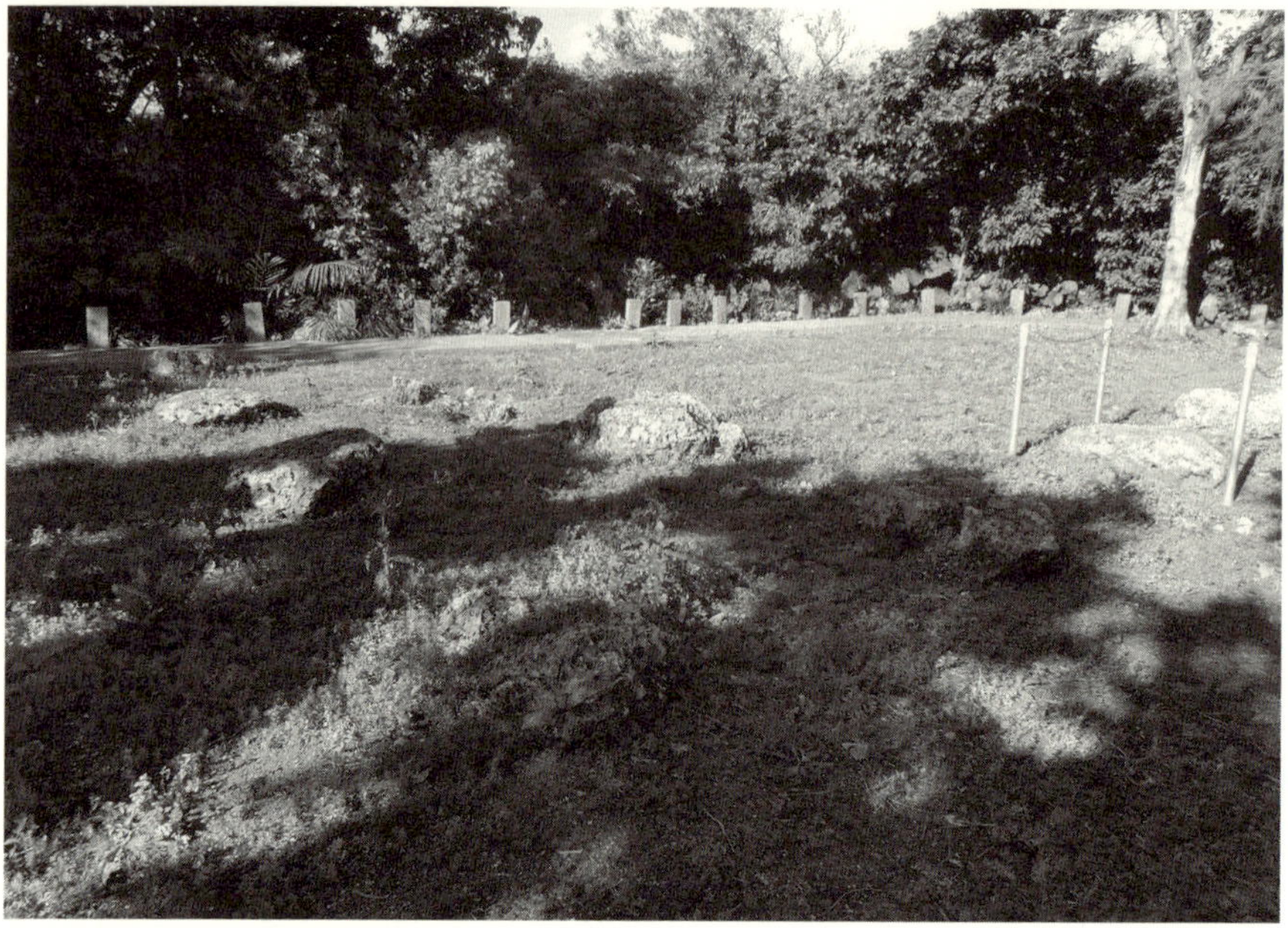

●—大城グスクの礎石群

る。この「イビ加那志」は玉城グスク内にあったものを遷移させたという伝承が残されている。また、北東側の石積囲い内にも拝所を見ることができる。グスク内に見られる石積は高さ〇・五メートルほどで、切石《きりいし》などは見られず拳大以下の小礫《しょうれき》が散乱している状況が見られる。廃城後に大城グスクの石積を崩して島添大里グスクへ運んだという伝承が残っており、遺構の残存状況との関連が注目される。

【城　主】　城主については玉城按司の次男である大城按司《あじ》が築城し、居住していたとされている。

『儀間真常伝《ぎましんじょうでん》』では山南王である汪英紫《おうえいじ》が一四世紀に一要塞地として大城按司真武を当グスクに配置していたが、やがて両者は対立し、争うことになった。しかし、旗を倒す失態が契機となって山南《さんなん》王の軍勢が勝利したとある。隣接する稲福の丘陵崖下へ大城按司真武が敗走して身を投げたとされる、稲福の崖下の一画を「ボントウ御墓」と呼ぶようになり、後に大城按司の墓として整備され、現在もその関係者によって祀られている。

当グスクでは試掘以外で戦前に現地調査が実施されており九四〇個体もの陶磁器が表採されている。この調査で報告されている遺物はグスク土器、カムィヤキ、本土産陶器、ベトナム産陶磁器、銭貨、玉製品等多岐におよんでいるが、中国

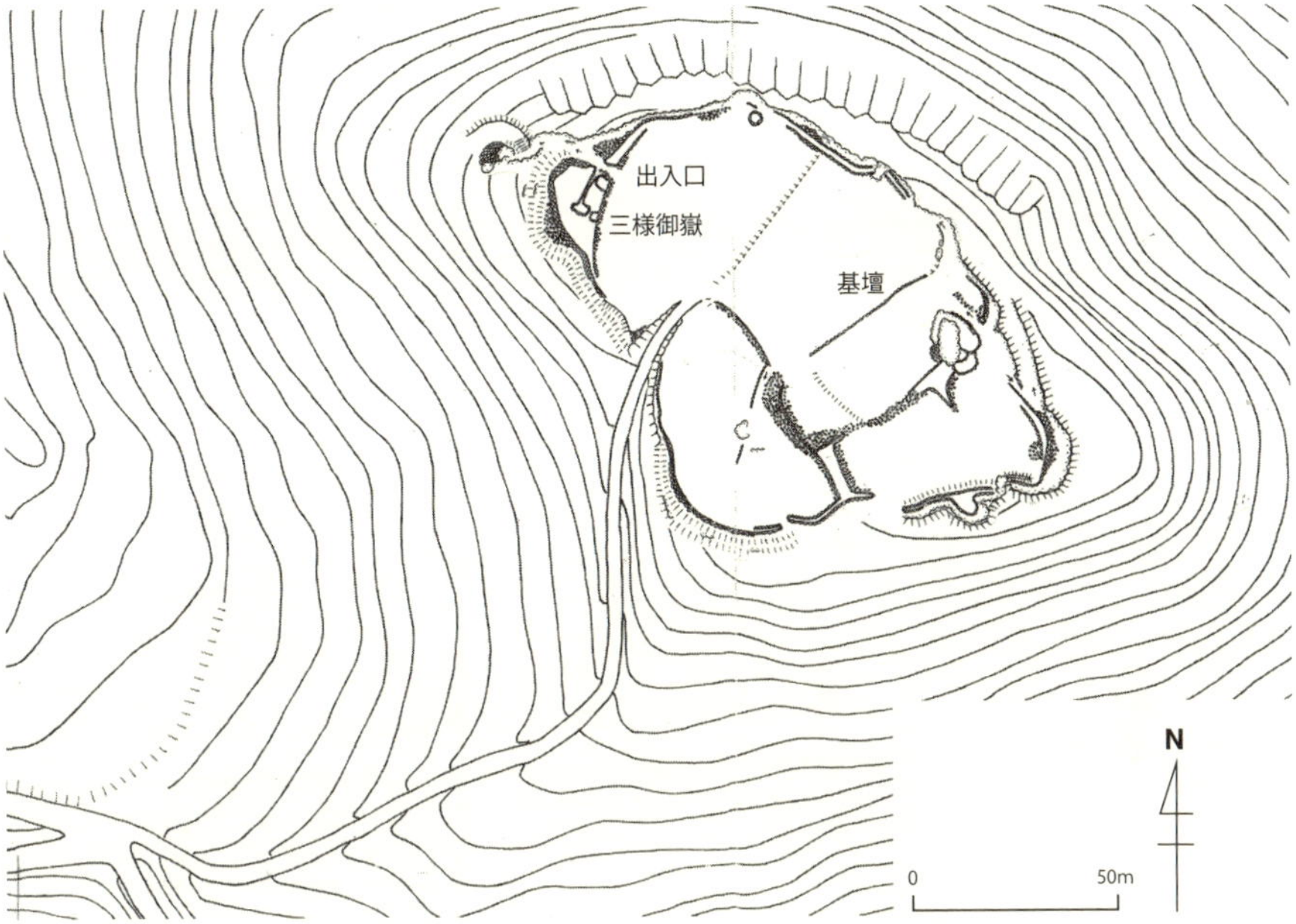

●—大城グスク平面概要図（作図：山本正昭）

産磁器の中でも青磁《せいじ》については酒会壺《しゅかいこ》、瓶、鉢といった大型製品が多数、含まれている点が注目される。このことから多くの奢侈《しゃし》品を所持できるだけの権力背景をうかがうことができる。また、二次的に火を受けた陶磁器を七割ほど見ることができることから、グスク内において火災に遭ったことも推測される。

【参考文献】新城徳祐『沖縄の城跡』（緑と生活社、一九八二）、大里村教育委員会『大里村の遺跡』『大里村文化財調査報告書』第1集（一九九二）、吉岡康暢、門上秀叡『琉球出土陶磁器社会史研究』（真陽社、二〇一一）

（山本正昭）

●村と村の境目のグスク

高宮城遺跡《たかみやぎいせき》

〔所在地〕南城市大里字高平（高宮城区）
〔比　高〕一七メートル
〔分　類〕平山城
〔年　代〕一四～一五世紀
〔城　主〕黄金子
〔交通アクセス〕沖縄バス大里線（40）「仲程」下車、徒歩五分。

【立地の地形】　南城市役所大里庁舎の北西側に隣接する小高くなった丘の上に築かれているグスクは、旧大里村教育委員会が実施した大里村の遺跡詳細分布調査報告書では、高宮城遺跡と報告されている（『大里村の遺跡』（一九九二））。また、『大里の文化財〔第三版〕』（二〇〇一）では、「おおざと探訪グスクめぐり」の項で取り上げられ、次のように記述されている。

「黄金子が拠ったグスクである。本村に残る唯一の土のグスク。名称等は残っていないが、地元でグスクとの呼称が残っている点や『おもろさうし』での黄金子の拠点が〝みやぐすく〟である点からグスクであったと考えられる」

【グスクの構造】　この遺跡の頂部は標高八七・五メートルを測る。この丘陵は、丘陵全体が島尻層からなり、『大里村の文化財〔第三版〕』にも記述されているように「土のグスク」である。

東西約一三〇メートル、南北約三五〇メートルの広さを有する。南北に細長いこのグスクは、周辺の農耕地と比べ小高くなっているので遠くからも目立つ存在になっている。現在、このグスクの南側に高宮城集落、北側に仲間集落が展開している。標高八七・五メートルの頂部を中心に、一五×四五メートル程の南北に長い平場があり、その平場の南東側斜面の標高八三メートルの小平場には、地域住民が信仰する「高宮城の殿」と呼ばれる拝所がある。

グスク全体が鬱蒼とした森に覆われているため、遺構の全体像をつかむことはできないが、頂部を中心とする平場を最大に、北側斜面と西側斜面に数段、南側斜面に数段の削平段が置かれていることがわかる。とくに東側の斜面は緩くなっていて、この斜面の両脇には小さな削平段が他の斜面より多く配置されている。古老の話では山越えをして隣村に行くときにはこうした削平段の間を抜けて行ったということが語られており、村と村をつなぐ道はこれらの間につくられたということがわかる。現地を注意深くみると、道の痕跡が部分的に残っているのが確認できた。グスクの真東約七〇メートルの距離に農村公園として整備されている独立丘がある。

●—削平段

【黄金子の拝所】 この独立丘の上面には、この地域で語り伝えられている黄金子という豪族を祀った拝所があり、地域住民の尊宗の対象になっている。独立丘の周辺を踏査すると、西側斜面に細長い帯郭状の平場が観察されることから、高宮城遺跡はこの独立丘も含めて一つのグスクとして捉えた方がよいと考える。

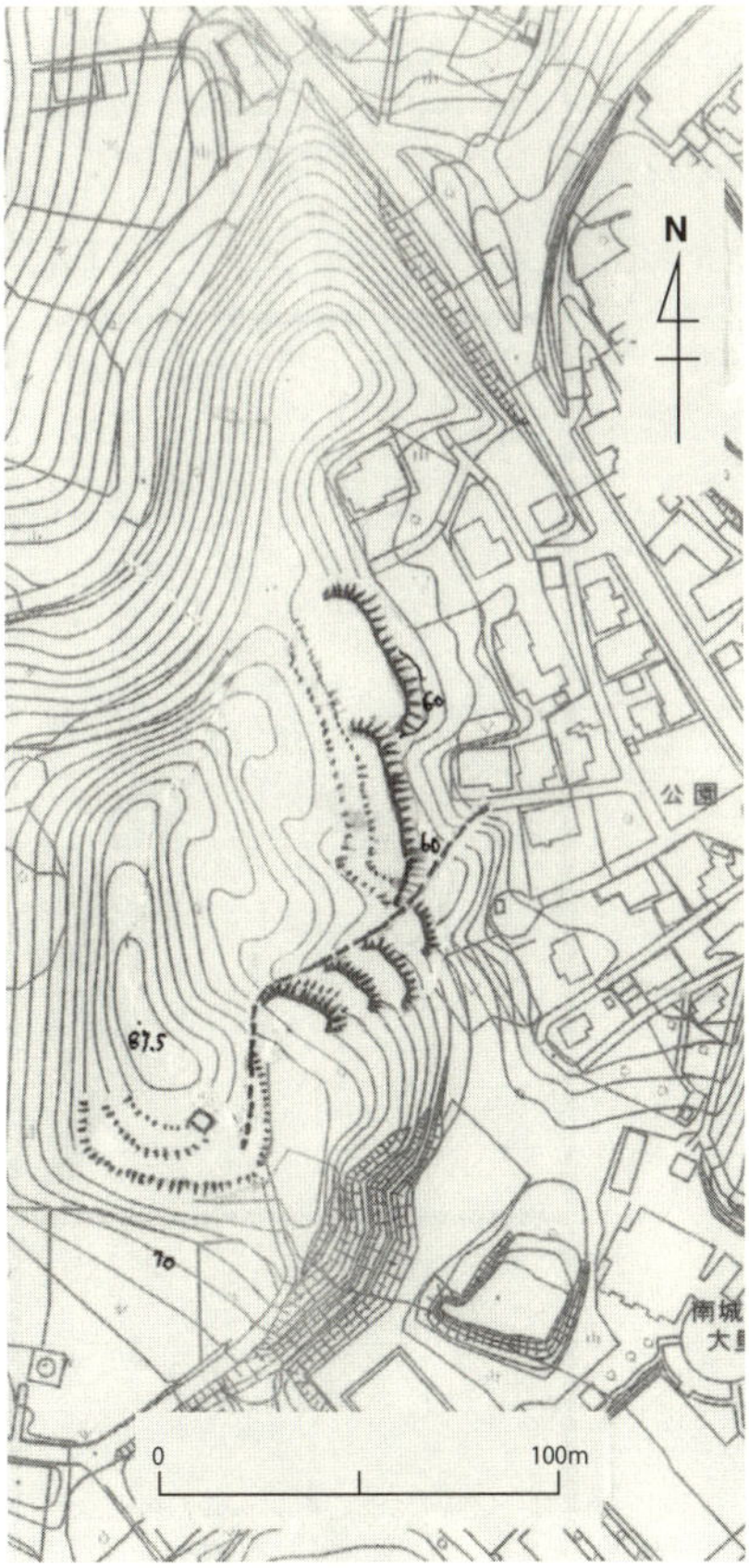

●—縄張図（作図：當眞嗣一）

【参考文献】大里村教育委員会『大里村の遺跡—詳細分布調査報告書—』（一九九二）、大里村教育委員会『大里村の文化財〔第三版〕』（二〇〇一）、南城市教育委員会『南城市のグスク』（二〇一七）

（當眞嗣一）

●強固な本島南部のグスク

多々名《たたな》グスク

〔所在地〕八重瀬町玻名城眼崎原
〔比　高〕九〇メートル
〔分　類〕平山城
〔年　代〕一四～一五世紀
〔城　主〕はな城世の主など
〔交通アクセス〕琉球バス「玻名城入口」下車、徒歩五分。

【石灰岩丘陵に位置】　当グスクは南に太平洋を望む東西方向に延びる石灰岩丘陵の頂上部に位置している。この丘陵は東側から西側方向に裾広がりとなり、その東側端部一帯を当グスクが占めている。南北は急崖で西側は平坦に近い緩斜面となっていることから、グスクの出入り口は西側に取り付いている。

【全体構造】　全体的な平面プランは石積《いしづみ》で仕切られた四つの空間に分けることができ、総面積は四万平方メートルを有する。もっとも中心となる石積囲い①はグスクの中でも最高部に位置しており、東西八〇メートル×南北五〇メートルの範囲を野面積《のづらづみ》の石積で囲う。残存高は一・五～二・五メートルとなり、西側②と東側③で石積が一部途切れていることから出入口であると見られる。その西隣には平場造成があまり見られない、東西二〇メートル×南北五〇メートルの野面による石積囲い③が見られる。

この石積囲いの南側④には井戸跡と思われる集石を見ることができ、北西隅には守護神とされる「イビガナシ」が祀られている拝所がある。北東側の崖沿い⑤がスロープ状となり、かつての出入口であるものと考えられる。

これら二つの石積囲いは何れも自然地形に則した石積ライン⑥を形成しており、それらの南側と両石積囲い間には通路状の空間が見られる。この通路状の空間については中心となる石積囲いに取り付く寄せ手に対して、横矢掛《よこやがか》りを仕掛けることが可能である。

これら両石積囲いの南側一帯⑦の空間は当グスクの中でも

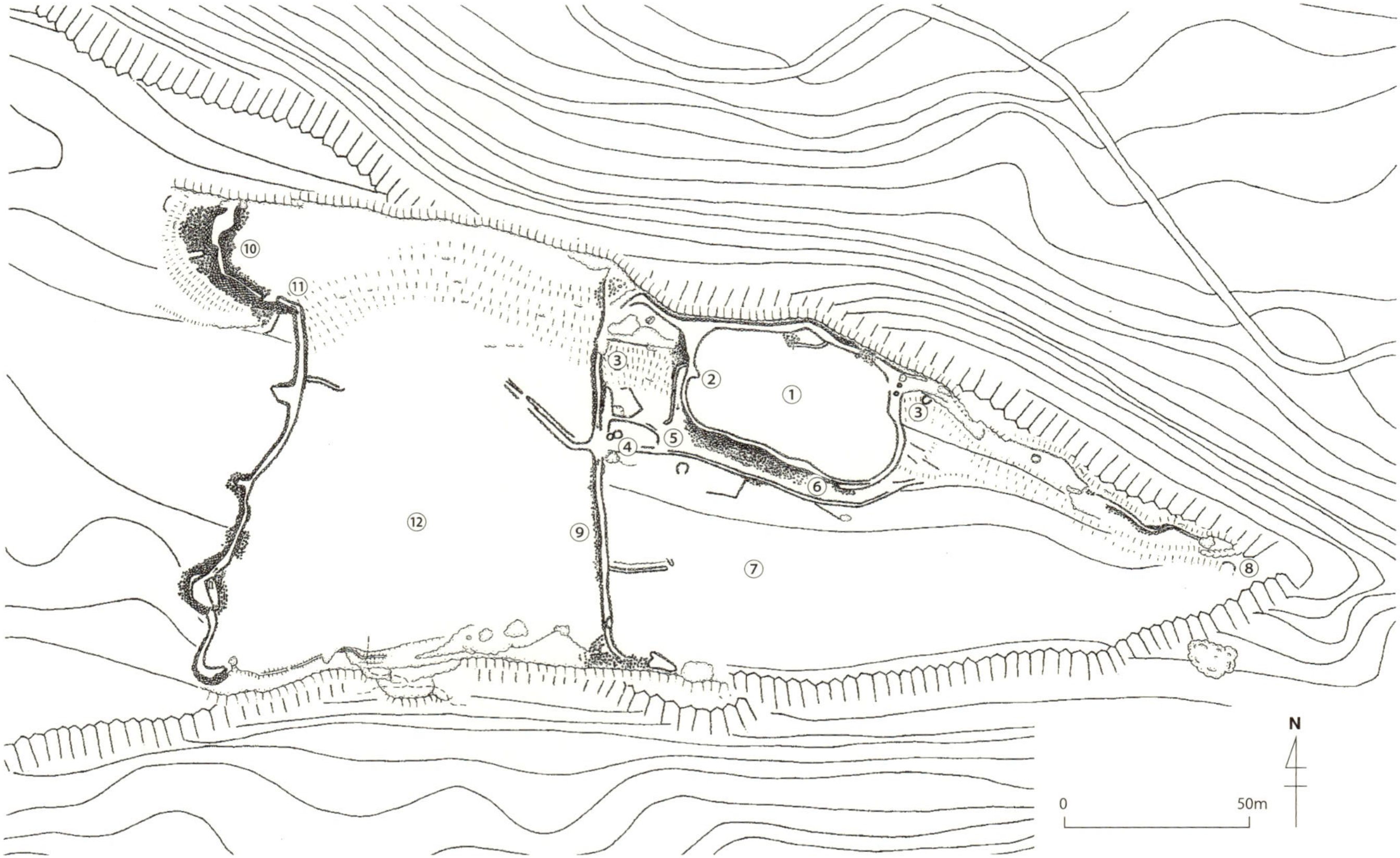

●—多々名グスク平面概要図（作図：山本正昭）

っとも広い空間であるが、南東端と東端は石灰岩の露頭、ならびに岩盤の割れ目を多く見ることができる。この最東端⑧には拝所を見ることができる。

対して西側は平場となっており、西側⑨には残存高一〜一・五メートルの野面積の石積が南北方向で直線状に走る。この部分においてはとくに地形の高低差は見ることができず、区画としての石積である蓋然性が高い。石積は途切れている部分が多く見られるため、出入り口の特定は困難である。

もっとも東側の空間はグスクの最外郭に相当する部分であり、東側の石積も最高部では約四メートルを有している。石積は野面積で東側を区切るように南北方向で直線状に走り、一部は切石《きりいし》を用いている部分を確認することができる。三ヵ所の張《はり》出《だし》を確認することができ、いずれも平面形状は矩形《くけい》に近い形となる。北西部⑩の石積ラインは東側へ張り出すように屈曲し、出入口⑪が南側に開口している。これらの張り出し施設や出入り口はいずれも石積へ取り付く寄せ手に対しての横矢掛りを意図したものであり、強固な防御ラインを形成していることがうかがえる。この石積より東側の内部空間⑫は平坦面が広く展開しており、ここからは陶磁器などの遺物を表採することができる。

【按司にまつわる伝承】 沖縄本島南部のグスクの中でも規模が大きく、石積もかなり範囲で見られることから、当グスクに拠った按司《あじ》はかなりの権力を保持していたことが想定されるが、その具体像については文献史料にはほとんど見ることができない。組踊りでは「多々名大主《たたなうふぬし》」の演目が、『琉球民話集』では「多々那按司《たたなあじ》」、『おもろそうし』には「はな城世の主」が多々名グスクに拠った首長と見られるが、詳細については不明である。そして『琉球国由来記』には「タタナ城嶽」がグスク内に所在するとあるが、グスク内に複数ある拝所の中でどれに同定されるのは判然としない。

かつてグスク内で実施された試掘調査において中国産青磁、グスク土器、石器、滑石製錘、獣骨などが出土しており、これらから一四〜一五世紀にグスクの盛期があったものと思われる。

【参考文献】 新城徳祐『沖縄の城跡』（緑と生活社、一九八二）、具志頭村教育委員会「具志頭村の遺跡」『具志頭村文化財調査報告書』第三集（一九八六）

（山本正昭）

●太平洋を望む見張り大規模施設

具《ぐ》志《し》頭《ちゃん》グスク

〔所在地〕八重瀬町具志頭須武座原
〔比　高〕五八メートル
〔分　類〕平山城
〔年　代〕一四～一五世紀
〔城　主〕具志頭按司
〔交通アクセス〕琉球バス「具志頭売店前」下車、徒歩七分。具志頭城公園内に駐車場有り

【本島南部の丘陵地帯に位置】　当グスクは現在の具《ぐ》志《し》頭《ちゃん》集落から南に位置し、東西方向に展開する石灰岩丘陵の頂上部に立地する。グスクの南側は太平洋に面した急崖となっており、北側は石灰岩が露頭する緩やかな傾斜となる。

現在は戦後、グスクの大部分が沖縄戦の戦没者慰霊碑が立地する「具志頭城公園」として大きく改変されてしまっているため、かつての状況をうかがい知ることができないが、わずかに当公園の北辺において東西方向に延びる石積《いしづみ》が約一四〇メートル残存していることでグスクとしての雰囲気を感じ取ることができる。この石積は北側の斜面部に沿って配置されており、東側に向かって漸次、標高が高くなる。グスクの西端部①は最高所となっており南側の急崖と北縁を走る石積が接続する。この最高所を見張施設として機能していたとして「高ヤックァ」と具志頭集落では呼ばれている。石積の残存高は一メートル～三・五メートルとなり、二ヵ所の張出《はりだし》施設②③を見ることができる。基本的に野面《のづら》積で張出の部分のみ切石積となる。また、「高ヤックァ」へ至る石積は石灰岩の割れ目に落ち込んだ石灰岩塊上に石積ラインを通す形で、石積が割れ目を横断しているのが確認できる。このことから、当グスクが立地する丘陵の最高所を見張り施設としてグスク内に取り込もうとする、築城者の強い意図を読み取ることができる。一方の石積東端部は東側の急崖まで延びており、小規模な張出④を一ヵ所、確認することができる。

この石積が途切れる⑤は現在も同公園の出入り口として利

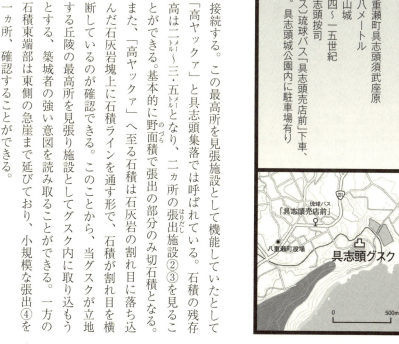

●—具志頭グスクの石積

用されている部分のみであることから、旧来におけるグスクの出入口もこの部分であった蓋然性が高い。同公園出入口として道路が拡幅されてしまっているため、グスク本来の出入口の形状については不明である。南側から北側にかけては急崖となり、とくにその周辺に石積が配置されているといった状況は見られない。全体プランの特徴としては侵入しやすい北側の緩傾斜部を中心に石積を配置していることから、石積は障壁としての機能に重点を置いていることが看取される。

【拝所「城内の嶽」】 グスク内の北東部には『琉球国由来記』に記されている拝所「城内の嶽《たき》」が⑥に所在し、その隣には当グスクの守護神とする立石を祀る拝所を見ることができる。また、グスク内の中央部には公園整備にともなって設置された展望台⑦を見ることができる。この展望台を建設する際、発掘調査が行われた。主な成果として多量に礫《れき》が混じる遺物包含層が検出され、また出土遺物については青磁《せいじ》、白磁などの中国産陶磁器や、中国産褐釉《かつゆう》陶器、朝鮮半島産青磁、グスク土器、石器、土錘《どすい》、金属製品、獣骨、玉等が出土している。これらの多くは一四世紀後半〜一五世紀前半に比定できる遺物となっている。

このグスクに関しての記載は文献史料には見ることができず、グスクの来歴を知ることができる伝承も残されていない。

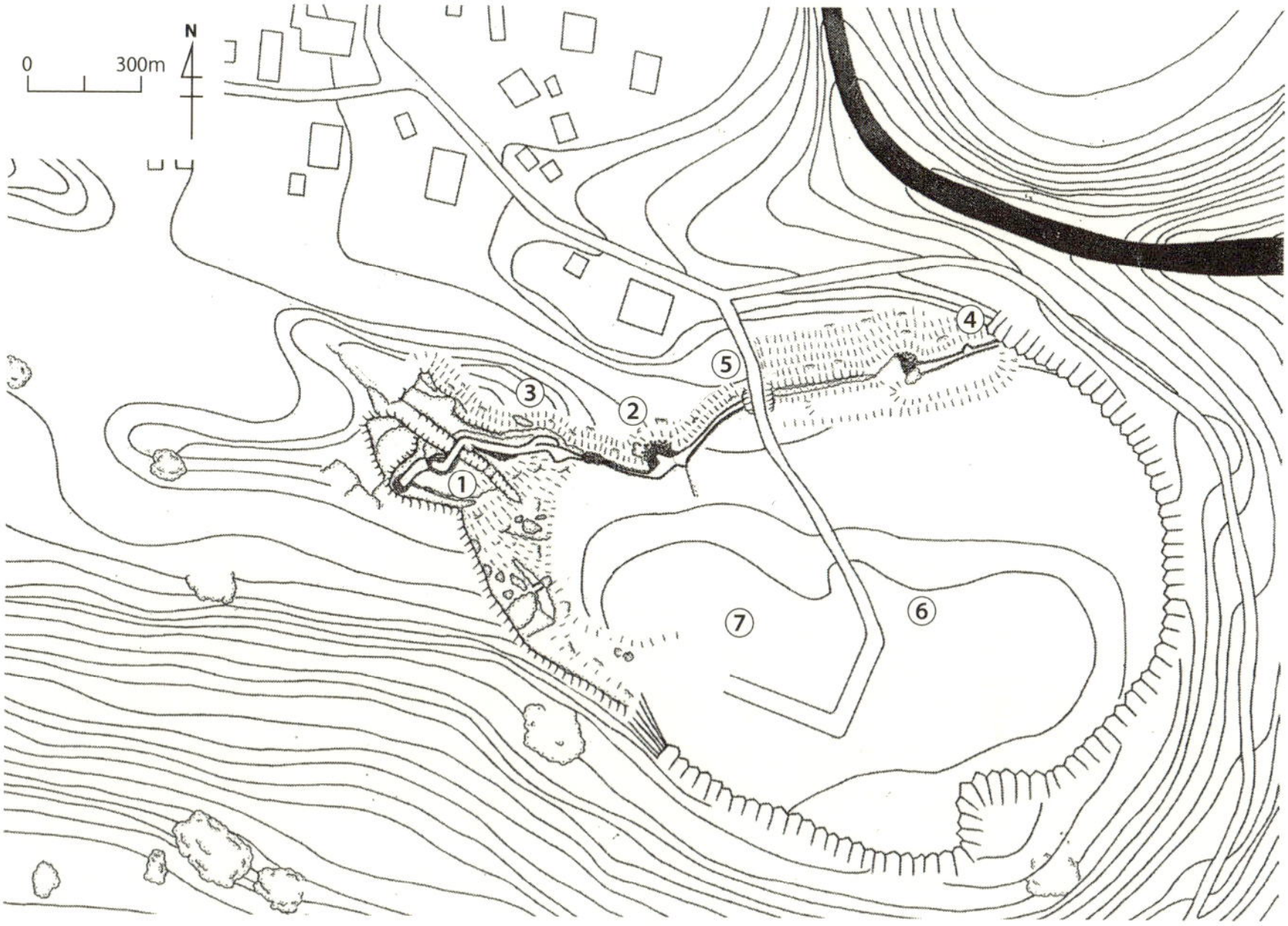

●—具志頭グスク平面概要図（作図：山本正昭）

グスクの面積としては三万平方メートル近く有しており、沖縄本島南部のグスクの中でも有数の規模を誇ることから、かなり有力な按司《あじ》が拠っていたという推測ができる。

【参考文献】新城徳祐『沖縄の城跡』（緑と生活社、一九八二）、沖縄県教育委員会「沖縄グスク分布調査報告書」『沖縄県文化財調査報告書』第五三集（一九八三）、具志頭村教育委員会「具志頭村の遺跡」『具志頭村文化財調査報告書』第三集（一九八六）

（山本正昭）

お城アラカルト

グスクから出土する武具について

上里隆史

各地のグスクの発掘調査からは、当時使用されていた武器・武具類が多数出土している。その特徴は日本様式の武装が主であった点である。一七世紀まで鎌倉・室町期の大鎧《おおよろい》や胴丸・腹巻の形式のものしか確認されず、日本の戦国期に使用されていた当世具足は採用していなかったとみられる。

武具は日本から輸入したものだけではなく、琉球現地で独自に生産されたものもあった。歌謡集『おもろさうし』には「金冑《かなかぶと》げらへて（作って）」と謡われ、「牛馬の皮は、皆官に納めて甲を造る」（『朝鮮世祖実録』）とあり、またグスク出土の八双金具にも琉球製のものが見つかっている。日本本土で見られない独特の形状をした兜の鍬形《くわがた》や、一五世紀の時点で鍍金された総面形式の面具（『歴代宝案』）も確認されている。甲冑に関しては、胴丸・腹巻に本来備わっていない「障子の板」という大鎧の肩の防御具が胴丸に付属する例もあり、薩摩製作の胴丸との関連が指摘されている。

刀剣は日本刀に外装を琉球で製作する例が確認されている。尚家の宝刀である千代金丸《ちよがねまる》は刀身は室町期の日本刀だが、外装は琉球で製作され、柄は日本本土では見られない片手持ち、柄頭《つかがしら》が非常に大きく、鞘《さや》は金板で覆う独特の形式をしている。このように、琉球の武具は日本様式をベースとして独自の発展を遂げていたようだ。

また注目すべき点が火器（銃砲）である。琉球は景泰元年（一四五〇）の時点ですでに「火筒」という火器兵器を導入していた。これは中国から伝来した火縄銃以前の手銃（ハンドキャノン）の形式とみられ、琉球では「火矢」と呼んだ。グスクからは火器の弾丸とみられる石球や銅球などが出土している。一六世紀に築かれた那覇港口の砲台（屋良座森グスク・三重グスク）には「大石火矢」（『琉球入ノ記』）、「銃」（『歴代宝案』）

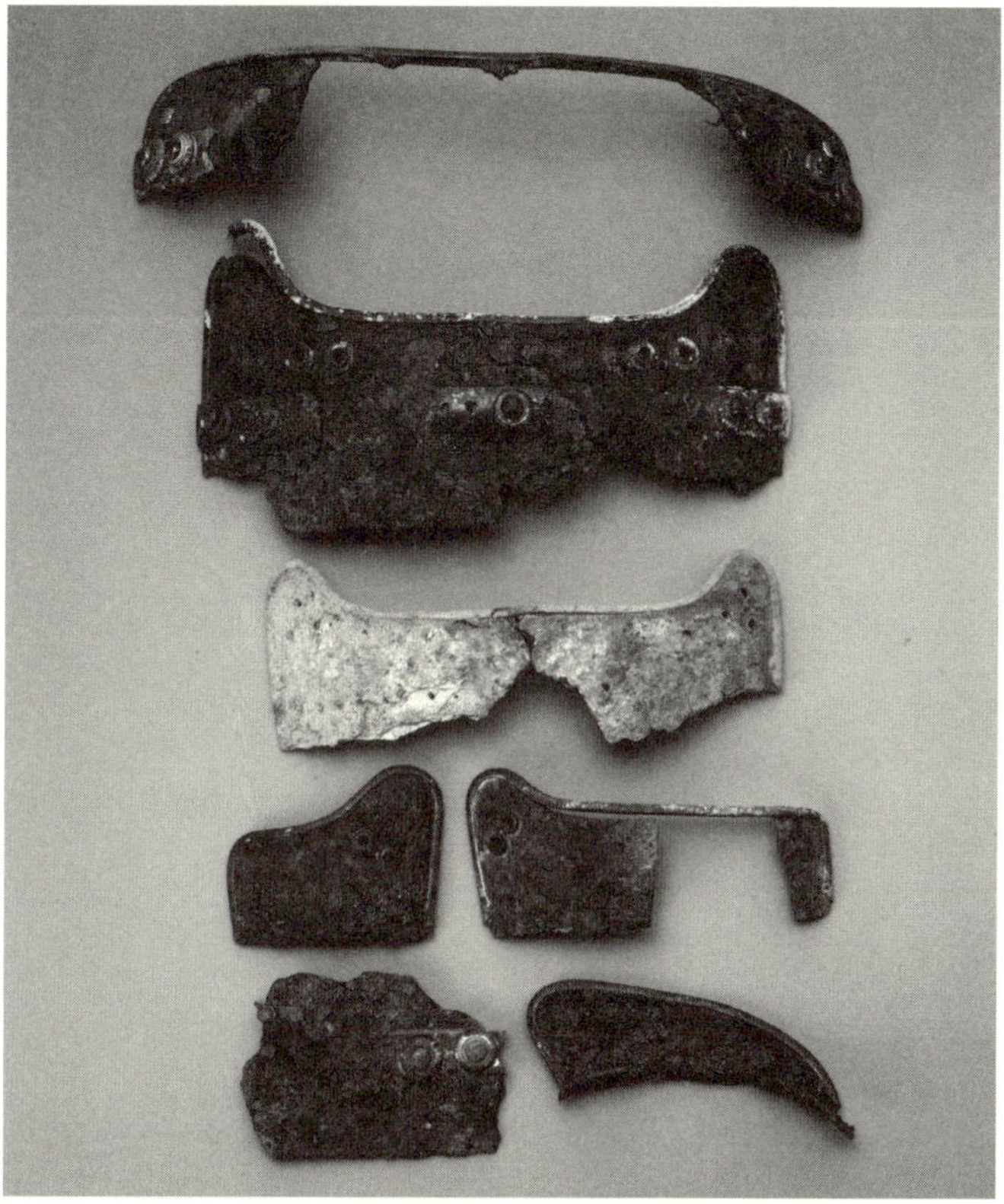

●—玉城グスク崖下出土の甲冑（沖縄県立博物館・美術館所蔵）

と表現される大型火器が設置されたようだが、これらも中国から導入された可能性が高い。

弓については「重籐」「漆籠《ぬりこめ》」（『琉球往来』）など日本様式を使用したとみられるが、矢じりについては、刃の先端が平らな「平根」が多数出土しており、琉球独自の使用傾向が見られる。

交易国家であった琉球では海外各地からさまざまなヒト・モノが流入し、それぞれの要素を取り込んで「琉球」の文化を作り上げた。武器・武具に関してもそれは例外ではなかったのである。

◆中部

浦添グスク

●首里城以前の王城

浦《うら》添《そえ》グスク

〔国指定史跡〕

〔所在地〕浦添市仲間
〔比　高〕三〇メートル
〔分　類〕山城
〔年　代〕一三世紀末～一五世紀前半
〔城　主〕舜天王統、英祖王統、察度王統
〔交通アクセス〕琉球バス「仲間」下車、徒歩九分。

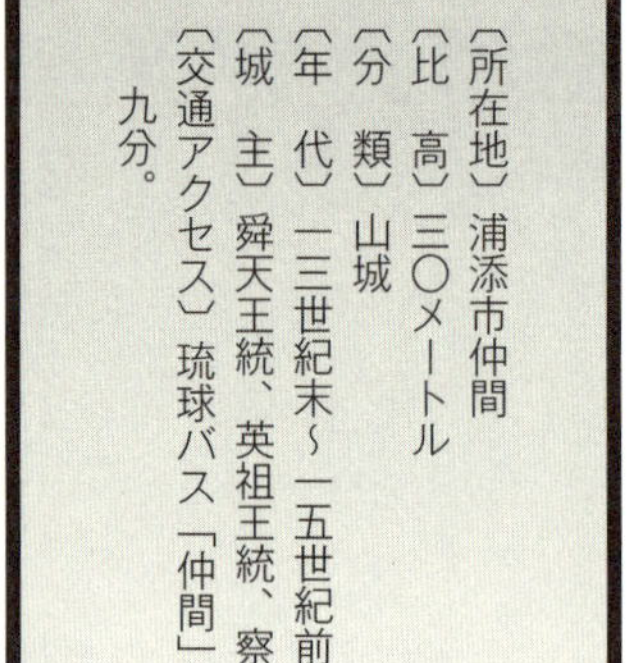

【断崖上に構築されたグスク】　浦添市の東部に、内陸部から東シナ海へとまっすぐに延びる崖がある。琉球石灰岩で形成されるこの崖は「浦添断層崖」と呼ばれ、北側は比高差三〇メートルの切り立った断崖、南側は急な斜面となっている。

浦添グスクは浦添断層崖の南東端に形成されるグスクで、一帯は浦添市内で標高がもっとも高い。市内における最高地点はグスク東端に屹立する巨岩「ワカリジー」の頂上で、標高は一四八・一メートルを測る。グスクの北側は崖に沿って牧港《まきみなと》川が流れており、西側には沖縄本島西側を首里から国頭《くにがみ》へとつなぐ琉球国時代の幹線道「中頭方西海道」が通る。

グスクの平面形は北西に頭を向けたオタマジャクシのような形をしている。グスクは切石積の城壁によって囲われていたと考えられているが、戦前から戦後にかけて採石場となったため城壁がほとんど遺っておらず、今も明らかでない部分が多い。グスク北側の崖中腹には一三世紀の英祖王と一七世紀の尚寧《しょうねい》王が眠る王陵「浦添ようどれ」が所在する。一九八九年、浦添ようどれを含む一二万四〇〇〇平方メートルが浦添城跡として国の史跡に指定された。

【伊波普猷の『浦添考』】　史料によると、一二六一年、英祖王が浦添に墓（浦添ようどれ）を造営し、咸淳年間（一二六五～七四）、浦添グスクの西に寺を建て極楽寺と名付けた。また、時代は下って一五二四年、第二尚氏第三代国王尚真《しょうしん》王の長子尚威衡《しょういこう》が父王の怒りにふれ浦添グスクに隠居させられた際、荒れ果てたグスクを修復して住まいとしたという。

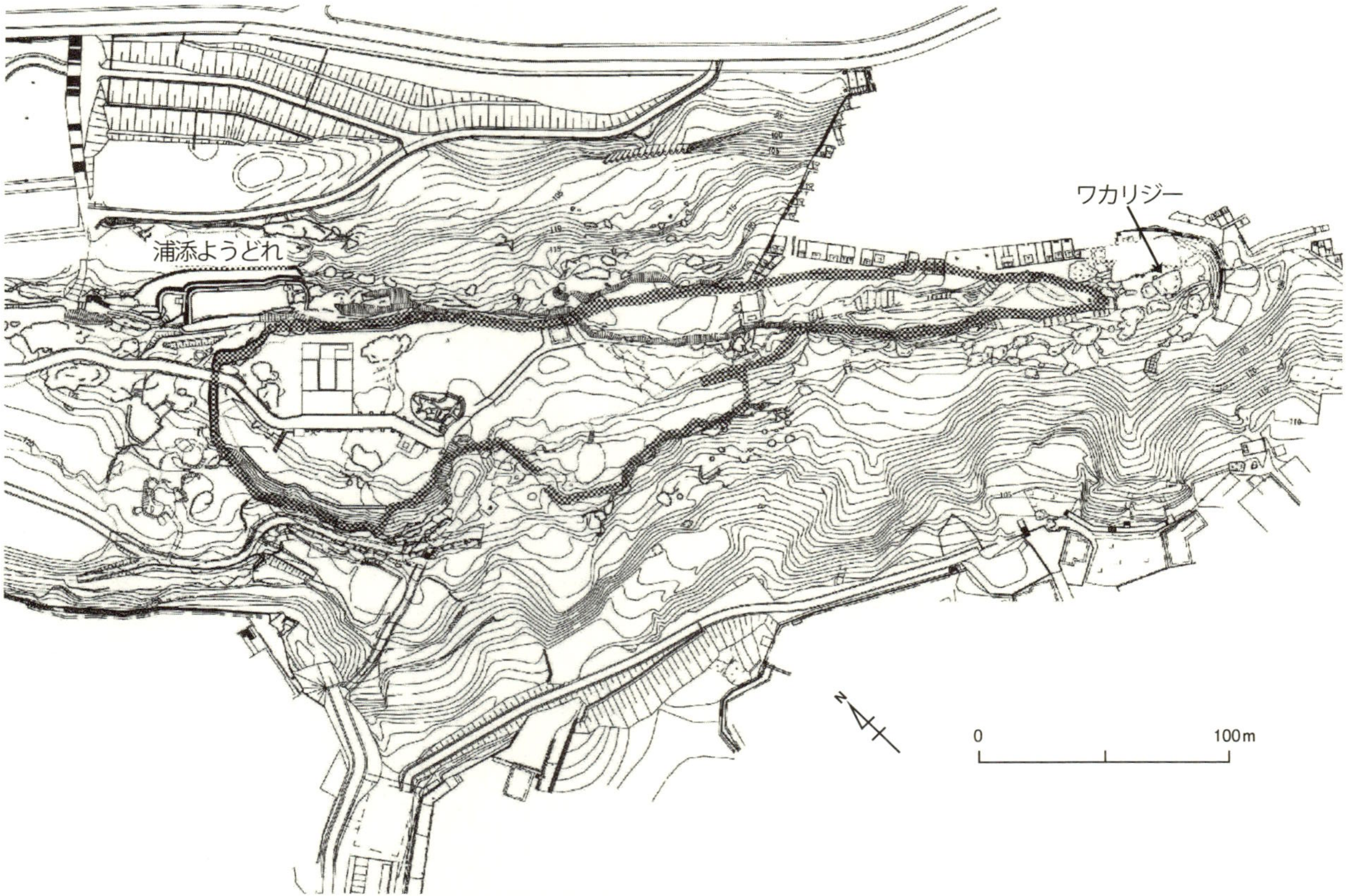

●―浦添グスク城壁想定図（浦添市「国指定史跡浦添城跡発掘現場見学会資料」2015年より）

●—復元城壁

琉球国の正史では国王の居住する王城は一貫して首里城とされているが、浦添グスクが首里城以前の王城と考えられるようになったのは、「沖縄学の父」と呼ばれる伊波普猷《いはふゆう》の研究によるところが大きい。論文「浦添考」で伊波は浦添という地名に着目し、浦添がもともとは〝うらおそい〟と表記され、津々浦々を支配する所という意味であったことを明らかにした。

伊波は当初、浦添の範囲は首里も含む広い地域であり、したがって王城はあくまで首里城であったと考えていたようである。しかし、東恩納寛淳《ひがしおんなかんじゅん》の説にふれることにより自説を変更し、現在では浦添グスクこそが舜天《しゅんてん》王統、英祖王統、察度《さっと》王統の王城であり、尚思紹・尚巴志親子による三山統一の過程で滅ぼされたと考えられるようになっている。

【他を圧倒するグスク】　浦添グスクではこれまでに数度にわたり発掘調査が行われ、一三世紀末に野面積《のづらづみ》のグスクとして築かれ、一四世紀後半から一五世紀前半には切石による大規模なグスクとなったことが判明している。特に、切石によるグスク普請《ふしん》の際には、場所によっては厚さ二メートルもの土の造成を行っていることが判明した。また、城壁の下からは妊娠経験のない二〇歳過ぎの女性人骨が、極端に屈葬された状態で確認されており、普請に伴う人身御供《ひとみごくう》ではないかと注目された。

近年の研究により、グスク南側に城壁を伴わない張出《はりだし》が数ヵ所確認され、物見《ものみ》状郭《じょうくるわ》跡と命名された。物見状郭跡を含めた浦添グスクの範囲は四万平方メートルを超えるとされ、これは同時代のグスクでは最大級の規模を誇る。宜野湾から浦添にかけての地域はほかに大形のグスクがないことから、この地域では浦添グスクの支配力のため独立した政治勢力が育たなかったものと考えられている。

浦添グスクの城壁は〝布積《ぬのづみ》〟と呼ばれる積み方で、これは長方形の切石を積み上げるものである。特に浦添グスクの城壁は縦方向の目地が通る積み方であり、沖縄における一四世紀頃の城壁の特徴とされる。二〇〇七年と〇九年にはグスク西側の城壁が長さ五〇メートルほど復元整備され、来訪者がグスク時代に思いを馳せる手だてとなっている。

浦添グスクの発掘調査は現在も継続して行われており、徐々に全体像が明らかになりつつある。特に二〇一四年度の発掘調査では、高さ二メートルほどの岩盤上に、城壁の切石を確認することができた。確認した城壁の延長は欠損部も含めて二三メートルを測り、残存する石積は最大で七段を数える。石積は先述した復元整備済みの城壁につながると考えられ、これまで実態がよくわかっていなかったグスク南西の城壁の様子が明らかとなった。

琉球国時代の地誌『琉球国由来記』によると、グスク内には数ヵ所の御嶽《うたき》が所在するとあり、頂部の平坦面に口をあける自然洞穴〝ディーグガマ〟は、由来記に記される渡嘉敷嶽と考えられている。その他、グスク内にはカガンウカーやカラウカーなどの井戸も存在している。

【大量に出土する高麗系瓦】　浦添グスクをもっとも特徴づける遺物として高麗系瓦と呼ばれる瓦がある。これは平瓦一枚が縦四五センチ、幅三〇センチ、重さ四キロもある大きな瓦で、沖縄最古の瓦といわれる。高麗系瓦が出土するグスクとしては首里城や勝連グスクが挙げられるが、浦添グスクでの出土量は他に抜きんでて多い。

高麗系瓦の平瓦は凸面に羽状の打捺文《たたきめもん》と方形の区画が施されており、方形区画内には「天」や「大天」、名称のもとになった「癸酉《みずのととり》年高麗瓦匠造」の文字が鏡写しの逆文字で配置されている。〝癸酉年〟の年代については一一五三年、一二七三年、一三三三年、一三九三年などの説があり、これは浦添グスクを普請した王統にもかかわる重要な問題であるが、この瓦がどこで作られたのかという点も含め今も決着がついていない。

これまでの発掘調査により、高麗系瓦の種類は平瓦のほか丸瓦、軒平瓦、軒丸瓦、鬼瓦などが確認されており、特に鬼瓦は、尖った頭、吊り上った眼、突き出た頬、大きな鼻、への字口と、大変ユーモラスな造形となっている。これら浦添グスクの王宮の屋根を飾った高麗系瓦の実物は、グスクの隣接地に所在するガイダンス施設「浦添グスク・ようどれ館」で目にすることができる。

【浦添グスクその後】　浦添グスクは三山統一に伴う廃絶ののち、一六世紀には尚維衡の居館として使用されるようになったのは先述のとおりである。第六代国王尚永王《しょうえい》（在位一五七三～八八）には世継ぎがなかったため、尚威衡の曾孫の尚寧が浦添グスクから首里城に上って王位についた。一五九七年、尚寧王の命で首里と浦添を結ぶ道を石畳道に改修する工事が行われ、その竣工記念碑としてグスク南斜面に「浦添城の前の碑」が建てられた。一六〇九年の薩摩藩による琉球侵攻で浦添グスクの居館は焼き払われ、江戸に連行された尚寧王は帰国後に浦添ようどれを改修し、死後そこに葬られた。

●—鬼瓦（浦添市教育委員会所蔵）

一九四五年の沖縄戦で日本軍の陣地が置かれたため、浦添グスクは米軍の集中攻撃を受け壊滅的な被害を受けた。さらに戦後は採石場となり、土木建築部材として城壁はおろか基盤の琉球石灰岩まで持ち出されたため、遺構の残存状況は極めて悪い。一九九五年には浦添市教育委員会により整備基本計画が策定され、二〇〇五年に第Ⅰ期整備事業として浦添ようどれの復元整備が完了した。現在はグスク本体の発掘調査と復元整備を行っているところである。

【参考文献】『伊波普猷全集』一（平凡社、一九七四）、『今姿を見せる古琉球の浦添城跡』（浦添市、一九八三）、『浦添城跡発掘調査報告書』（浦添市、一九八五）、「浦添の民俗」『浦添市史』四（浦添市、一九八三）、「浦添のあゆみ」『浦添市史』一（浦添市、一九八九）、『史跡浦添城跡整備基本計画書』（浦添市、一九九六）、外間守善・波照間永吉『定本琉球国由来記』（角川書店、一九九七）、安里進『琉球の王権とグスク』（山川出版社、二〇〇六）、『史跡浦添城跡第Ⅰ期（浦添ようどれ）整備事業報告書』（浦添市、二〇〇七）、吉岡康暢・門上秀叡『琉球出土陶磁社会史研究』（真陽社、二〇一一）、上原静『琉球古瓦の研究』（榕樹書林、二〇一三）、『国指定史跡浦添城跡発掘現場見学会資料』（浦添市、二〇一五）

（仁王浩司）

●「うらおそい」の要衝のグスク

伊祖《いそ》グスク

〔国指定名勝・県指定史跡〕

〔所在地〕浦添市伊祖
〔比　高〕二〇メートル
〔分　類〕山城
〔年　代〕一三世紀頃
〔城　主〕英祖王父祖代々
〔交通アクセス〕琉球バス五五系統「伊祖四丁目」下車、徒歩八分。

【「うらおそい」の要衝地】　伊祖グスクは、浦添市の伊祖公園に隣接する標高五〇～七〇メートルの石灰岩の丘陵に立地する。地元では「イージュグスク」とも呼ばれる。この丘陵は、牧《まき》港《みなと》から仲間《なかま》へと延びる浦添断層崖《うらそえだんそうがい》の眺望点の一つで、前方には天然の良港・牧港を臨み、後方には中山の支配者の居城となる浦添グスクが築かれる高地をひかえる要衝地である。

伊祖グスクの北端に位置する最高点からは、西海岸の読谷《よみたん》沖から那覇沖までを見渡すことができ、さらに遠くは、東シナ海洋上の慶良間《けらま》諸島までを視界に捉えることができる。浦添の語源である「うらおそい」は「津々浦々《つつうらうら》を襲《おそ》う」（「襲う」＝「支配する」の古語）の意であり、伊祖グスクはまさに津々浦々を襲う要衝のグスクである。

【グスクに残る二つの伝説】　伊祖グスクは琉球の古謡集『おもろさうし』に、「ゑそのいしくすく」として登場する。オモロ（古謡）の中では、伊祖グスクが琉球開闢神《かいびゃくしん》のアマミクにより造られた堅牢なグスクであることが謡われている。伊祖グスクには、今も古謡に登場する「いしくすく」（石グスク）を想起させる石積遺構が良好に残っている。

また、伊祖グスクは天孫氏の流れをくみ琉球初期に王統を築いた英祖《えいそ》王（在位一二六〇～九九）の父祖代々の居城であったといわれる。英祖は、源為朝を父とする舜天《しゅんてん》の孫にあたる義本王《ぎほんおう》から王位を譲り受け一二六〇年に即位した。『球《きゅう》陽《よう》』には、英祖の出生にまつわる伝説として、英祖の母親が、自分の懐に日輪が飛びこむ夢を見た後に英祖が生まれた

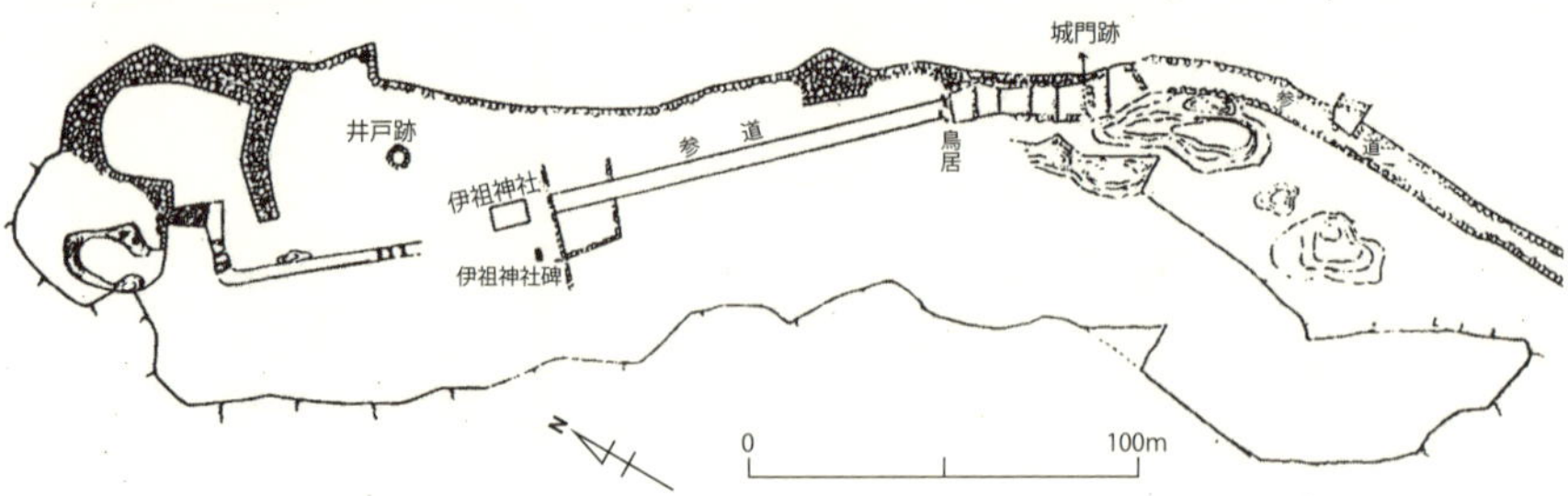

●—伊祖グスク平面図（琉球政府文化財保護委員会作成）

ため、人々は英祖を「天日の子」（てだこの王）と呼んだことが記されている。

この二つの伝説とグスクに残る遺構により、伊祖グスクは、国名勝「アマミクヌムイ」（アマミクの杜）の一つとして、また県史跡「伊祖城跡」として文化財の指定を受けている。

【グスクの構造】 グスクの遺構の残る史跡の面積は四八八〇平方メートル余りで、比較的小規模なグスクである。東北向きの城門と呼ばれる辺りに切石積《きりいしづみ》の低い石垣が築かれ、北の見張り所とその外側の石垣はすべて野面《のづら》積となる。城門から頂上を目指して石段を上がり鳥居をくぐると、細長いグスク中心部の平場が広がる。グスク中心部に建てられた伊祖神社の神殿（英祖の宮）の裏手にまわると、グスクの北端の最高所に東シナ海への眺望がひらけた「旗立《はたた》て」といわれる場所がある。ここはかつて、岩に穴をあけて旗竿が立てられるようになっていたというが現在はその痕跡は残っていない。グスク中心部の平場の西側斜面については、石垣の裏込めと思われる石灰岩礫が多く存在するため石垣があったと考えられるが、明確な遺構のラインは不明である。

伊祖グスク内とその崖下からは、青磁《せいじ》や白磁などの中国産陶磁のほか、カムィヤキやグスク土器などが採集されている。伊祖グスクは、石積の保存状態が良好であることや、切石積と野面積の二種類の石積がみられることなどから、一九六一年に琉球政府文化財保護委員会による史跡指定を受けた。現在に至るまで発掘調査は行われていないため、グスクの詳細な年代や構造など不明な点も多い。

一九三五年にグスク内の各拝所を合祀して伊祖神社の神殿と鳥居が建立された。沖縄戦時には、伊祖グスクも戦地となったため、鳥居には今もなお弾痕が残る。

【参考文献】『文化財要覧一九六一年版』、『浦添市史』第二巻（一九八一）、第三巻（一九八二）、第四巻（一九八三）、第六巻（一九八六）

（安斎英介）

中部

●堅固な城壁を持つ精巧なグスク

座喜味《ざきみ》グスク

〔国指定史跡〕

〔所在地〕読谷村座喜味城原
〔比　高〕一二七メートル
〔分　類〕平山城
〔年　代〕一五世紀前半～一五世紀中頃
〔城　主〕護佐丸
〔交通アクセス〕沖縄・琉球バス「座喜味」下車、徒歩約一五分。グスク近辺に駐車場有り

【短命だったグスク】　当グスクは沖縄本島内のグスクの中でもっとも短期間にその機能を終えたグスクであると言える。『毛氏先祖由来伝』に、このグスクを築いたとされる護佐丸《ごさまる》は一四二九年の思紹《ししょう》・尚巴志《しょうはし》による三山統一の後、山田グスクに移ったとされ、さらにその後に当グスクへ入ったことから、一四三〇年代には座喜味《ざきみ》グスクが築き始められたか、すでに完成していたものと考えることができる。そして護佐丸は中城グスクへ移り、一四五八年に阿麻和利《あまわり》によって滅ぼされていることから、護佐丸が当グスクに在城した期間は二〇年余とされる。護佐丸が座喜味グスクから出て以降はとくに当グスクの経緯が確認されていないことから、史料上において機能していた時期は護佐丸の在城期間に比定することができる。このことは一九七三年から七九年まで史跡整備に伴う発掘調査からもそれを裏付ける成果が出されている。

【建物の配置と遺物】　発掘調査では一の郭とされる最頂部の空間からそれぞれ時期の異なる基壇建物跡が二基、そして基壇建物跡の両側面から延びる切石《きりいし》の石積《いしづみ》や円弧状となる石列が検出されている。また、一の郭の南端から柱筋が整った柱穴が多数、検出されている。これらから建て替えが行われた礎石・基壇を有する大型の建物と少し距離を置いて掘立《ほったて》柱《ばしら》建物が複数棟、一の郭内に配置されていたことがうかがわれる。そして、一の郭の南側に取り付く二の郭では一の郭出入口へと続く石段の基礎と石敷き遺構が検出されている。

出土遺物についてはグスク土器、中国産陶磁器、カムィヤ

キ、沖縄産陶器、石器、金属製品、銭貨、獣骨が見られるが、中国産陶磁器を取り上げるとそのバリエーションは極めて限られていることがわかる。それらは主に青磁《せいじ》、白磁、染付、褐釉《かつゆう》陶器であるがその器種は碗・皿・盤・壺といった日用品が大半を占めており、稀少の器種は極めて少数である。また、中国産陶磁器の中でもっとも多く出土している青磁については一四世紀後半から一五世紀中頃までのものにほぼ限られることから、先の文献で見られる時期にもほぼ対応すると言える。ただし、沖縄産陶器も少数ながら出土していることから、城としての機能が停止してからも一部、使われ続けていた可能性が指摘される。

太平洋戦争時には旧日本軍によりグスク内に高射砲陣地が構築され、さらに一九六〇年には米軍によってレーダー施設が設置された。これらのことからグスク内外が大きく改変されてしまったが、本土復帰後の史跡整備事業によりかつての姿がよみがえり、二〇〇〇年には世界遺産に登録されるに至った。

グスクは主に切石による石積で構築され、その最高部は七メートル近くとなる。全体の平面プランは弧状の城壁でそれぞれの張出《はりだし》を連結させており、張出の間口のみ直線状となる。東西南北それぞれに張出が見られるのは、この丘陵部は全体的に緩斜面となっていることから、全方位を対象にした防御ラインを構築する必要があったものと考えられる。

また、張出が連続していることにより、連携して寄せ手に当たるといったことも意図しているものと思われる。さらに、二の郭出入口前は右手に高さ約六メートルの城壁が大きく外側へ張出ていることから、横矢掛《よこやがか》りは当然ながら、寄せ手に視覚的威圧を与えるのに十分な景観を創り出している。

【細やかな防御体制】　二の郭出入口は二枚の眉石とその間に楔石《くさびいし》を入れる構造のアーチ門となっており、高さ約二・五メートル、幅一・九メートル、奥行き五・五メートルとなっている。この出入口を越えると正面に高さ六～七メートルの切石積の城壁と一の郭の出入口が目の前に現れる。一方でこの出入口から西側には通路状の空間が北西方向に続いているのを見ることができる。右手に一の郭の石積を見上げながら通路状の空間を進入していくと最奥部は袋小路となっている。これは通路と見せかけた空間を二の郭西側に取り付けているものと見られ、おそらく誘導された寄せ手は一の郭からの攻撃にさらされながら、最終的には袋小路に追い込まれ、殲滅《せんめつ》させられるといった状況となる。さらに、最奥部に向かって地形的に漸次下っていることにより、寄せ手が進行方向へと誘導しやすくなっている点や、二の郭出入口付近からは通路を屈曲させて最奥部を隠し

●—座喜味グスク

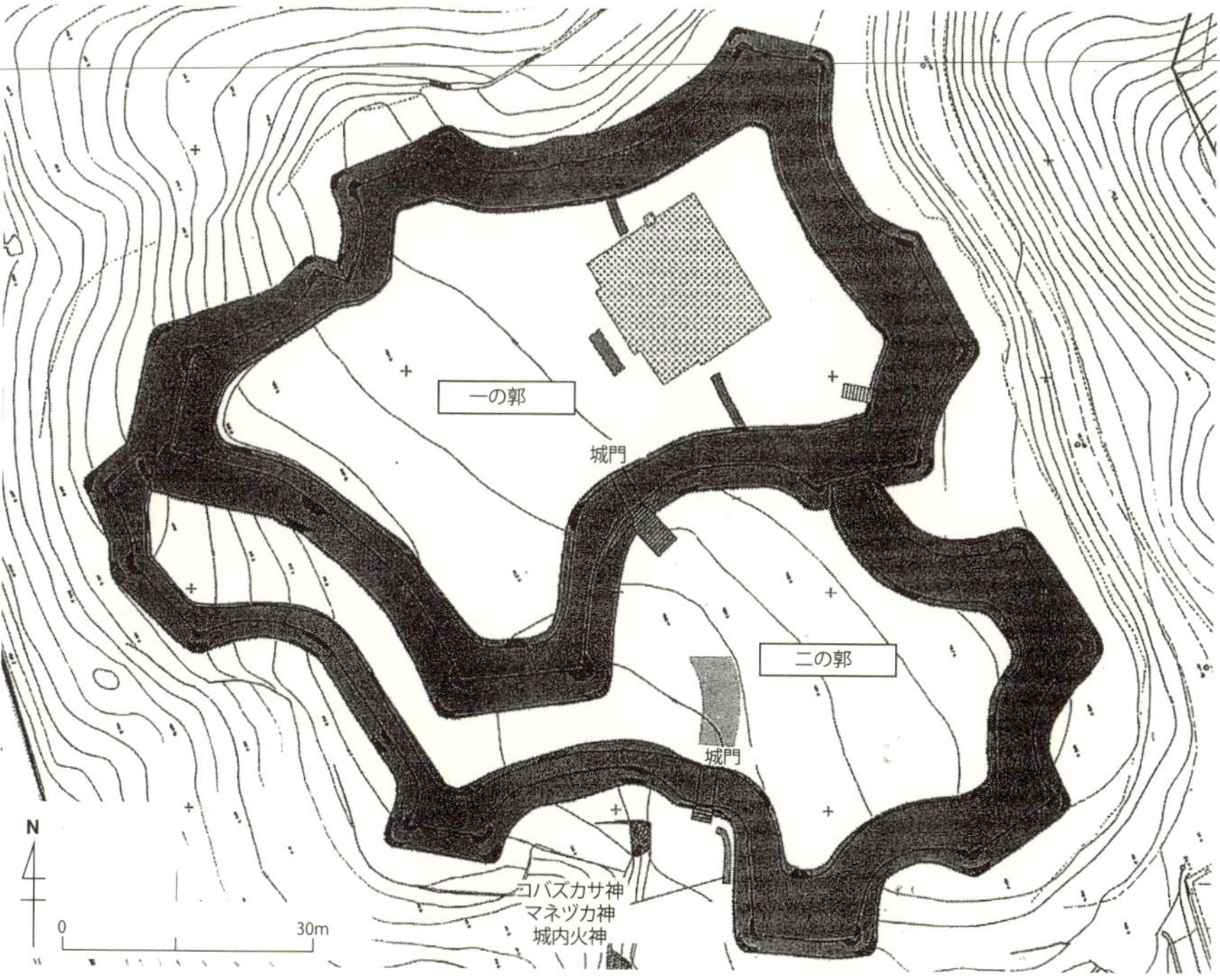

●—座喜味グスク平面概要図（読谷村教育委員会提供）

ている点など、細やかな工夫を垣間見ることができる。
　一の郭の出入口は高さ約二・五メートル、幅一・八メートル、奥行き五・五メートルのアーチ門となっており、二の郭出入口とほぼ同様の規模となっている。この一の郭出入口の南東側へ続く城壁は大きく外に張出ていることから、出入り口前に取り付く寄せ手に対する横矢掛りの効果を狙っている。現在、一の郭内の東側には史跡整備により基壇建物の基礎部分の遺構と礎石を見ることができる。あわせて一八四三年に慶賀使として江戸上りし、無事に帰国したことを記念してグスク内に建てた石柱が一の郭の北側に見ることできる。なお、拝所は当グスク内では見ることができない。

【城壁の構造】　最後に座喜味グスクのもう一つの特徴を挙げると、当グスクは琉球列島にあるグスクの中でも中規模で面積は七三八六平方メートルであるが、うち四六%すなわち三三七三平方メートルが城壁部分の面積が占めていることにあり、他のグスクと比べてもその割合はかなり大きい。全体的に高い石積が構築されていることに伴いその基底部幅は必然的に大きくなり、加えて石積根石は石灰岩岩盤に溝を掘り込んだ中に据えているといった丁寧な基礎事業を行っていることが発掘調査で判明している。城壁上はすべて人が往来できるほどの空間を有しており、先述した全方位からの防御をより可能にさせるため、それぞれの張出への連絡道として、その役割を果たしている。このような全体的な平面プランは一貫した理念の下でプランニングが行われている蓋然性が高い。
　すなわち、他のグスクで見られるように増改築を繰り返して体裁を整えていったということではなく、プランニング案に沿って、短期間に構築されたことが指摘できる。伝承では当グスクを築く際に護佐丸が奄美諸島の住民を徴用して山田グスクから石材を運ばせたとある。遠隔地からも人を集めさせてまでグスク構築を行った状況は、かなりの人員を動員して中規模のグスクを一気に構築したことの証左として引くことができる。以上のように初めから七〇〇〇平方メートルクラスの規模のグスクを構築する意図で築かれたグスクとしてはかなり特徴的であると言える。

【参考文献】　読谷村教育委員会『国指定史跡　座喜味城跡　環境整備事業報告書』（一九八六）、読谷村教育委員会「座喜味城跡　第一・二次遺構発掘調査」『読谷村文化財調査報告』第一集（一九七五）、読谷村教育委員会「座喜味城跡　第三・四次遺構発掘調査」『読谷村文化財調査報告』第四集（一九七八）、読谷村教育委員会「座喜味城跡　第五・六次遺構発掘調査」『読谷村文化財調査報告』第八集（一九八〇）、仲宗根求「座喜味グスク土木建築的技術の系譜」『しまたてぃ』五九号（沖縄しまたて協会、二〇一一）

（山本正昭）

●琉球における屈指の築城技術

中城《なかぐすく》グスク

〔国指定史跡・世界遺産〕

〔所在地〕中城村字泊
〔比　高〕一八メートル
〔分　類〕山城
〔年　代〕一四世紀～一五世紀中葉
〔城　主〕先中城按司、護佐丸
〔交通アクセス〕東陽バス「中城小学校前」下車（国道三二九号沿い）、徒歩二〇分。駐車場有

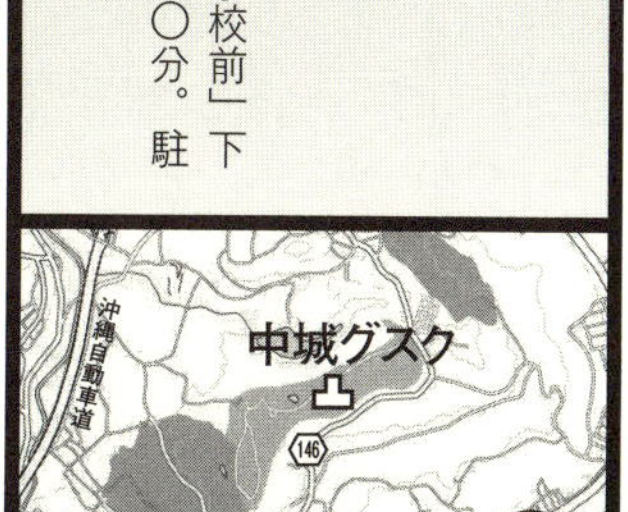

【王都首里を守るグスク】　中城グスクは、中城村《なかぐすくそん》北端の標高一六〇メートルの丘陵上に位置しており、東には神の島とされる久高島《くだかじま》や太平洋、西は宜野湾《ぎのわん》市や東シナ海、北は勝連《かつれん》半島から読谷《よみたん》村方面、南は知念《ちねん》半島から浦添《うらそえ》市方面までを望むことのできる眺望の地に築かれている。

　グスクの創建年は不明だが、一四世紀に先中城《さちなかぐすく》按司《あじ》（姓名不詳）の一族がグスクの基礎を築いたとされている。一四四〇年、琉球国王の命により勝連グスク城主の阿麻和利《あまわり》に対する備えとして護佐丸《ごさまる》が座喜味《ざきみ》グスクから中城グスクに移封され、一四五八年に護佐丸が滅ぼされるまでの間に、北の郭と三の郭を増築している。この頃が、中城グスクの最盛期となっている。その後、中城の地は琉球国王の世継である中《なか》城《ぐすく》王子《おうじ》の領地となるが、一五世紀後半から一七世紀にかけてのグスクの使用状況については記録がないため詳細は不明となっている。しかし、出土遺物などからこの時期も継続して使用されていたことが判明している。一七二九年になると一の郭内に番所《ばんじゅ》（地域の行政拠点）が置かれ、一九〇八年番所は役場に改められ、一九四五年の沖縄戦で役場の建物が焼失するまでの間、グスクは地域行政の中心地として使用された。

　沖縄戦ではほとんど被害を受けなかったこともあり、現在に至るまで築城当時の姿をほぼ残している。二〇〇〇年、「琉球王国のグスク及び関連遺産群」の資産のひとつとして、世界文化遺産に登録された。

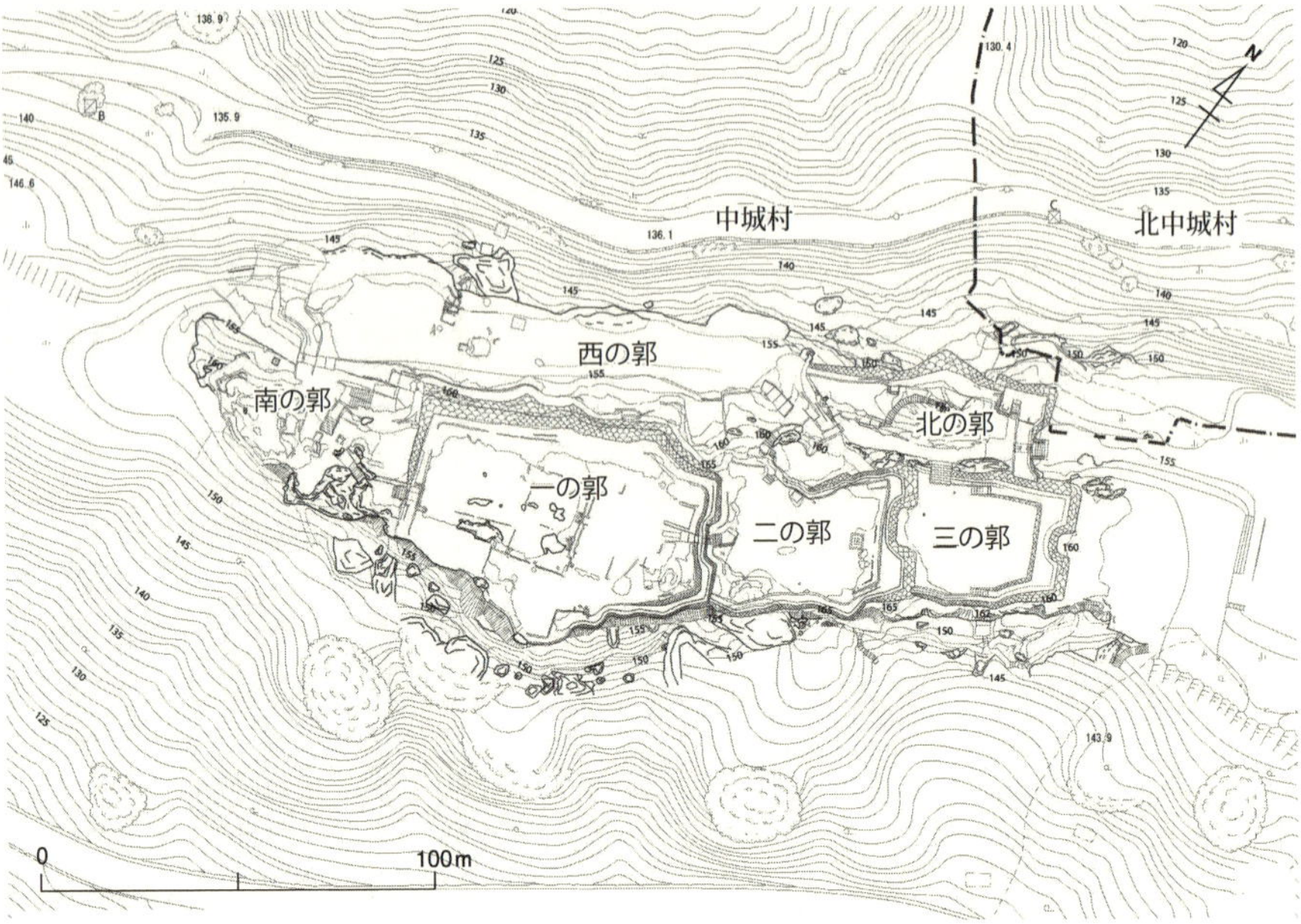

●—中城城跡平面図（「中城城跡」発掘調査報告書　2016年）

【中城グスクの構造】　中城グスクは、六つの郭を連梯式《れんていしき》に配した総石垣造りの山城となっている。規模としては、最長二五〇メートル、最大幅八三メートルと、県内のグスクでは大型グスクに分類される。城郭は丘陵の尾根上に築かれており、東側は一五メートル程の切り立った崖、西側は四メートル程の崖と急斜面となっている。外部へとつながる城門は尾根筋にあり、西の郭に正門（大手）、北の郭に裏門（搦手《からめて》）が設けられている。

　城壁は琉球石灰岩の切石《きりいし》による石塁《せきるい》となっており、地形に沿って造られていることから美しい曲線を描いている。もっとも高い城壁は一の郭の北側に設けられた城壁で、上部が崩れてはいるが、高さ一三メートルが現存している。城壁の上部には胸壁《きょうへき》や武者走りが設けられており、石塁の上部がグスクの防御線となっている。南の郭・西の郭・北の郭の胸壁には狭間《さま》が設けられており、明《みん》からもたらされた火器「火矢《ひやー》」が使用されていたのではないかという説があるが、現在のところ定かではない。また、一の郭・二の郭・三の郭では東側の城壁の一部が、見張りや横矢がけを行うための防御施設として外に向けて張り出しているのを見ることができる。

　石積手法を見ると、先中城按司が築いたとされる一の郭・二の郭・南の郭・西の郭は「布積《ぬのづみ》」が主体となっており、部分的ではあるが南の郭などで岩盤の隙間をうめた「野面積《のづらづみ》」

●—中城城跡 連梯式配置状況

●—中城城跡二の郭 城壁の曲線と眺望

も見ることができる。護佐丸が築いた三の郭・北の郭に関しては、グスクの石積手法としてはもっとも発達した、「相方《あいかた》積《づみ》」で築かれている。三の郭は別名「ミーグスク（新城）」とも呼ばれており、護佐丸が増築を行ったさいに奄美群島の与論島や喜界島などから労働力を徴用したという伝承も残されている。

【護佐丸・阿麻和利の乱】　一四世紀の沖縄本島では北山《ほくざん》・中山《ちゅうざん》・南山《なんざん》の三勢力が分立していたが、中山の尚巴志《しょうはし》が一四一六年に北山、一四二九年に南山を滅して琉球王国が誕生する。しかし、その琉球王国も誕生してからしばらくの間は、基盤が盤石なものではなかった。そのような時期、勝連グスク城主の阿麻和利が勝連半島を中心に勢力を拡大してきており王権も脅かされつつあったため、一四四〇年に王命により座喜味グスク城主の護佐丸が、阿麻和利に対する抑えとして中城グスクに移封された。王座を狙う阿麻和利にとって護佐丸は一番の障壁となっており、最初に排除せねばならない相手であった。護佐丸は、阿麻和利に備えるため城郭の増築や兵馬の訓練などを行っており、阿麻和利はそれを逆手に取って、国王に対し護佐丸が謀反を企てており兵馬の訓練を行っていると讒言《ざんげん》を行い、それを信じた王は阿麻和利を総大将とした王府軍を中城グスクに差し向ける。護佐丸は、阿麻和利の策略にはめられたことを悟るが、王府軍に刃向うことはできないとして乳飲み子の三男盛親《もりちか》だけを逃がして、家族もろとも自害して果てた。その後、阿麻和利の策略は王の知るところとなり、阿麻和利も滅ぼされてしまう。

以上が琉球史上、有名な「護佐丸・阿麻和利の乱」の概要である。護佐丸・阿麻和利の乱の詳細については諸説あり明確ではないが、この乱により王に対抗できる勢力がなくなり、それ以降の王権が安定したものとなっていく。

（渡久地　真）

【参考文献】「中城村史」第二巻（一九九一）、曽根信一『護佐丸について、琉球国時代に書かれた文書資料』「読谷村立歴史民俗資料館紀要」（読谷村教育委員会、一九九五）

●琉球国王に最後まで抵抗した城

勝《かつ》連《れん》グスク

〔国指定史跡・世界遺産〕

〔所在地〕うるま市勝連南風原
〔比　高〕三八メートル（標高九八メートル）
〔分　類〕平山城
〔年　代〕一三世紀頃築城　一四五八年廃城
〔城　主〕阿麻和利《あまわり》（一〇代目）
〔交通アクセス〕沖縄バス屋慶名線、那覇バスターミナルから約九〇分。「西原」下車、徒歩約一〇分。

【五つの郭】　勝連城は、沖縄本島中部の太平洋側に面した東海岸の丘陵地に築かれている。崖地形と谷地形がたくみに利用され、北西側の最高部の一の郭から二・三・四の郭と各平場が階段状に低くなり、南東側の東の郭でふたたび高くなる構造である。最高所である一の郭には大和系《やまとけい》と呼ばれる灰色瓦で葺《ふ》かれた建物があったことがわかっている。出土する遺物等から宝物庫のような建物であったことが想定される。

二の郭には幅一七《メートル》、奥行き一四・五《メートル》の礎石建ちの殿舎があったことがわかっており、この建物は政治的な表舞台を演出する施設であったと考えられる。二の郭と階段でつながる三の郭は、広場になっており儀式などで使用された空間であるとみられる。この殿舎前に広場（御庭《うなー》）がある形式は首里《しゅり》城とも共通する。

一番広い四の郭には、外部に通じる二つの門（南風原御門《はえばるうじょう》・西原御門《にしはらうじょう》）があったことがわかっている。また郭内には、貴重な水場《みずば》である井戸が五ヵ所ある。井戸の一部では、食物残滓《ざんし》が多く出土する箇所もあり、生活空間として機能していたと考えられる。さらに、近年の調査では、直線的に数十《メートル》並ぶ大きな石が発見されており、二の郭同様な礎石建物があったと考えられる。その石の並ぶ方角も二の郭と同じであることから、建物が計画的に造られたことがうかがえる。

谷地形である四の郭の反対側の丘陵部には、東の郭がある。四の郭の水場を守るために軍事的に重要な場所で、城壁の外側にも堀切とみられる防御のための遺構も発見されてい

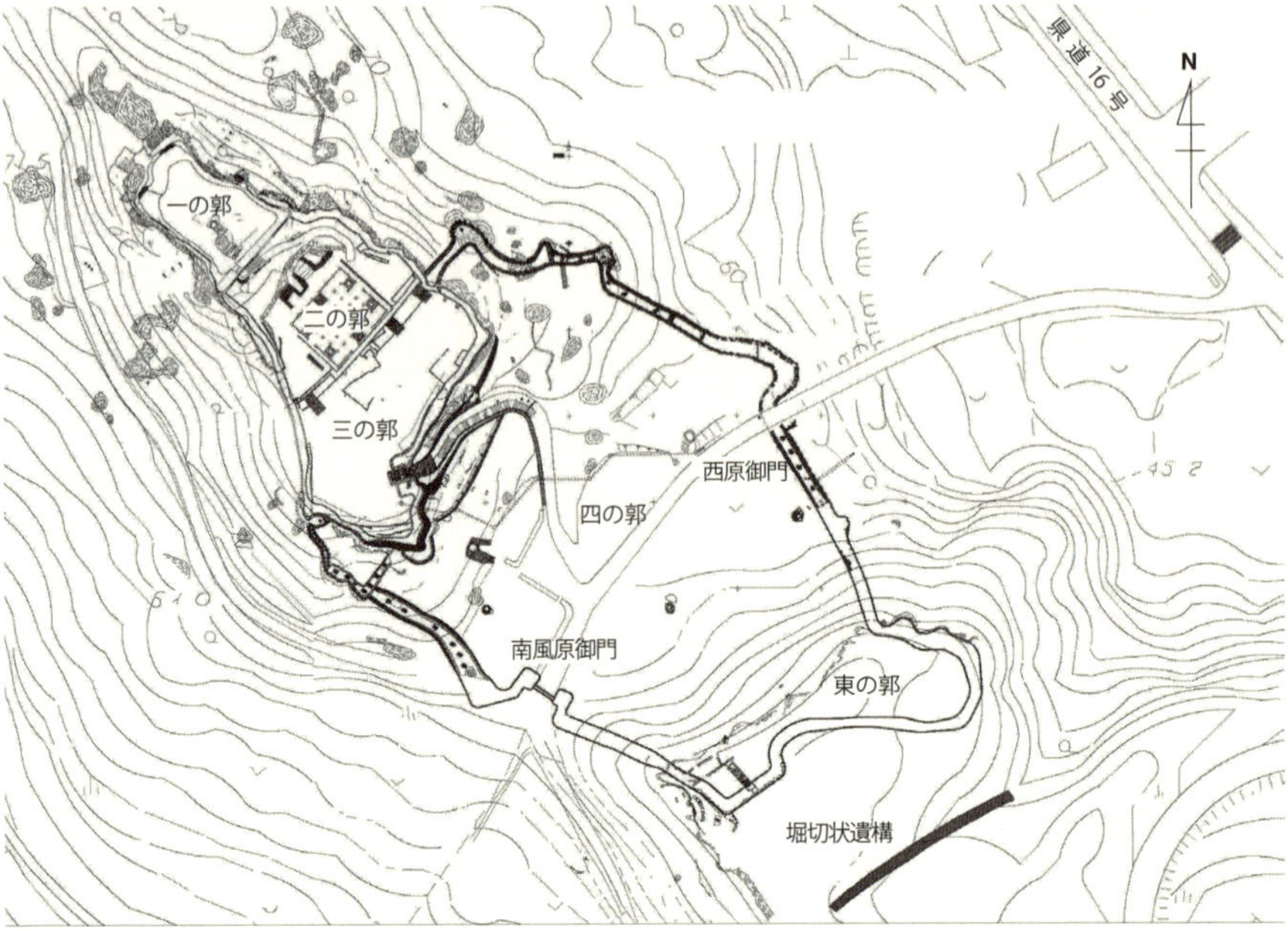

●―縄張図（うるま市教育委員会提供）

●―四の郭礎石遺構（うるま市教育委員会提供）

る。

【海外貿易】　これまでの発掘調査の結果、中国製輸入陶磁器を中心として、タイ・ベトナム・朝鮮・日本の多くの遺物が出土している。特に中国製の元青花《げんせいか》と呼ばれる焼物が数多く出土していることから、海外貿易が活発で、かなりの勢力であったことがうかがえる。

四の郭南側には、南風原御門と呼ばれる門があり、南に下ると南風原集落、そして海外貿易の玄関口である港があった。沖縄の古謡《こよう》『おもろさうし』にも勝連が日本の京都や鎌倉にたとえられており、その繁栄ぶりがうかがえる。

近年の調査においてローマ帝国期やオスマン帝国期のもの

●―空中写真（北東側より）（うるま市教育委員会提供）

とみられるコインが出土している。どのような状況で持ち込まれたか不明で、年代もまだわかっていないが、勝連城《ぐすく》に関わる何らかの人物が西洋世界と接点をもって東アジアのどこかで入手したと考えられ、勝連城の交易の広さを示す資料といえる。

【按司の系譜】 城は、沖縄貝塚時代後期末（古墳〜平安時代末）より古代人の生活の場として継続的に利用され、一三世紀頃より城塞として整備されていったと考えられる。伝承によると、初代城主は浦添《うらそえ》城英祖王《えいそおう》系二代目の大成王《たいせいおう》（一三〇〇—〇八）の五男（勝連按司）であったと伝えられる。その後、六代伊波按司《いはあじ》、七・八代浜川《はまがわ》按司と替わっていく。

九代目に就いた茂知附《もちづき》按司が圧政を敷き酒に溺れたことから、領民に信頼の厚い加那《かな》（のちの阿麻和利《あまわり》）によって倒される。若くして勝連の按司となった阿麻和利は、領民から慕われ、海外貿易によってますます力をつけていく。

【護佐丸・阿麻和利の乱】 時の琉球国王尚泰久《しょうたいきゅう》は、阿麻和利に脅威をもち、自分の娘百度踏揚《ももとふみあがり》を嫁がせる。また、勝連城と首里城の間に位置する中城城に王府の重臣である護佐《ごさ》丸《まる》を配して備えた。しかし、一四五八年勢力拡大を目指した阿麻和利は、中城城の護佐丸を倒し、その勢いで首里城を攻めるが大敗する。その後、大城賢雄《おおしろけんゆう》（鬼大城《うにうふぐすく》）を総大将とす

●—三の郭（うるま市教育委員会提供）

る首里軍に勝連城は攻められ落城し、阿麻和利も討ち滅ばされる。この乱で有力按司（豪族）であった護佐丸・阿麻和利が滅んだことにより、王府に抵抗できる勢力がなくなり、王権が安定していく。

勝連城は落城後、廃城となるが一七世紀頃まで祭祀の場や何らかの形で利用されたとみられる。一七二六年に城下にある南風原集落が移動すると、荒廃していったが、城の石垣は明治時代頃までは良く残っていたようである。大正時代以降、海岸整備工事や建築用資材として城壁の石材が利用され、石垣が喪失してしまった。

一九六四年から発掘調査が始まり、一九七二年に国の史跡に指定され、整備事業が進められている。二〇〇〇年には「琉球王国のグスク及び関連遺産群」の構成資産の一つとして世界文化遺産に登録された。

【参考文献】「勝連村誌」（勝連村、一九六六）、横尾昌樹『勝連城跡の整備における現状と課題』「遺跡学研究」第一三号（日本遺跡学会、二〇一六）

（宮城伸一）

●自然地形を利用した輪郭式のグスク

安慶名《あげな》グスク

〔国指定史跡〕

〔所在地〕うるま市安慶名
〔比　高〕約二〇メートル
〔分　類〕山城
〔年　代〕一四世紀頃
〔城　主〕大川按司
〔交通アクセス〕沖縄バス「旧安慶名」下車、徒歩五分。

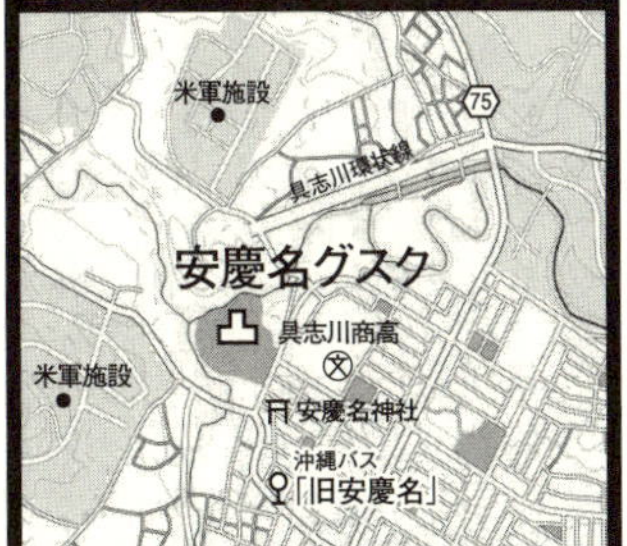

【大川按司の拠点】　沖縄島中部東海岸の天願川に近い、標高四九メートル琉球石灰岩の独立丘陵に位置するグスクである。別名を大川グスクともいう。面積約八〇〇〇平方メートル。伝承によると大川《おおかわ》按司《あじ》が一四世紀頃により築かれたとされる。大川按司は近隣の伊波グスクの伊波按司の子と伝えられ、次男は屋良グスク、三男は喜屋武グスクに配置したとされるが、同時代史料がなく詳細は不明である。グスクは一六世紀の尚真王代に廃城になったという。『おもろさうし』には「安慶名の杜に／島鎮め鳴る子／島鎮め按司添い　みおやせ」とあり、島を鎮め治める安慶名の按司を称えたオモロが確認できる。ある伝承では安慶名按司は首里王府の軍勢の攻撃を受けたとされ、安慶名勢は防戦するが水源の大川への供給路を断たれ降伏したともいう。

【自然の岩を利用した門】　グスクの構造は自然の石灰岩を巧みに利用した特徴的な造りである。石灰岩の丘陵全体を取り囲む形で二重の輪郭式のグスクとなっており、沖縄島でこの形状はここが唯一である。石積は野面《のづら》積と要所に布積で築かれており、その高さは二メートルから一〇メートルの高さにのぼる。入口は南側の坂道を登った中腹にあり、岸壁に沿った階段から内郭の門まで至る。途中には崖下を利用した通称按司墓があり、洞窟状のくぼみを切石でふさいで墓としている。進路は一度Uターンをするように折り返し、内郭の門まで到達する。ここには自然の岩盤に洞窟状の穴が開いており、その自然地形を残しつつ、そのすき間に切石をはめこみ、不定形な

●—石垣全体

●—城門

がら門として利用している。奥行は約五メートルあり、岸壁には木造の扉を取り付けるためのほぞ穴が掘られている。そこから推定すると幅九一センチ、高さが一六〇センチの板門であったと考えられている。自然の岩盤を利用する形式は玉城グスク一の郭の門に近い。

外郭にはほとんど利用できる広さの空間がないのに対し、内郭は広い平場となっている。門の上方には伊波グスクと今帰仁グスクへの遥拝所があり、また「グスク嶽（神名：クニツカサノ御イベ）」と呼ばれる御嶽も存在する。本格的な発掘調査は未実施だが、一四世紀〜一五世紀頃の中国陶磁器片が表面採取されている。付近の天願川《てんがんがわ》は後の万暦四三年（一六一五）、王府役人の津堅盛則により日本との交易港として整備が試みられたこともあり（『球陽』）、海外の交易船の一拠点としての条件もある程度、備えていたことがうかがえる。安慶名グスクとの立地との関係も注目される。

【城壁に空いた二つの「穴」】　内郭北西側の石積には一ヵ所の穴が確認されている。従来はこれを矢狭間《やざま》や銃眼と解釈していた。しかし穴の奥行きは約二メートル七〇センチもあり、矢や火砲を撃つにして実用的な施設なのか疑問が残る。注目すべき点は、この穴の方角が東西方向にほぼ一致している事実である。また最近、同じく内郭北側の石積からは、南北方向にほぼ一致する穴も新たに確認された。つまり安慶名グスクには東西・南北の二方向に合わせるかたちで二つの穴が設置されていたことになる。

他のグスクに現存する城壁の穴でも、安慶名《あげな》グスク同様の事例が確認できる。中城グスク北の郭の穴は南北方向に一致する。また南の郭の穴三つのうち、その一つと正門横の穴が東西方向に一致し、残りの穴もわずかにずれているが、ほぼ東西方向を向いている。安慶名・中城二つの別のグスクで穴の向きがほぼすべて東西、南北方向に一致した事実は、これらが偶然の産物ではなく、明らかにその方位を意識して築かれたことを示している。少なくとも両グスクの穴が軍事的な目的で作られた可能性は低いのではないか。

【グスクと「太陽の穴」】　ここで想起されるのが、グスクの門と太陽の向きとの関係である。玉城グスクの城門の向きが夏至の日の出の方向に一致する事実は比較的知られているが、さらに糸数グスク、知念グスク、中城グスクの城門、座喜味グスク建物跡、勝連グスクの西原門の向きが夏至の日の出に一致することが判明している。古琉球の歌謡集『おもろさうし』には、グスクの門を「てだが穴」、すなわち太陽の出現する穴にたとえ、聖なる地・東方とのつながりを謡うオモロも存在する。ここからグスクの「穴」と方角の関係も類

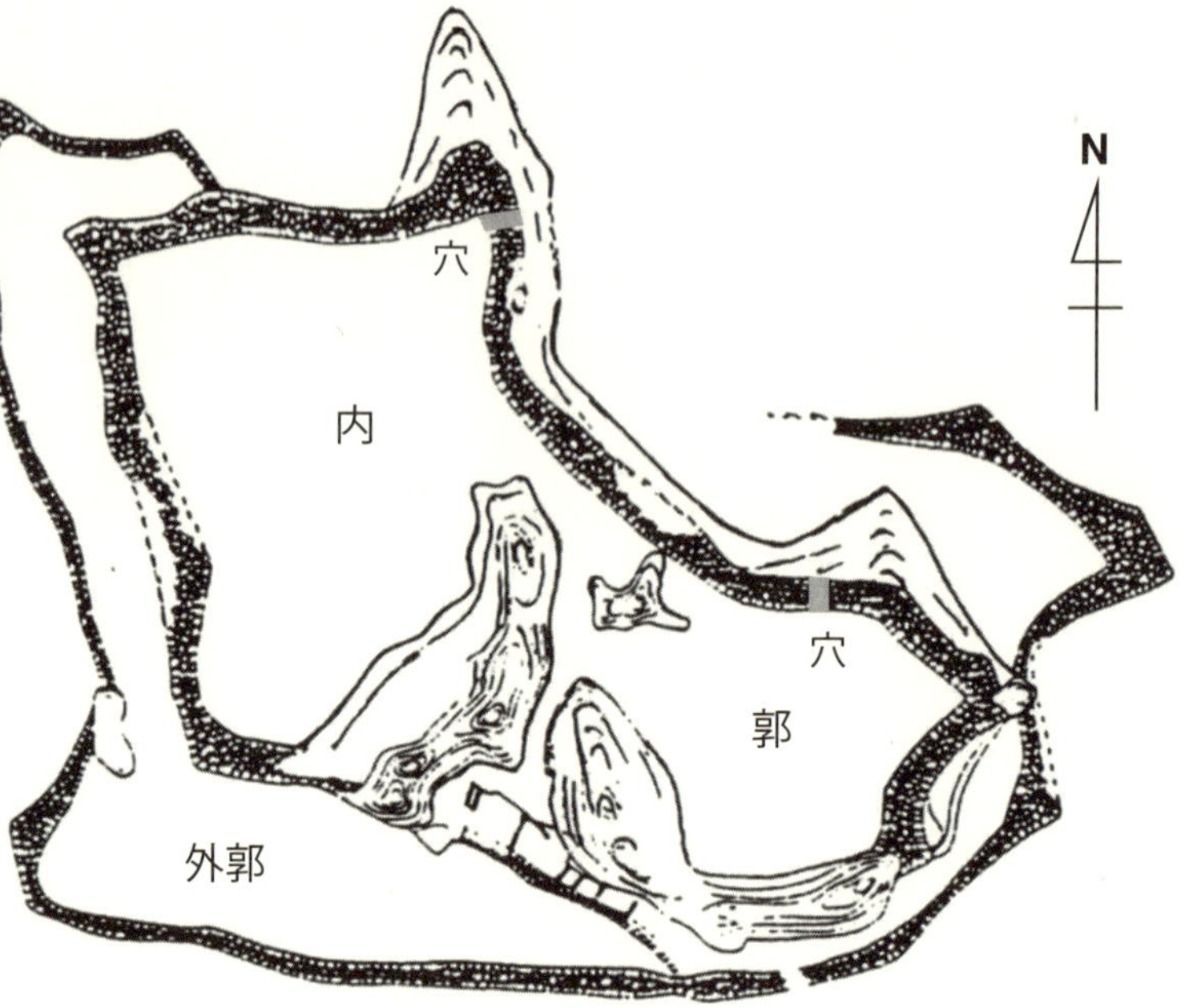

●―周辺図（うるま市教育委員会提供）

推することができるのではないだろうか。

沖縄の古い世界観の内面には洞窟のイメージが横たわっていると指摘されている（高良倉吉「洞穴の世界観」）。沖縄の自然環境、石灰岩地域に無数に存在する洞穴を抽象化した観念があり、洞窟を暗示するのがアーチ型の門だという。グスク城壁の穴もアーチ門と同様に、古琉球の世界観にもとづき設置された、何らかの宗教的用途を持っていた可能性を考えることができる。安慶名グスクはグスクの性格を考察するうえで重要な手がかりを得られるグスクである。

【参考文献】新城徳祐『沖縄の城跡』（新報出版、一九八二）、玉城村教育委員会『玉城城跡整備実施計画報告書』（二〇〇五）

（上里隆史）

●伊波按司が築いた石積のグスク

伊《い》波《は》グスク

〈県指定史跡〉

〈所在地〉うるま市石川伊波
〈比　高〉八七メートル
〈分　類〉平山城
〈年　代〉一四～一五世紀
〈城　主〉伊波按司
〈交通アクセス〉沖縄バス「山城入口」下車、徒歩二〇分。グスク近辺に駐車場有り

【見張りとしてのグスク】　同グスクは金武湾《きんわん》の最奥部にあるうるま市石川の西側に広がる低丘陵地帯の一角に立地している。平面プランは崖端の一画を東西南に高さ一～二・五メートルの石積《いしづみ》を配置し、さらにその内部でも最高所となる東端①に低い石積を配置している。最高所にある石積は高さ〇・五～一メートルほどで円形状に囲われている。その中央には拝所を現在見ることができる。この拝所は『琉球国由来記』に記される「城内の殿」に比定される。さらにその東側には「中城森之殿」と呼ばれる拝所がある。これらの拝所が見られる円形の石積囲一帯は、石灰岩が露頭しており、平場も見られるがかなり狭小である。また、ここから金武《きん》湾越しに勝連半島から平安座《へんざ》島、宮城《みやざ》島、伊計《いけい》島といった、沖縄本島東海岸の島々を一望できることから、見張りとしての空間であったことが想定される。

【全体構造】　もっとも外側に配置されている石積は野面積《のづら》であるが、東側②は粗割の石材を組んだやや技巧的な石積を見ることができる。この最外郭の石積は平面プランにおいて、略方形となっているが、石灰岩の段差が見られる縁辺部に石積を配置していることから、石積ラインとしては細やかな蛇行が見られる。

　また、これら石積は西側に二ヵ所、東側に一ヵ所、計三ヵ所において途切れており、そこが出入口として現在も使われている。この三ヵ所の出入口すべて、屈曲等が見られない単純な構造となるが、西側の拝所へ至る道が取り付く出入口③

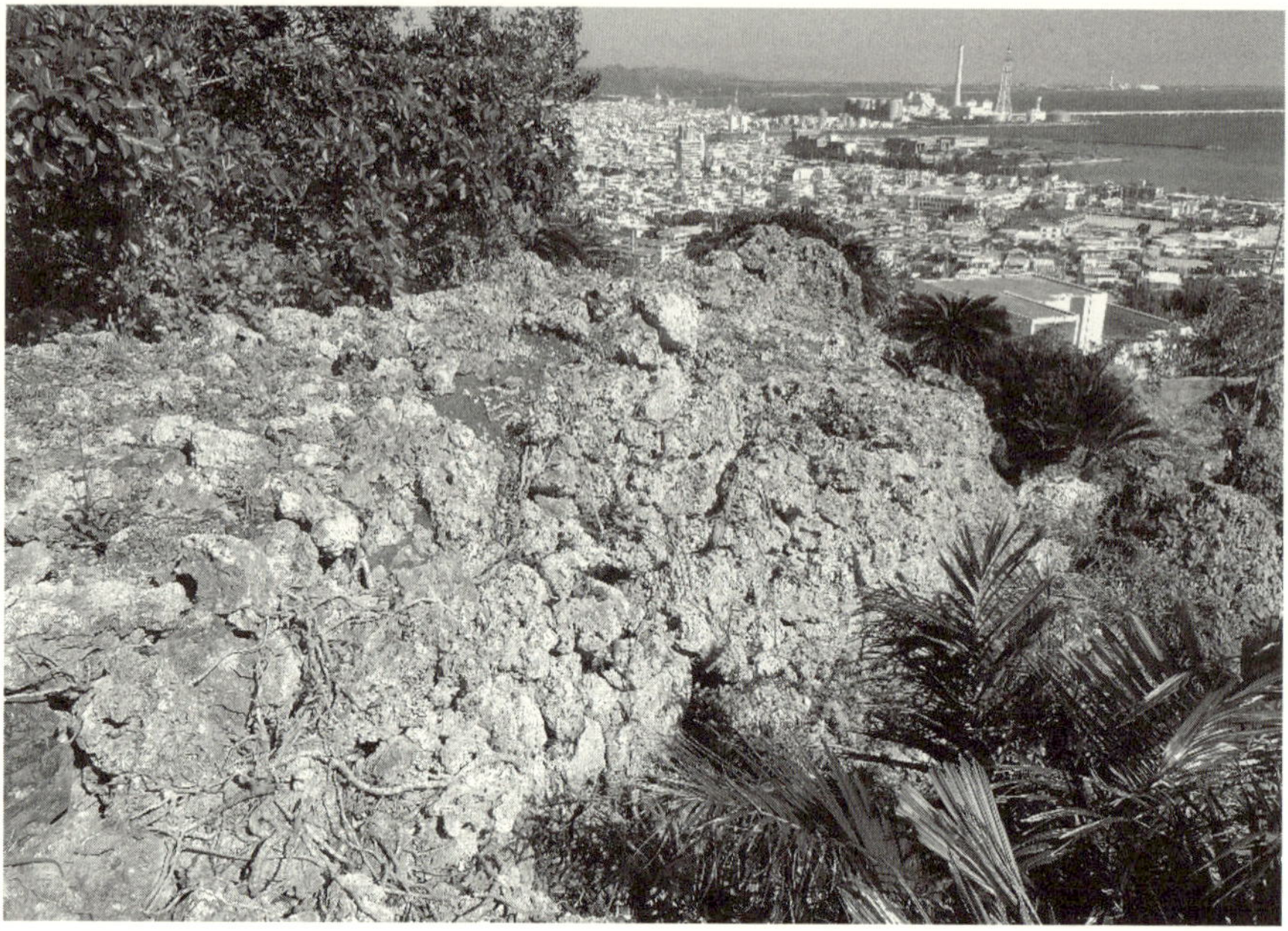

●—伊波グスク石積

では、そのすぐ北西側の城壁がグスクの外側へ張り出している。これは出入口前に取り付く寄せ手に対して側面攻撃を行うための張り出しであると思われる。この石積の内側④はグスク内でもっとも面積を有する平場となっており、過去に遺跡確認を目的とした発掘調査で多数の柱穴が検出され、青磁、青花といった中国産陶磁器や褐釉《かつゆう》陶器、グスク土器、銭貨、獣骨等の、一四〜一五世紀前半にかけての遺物が大量に出土している。これらのことから、この平場一帯が居住域であったことが窺われる。

【築城の経緯】 伊波グスクを築いたと云われる伊波按司《いはあじ》は一三二二年、山北《ざんほく》王に滅ぼされた今帰仁《なきじん》世の主の系統とされ、恩納《おんな》村の山田按司、読谷《よんたん》村の大湾按司、うるま市の安慶名《あげな》按司、勝連按司、沖縄市の越来《ごえく》按司、中城村の中城按司を伊波按司の一族で占めるほどの勢力を有していたとされている。一四一六年に中山が山北を滅ぼしているが、伊波按司ならびにその一族がかつての仇敵を討つため、思紹《ししょう》、尚巴志《しょうはし》父子に山北進攻の進言をしたのが契機とされている。

伊波按司は五代目となる伊波親雲上仲賢が一五〇〇年前後に首里へ移って以降、拝所としての機能以外は廃絶することになった。

グスクの周辺においては南側に丘陵尾根が続いており、グ

●―伊波グスク平面概要図（作図：山本正昭）

スクに隣接して比較的広い平場⑤が見られる。この場所は馬場があったとされている一方で、伊波後原《いはくしばる》遺跡と呼ばれるグスク時代の遺跡が所在している場所でもある。この伊波後原遺跡は伊波グスクが城として機能していた時期に集落として存在していることが発掘調査成果から明らかにされている。また、この遺跡からは鍛冶《かじ》関連の遺物が出土していることからも、金属製品の製作を背景にした按司の権力を垣間見ることができる。他にはグスクの西側には伊波仲賢が弓矢で射ち落としたとする岩を見ることができる。

【参考文献】当真嗣一「石川市伊波後原遺跡調査概報」『南島考古』第四号、うるま市教育委員会（沖縄考古学会　一九七五）、石川市教育委員会「伊波城跡」『石川市文化財調査報告書』第五集（二〇〇三）、石川市教育委員会「伊波丘陵周辺遺跡分布調査」『石川市文化財調査報告書』第六集（二〇〇四）

（山本正昭）

●巨大な平場を持つグスク

伊《い》計《けい》グスク

〈所在地〉うるま市伊計
〈比　高〉四九メートル
〈分　類〉平山城
〈年　代〉一三世紀～一五世紀
〈城　主〉アタヘ筑登之
〈交通アクセス〉うるま市有償バス「伊計ビーチ前」下車、徒歩約一〇分。グスク近辺に駐車場有り

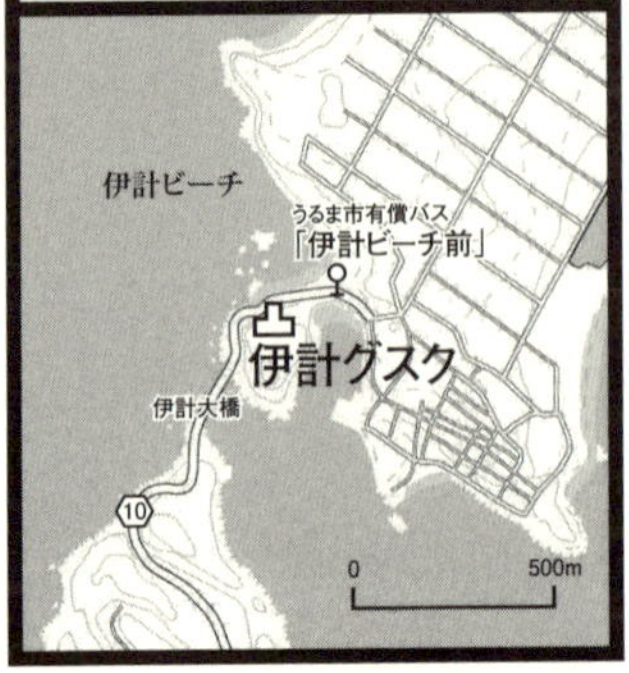

【伊計島と宮城島を抑える】　沖縄本島からほど近い周囲約四キロの離島である伊計島《いけいじま》はその南端に標高四九メートルの独立丘陵を見ることができる。その丘陵上からは宮城《みやぎ》島とこの島を結ぶ伊計大橋からすぐ東側の眼下に臨むことができ、両島間の航行を押さえるうえで絶好の場所に位置している。そして、丘陵の頂上一帯に当グスクが立地しており、「イチーグスク」とも呼ばれている。

【構造と平場】　全体の平面プランとしては東側①が最高所となり、平場が見られ、拝所が四カ所で見ることができる。この平場の南側②には土留め状の野面《のづら》の石積《いしづみ》を見ることができる。その東側③には雛壇状に狭小な平場を複数確認することができる。さらに南西側④は石灰岩が露頭した自然地形となっており、一部石灰岩が切れて崖下へ続く道⑤が見られる。当グスクで最下部に展開する平場はグスク全体における約六割の面積を占めている。

　とくに区画施設などは見られない広大な平場⑥で、太平洋戦時には畑地として利用されていたと言われ、塹壕《ざんごう》状の窪みが平場内で散見することができる。この平場へ取り付く出入口⑦は北側の緩傾斜が続く部分で、外側は南側に湾入するような地形となっている。当グスクが立地する丘陵の斜面の大半が石灰岩の急崖となり、この出入口周辺のみ登坂が可能となっている。また、この出入口の両脇には高さ一メートル、幅一メートルほどの石積が約四〇メートルにわたって、斜面縁辺部に沿って東西方向に配置されているのを見ることができる。石積は野面積

と規模は小さいが出入口前の進入路⑧に対して横矢掛《よこやがか》りが有効な配置となっている。

そして、この出入口下方に小さな砂浜⑨が形成されており、かつてはこの周辺からグスク土器や中国産陶磁器、カム

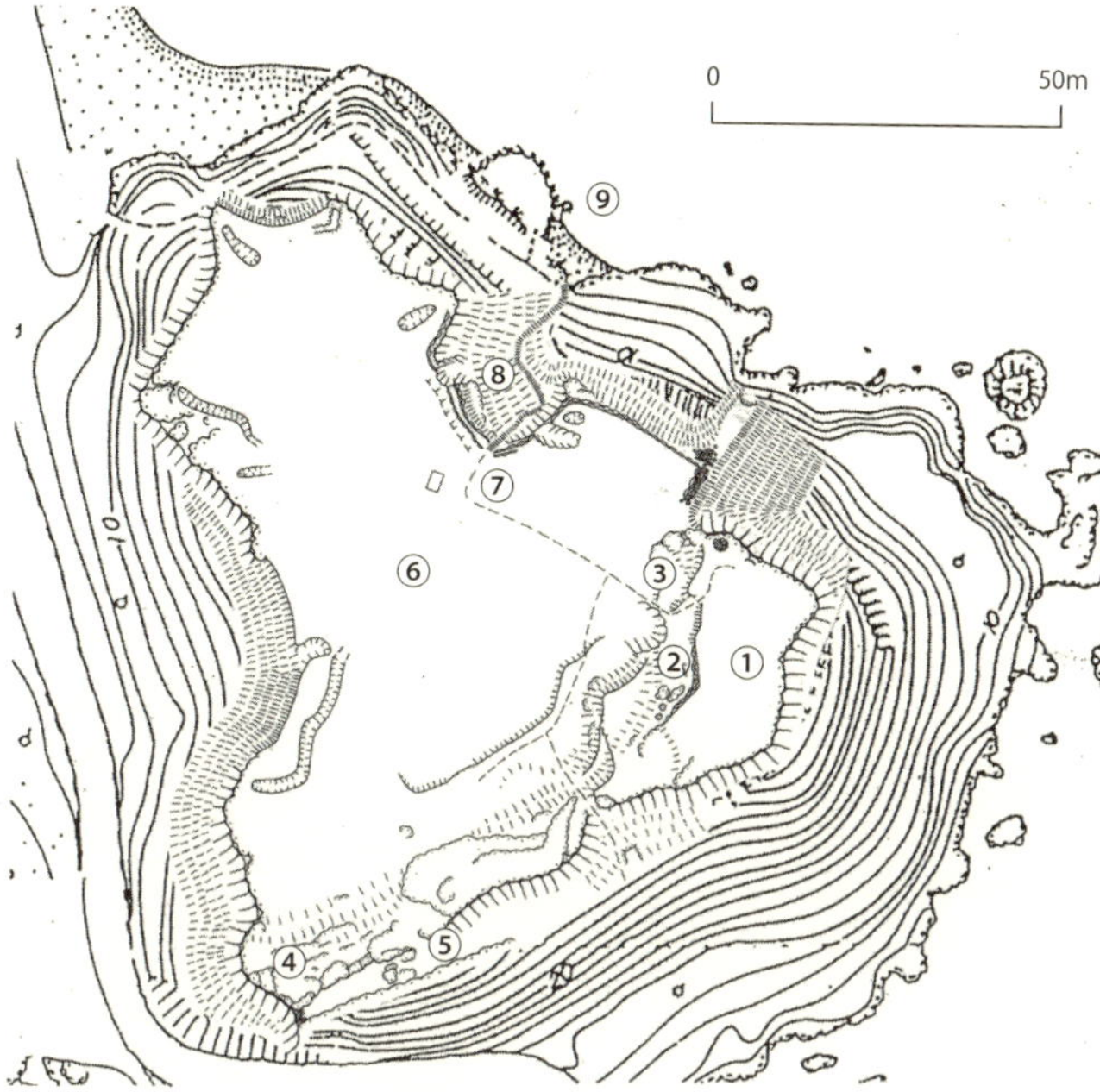

●—伊計グスク平面概要図（作図：山本正昭）

イヤキ等を表採することができた。これらの遺物は主に一四〜一五世紀に比定することができる。

【大規模な平場は何か】　総面積は四万四〇〇〇平方《メートル》と琉球列島のグスクの中でも有数の規模を有する。しかし、内部は雛壇状の小平場と広大な平場が末広がりに展開するのみで、とくに空間を仕切る、もしくは誘導させるような区画施設は見られない。また、小規模な石積を出入口のみに配置させていることも、攻防の要所を固めるための石積と言った、かなり限定的な機能となっている。このように大規模なグスクに匹敵する面積を有しながら単純な縄張であるグスクと評価することができる。とくに広大な平場については約三万平方《メートル》にもおよぶことから、首長の居住空間とするより、複数の世帯が居住する空間、すなわち集落空間として想定することができる。

また、最頂部の平場については三〇〇〇平方《メートル》ほどであることからここを首長が居住する空間、もしくは拝所が見られることから集落の共有空間として充てられていたことも想定される。このような広大な空間の外縁部の出入口にのみ石積を配置させ、防御性を高めていることは集落空間も含み込む空間を防御するといった意図を読み取ることができる。首長が居住するような一定空間のみ石積で囲繞《いじょう》する、もしくは

それを核として附属的な石積囲いを配置させていくような、一般的なグスクの平面プランとは大きく異なっていると言える。

文献史料では『海東諸国記』所収「琉球國之図」に「池具足城」が当グスクに比定される以外には、とくに他の資料では見ることができない。また、当グスクの主である「アタへ筑登之《ちくどぅん》」が泊《とまり》グスクの主である「川端イッパー」と争い、奇計を用いて泊グスクを落としたという伝承が見られるのみである。

その全体プランから、グスクと集落との関係性を考えていくうえで興味深いグスクであると言える。

【参考文献】新城徳祐『沖縄の城跡』（緑と生活社、一九八二）、与那城村教育委員会「与那城村の遺跡」『与那城村文化財調査報告書』第一集（一九八八）、山本正昭「伊計グスクの縄張りと表採資料について」『中世城郭研究』第一六号（郵政城郭研究会、二〇〇二）

（山本正昭）

●二人の国王を輩出したグスク

越《ごえ》来《く》グスク

〔所在地〕沖縄市城前町
〔比　高〕約八メートル
〔分　類〕山城
〔年　代〕築城不明～一六世紀頃まで
〔城　主〕越来按司、尚泰久、大城賢雄、尚宣威
〔交通アクセス〕コザ十字路から徒歩五分。

【越来グスクの位置】　越来グスクは、沖縄市コザ十字路から約二〇〇メートル、標高八〇メートルほどの小高い丘に立地している。当時の地形が残る丘の上は住宅地となっており、丘の麓は戦後になって五、六メートル削られ、城前公園となっている。その一角に越来グスクの拝所がある。

グスクの痕跡を示すような石積が発見されておらず、地上の様子からは、グスクの面影を見ることはできない。

【文献、伝承に見るグスクの消長】　文献上、初めて越来グスクが確認できるのは『海東諸国紀』（一四七一年編集）所収の「琉球国之図」（一四五三年作成）であり、「五欲城」として登場する。また一六一三年編纂の『おもろさうし』にも「ごゑくもりぐすく」とうたわれている。

越来グスクの城主については、琉球王国が成立する以前に、伊波按司《いはあじ》にまつわる言い伝えがある。一三二二年、今帰《なき》仁《じん》グスクにおいて、中北山系の北山城主が、後北山王の怕尼《はに》芝《じ》に滅ぼされたうちの一人が民衆におされて伊波按司となり、その後、家族や親戚を周りのグスクに住まわせる中で、越来グスクに越来按司をおいたといわれている。『明実録』によると、一三九一年に中山王の使者として「嵬谷結致」、一四二七年に同じく「魏古渥制」との記載があり、それぞれ越来按司をさしていると考えられている。

琉球王国の成立後は、第一尚氏第六代目の王となる尚泰《しょうたい》久《きゅう》が、王子時代に居城したといわれている。第二尚氏の尚円も、尚泰久に仕えていたので、越来グスクにいたといわれ

●—遠景（沖縄市立郷土博物館提供）

る。また、勝連グスクの阿麻和利《あまわり》を討った鬼大城《うにうふぐしく》は、その功績により越来間切の総地頭職となり、越来グスクに居城したと伝えられている。

その後、第二尚氏第二代目の王である尚宣威《しょうせんい》も越来グスクに居城していたという。

一五二三年以降、尚真王の中央集権政策により、越来グスクから政治的な機能が失われていく。一七世紀になると、現在の越来幼稚園のある場所に越来番所が設置され、行政機能が移転し、越来グスクは拝所として拝まれていくこととなる。

【発掘調査により明らかになるグスク】　現在の越来グスクは住宅地となっており、グスクであったころの面影は、ほとんど残っていない。しかしながら、近年の発掘調査により、少しずつ当時のグスクの様子が明らかになりつつある。

遺構としては、グスクの北側斜面を赤土で埋め、土地を平らにして広くした造成の跡が確認された。この地域は、戦前の航空写真で見ると、グスクの外側に位置し、数段の平場のようなものが設けられているように見える。赤土は数回に分けて埋められた様子が確認でき、赤土のへりの方には小さな柱穴が一列になった柵列のようなものが見つかっている。

また、小さな柱穴で構成される建物跡が二棟、大きな柱穴

●—瑞花双鳳八稜鏡（沖縄市立郷土博物館所蔵）

で構成される建物跡が複数確認されている。さらに、炉跡を囲むように柱穴が配置されている遺構もあり、何らかの施設の可能性がある。

このほか一歳前後の人骨が六体見つかっている。

遺物としては、くびれ平底土器・グスク土器・カムィヤキ・中国産陶磁器・褐釉《かつゆう》陶器などが出土しているほか、酒会壺や水注といった、首里城跡や今帰仁城跡などの大型グスクにしか見られない優品も出土している。

●—双鸞八稜鏡（沖縄市立郷土博物館所蔵）

また、石灰岩製の勾玉《まがたま》や、刀のつばや切《せっ》羽《ぱ》、鎧《よろい》の金具といった武具なども出土している。

出土遺物の中で特筆すべきは、唐時代の中国で製作されたと想定される双鸞八稜鏡《そうらんはちりょうきょう》の破片および平安時代に日本で製作された瑞花双鳳《ずいかそうほう》八稜鏡の破片が出土していることである。これら鏡の出土は、日本の奈良～平安時代における高級工芸品を受容できる背景があったことを物語っていると考えられている。

このような発掘調査の成果は、文献や伝承で語られる以前から、なんらかの交易により勢力を蓄えつつあった越来グスクの姿を物語っている。

【参考文献】『図録　越来グスクの隆盛—失われた未来と創る歴史—』（沖縄市立郷土博物館、二〇一四）、久保智康「越来グスク出土鏡の意義～蛍光X線成分分析の評価を中心に～」『あやみや　第二四号』（沖縄市立郷土博物館、二〇一六）

（比嘉清和）

●首里城と中城城を結ぶ海道沿いにある土のグスク

幸地《こうち》グスク

〔所在地〕西原町字幸地
〔比　高〕一〇メートル
〔分　類〕平山城
〔年　代〕築城・一五世紀?
〔城　主〕幸地按司
〔交通アクセス〕那覇バス糸満西原線（46）「幸地」下車、徒歩一〇分。

【海道のグスク】　幸地グスクは沖縄本島中部西原町字幸地にあり、首里城と中城城を結ぶ中頭方東海道沿いにある。グスクでは珍しい土からなるグスクである。いい伝えでは幸地按《あ》司《じ》が居城するグスクだったといわれる。風化の進んだ島尻泥岩の台地を堀切《ほりきり》で仕切って独立させ、その周囲に帯郭《おびぐるわ》と腰《こし》郭を置いている。

【城の構造】　このグスクは土塁《どるい》と堀切があるほかは単調な削平地だけであり、石垣や石塁は全く見られない。郭Ⅰは二二八〇平方メートルの面積を有しグスクの中で一番広い郭である。西隅には井戸を表示した拝所がある。郭の西は切岸《きりぎし》をなしその下に郭Ⅱ・Ⅲの郭が設けられている。北は堀切で仕切られ、堀切に面して土塁が認められる。東は切岸による城壁、その下を首里と中城を連絡する旧道が通る。旧道はこのⅠの郭の下方を通るため、Ⅰの郭からは遠くの通行人まで見通すことができる。したがって、通行人を把握する恰好の郭である。

グスクのトップは標高一一五メートルを測り、物見になっている。一坪ほどの空間地の中央には石灰岩の粗末な祠《ほこら》が建立されている。ここからの眺めはすばらしく東に中城湾、東西南北四方に西原町の各集落が望める。グスクの南側眼下に幸地グスクに対抗して滅ぼされたという伝説を残す津記武多グスクが立地する。Ⅰの虎口は郭Ⅳの真下に取り付き、Ⅰに侵入してくる攻者を迎撃する構えをとる。南東方向に伸びる尾根(イ)は、旧道の北から侵入してくる敵兵に対処できるよう山尾根を残し遮断線とする。細長い郭Ⅴは馬場跡だと伝承されて

●—近景（南から）

いるところである。尾根筋を削平して平坦に整地された広場で、長さ一〇〇メートル、幅二〇〜三〇メートルの広さを有する。

馬場の設置は、一六九五年（尚貞王二十七）に初めて開かれた（『球陽』）ということであるから、郭だったのが後世になって馬場として機能したのであろう。この郭の南側下方に古い番所だったといわれる幸地古番所跡がある。郭Ⅴの西側は緩い傾斜を形成しているが、ここから侵入してくる寄せ手に対して迎撃できる腰郭Ⅵを、さらにそれに連結して細長い帯郭を配置している。

【三人の覇者の間で】 このグスクは首里城と中城城を結ぶ交通の要衝に築かれたということで非常に重要である。

一四五八年、中山王尚泰久は中部の東側一円にかけて勢力を伸長していた護佐丸《ごさまる》や阿麻和利《あまわり》を滅ぼすことによって琉球の完全支配をゆるぎないものにした。護佐丸の娘婿にあたる尚泰久《しょうたいきゅう》、その娘百十踏揚《ももとふみあがり》を妻として迎えた阿麻和利、この政略結婚の構図を見ると当時の琉球の国情が浮かびあがってくる。

通史では語られていないが尚泰久、護佐丸、阿麻和利の間の緊張関係はきっと極度の域に達していたことであろう。三人の覇者の力は拮抗し、水面下では鎬《しのぎ》を削る戦いが演じられていたことと思われる。幸地グスクはまさにこうした時代を背景して、交通の要衝を押さえ確保する意図で首里城配下の支城として築城されたと思われる。

【参考文献】西原町史編集委員会『西原町史』第五巻（一九九六）

（當眞嗣一）

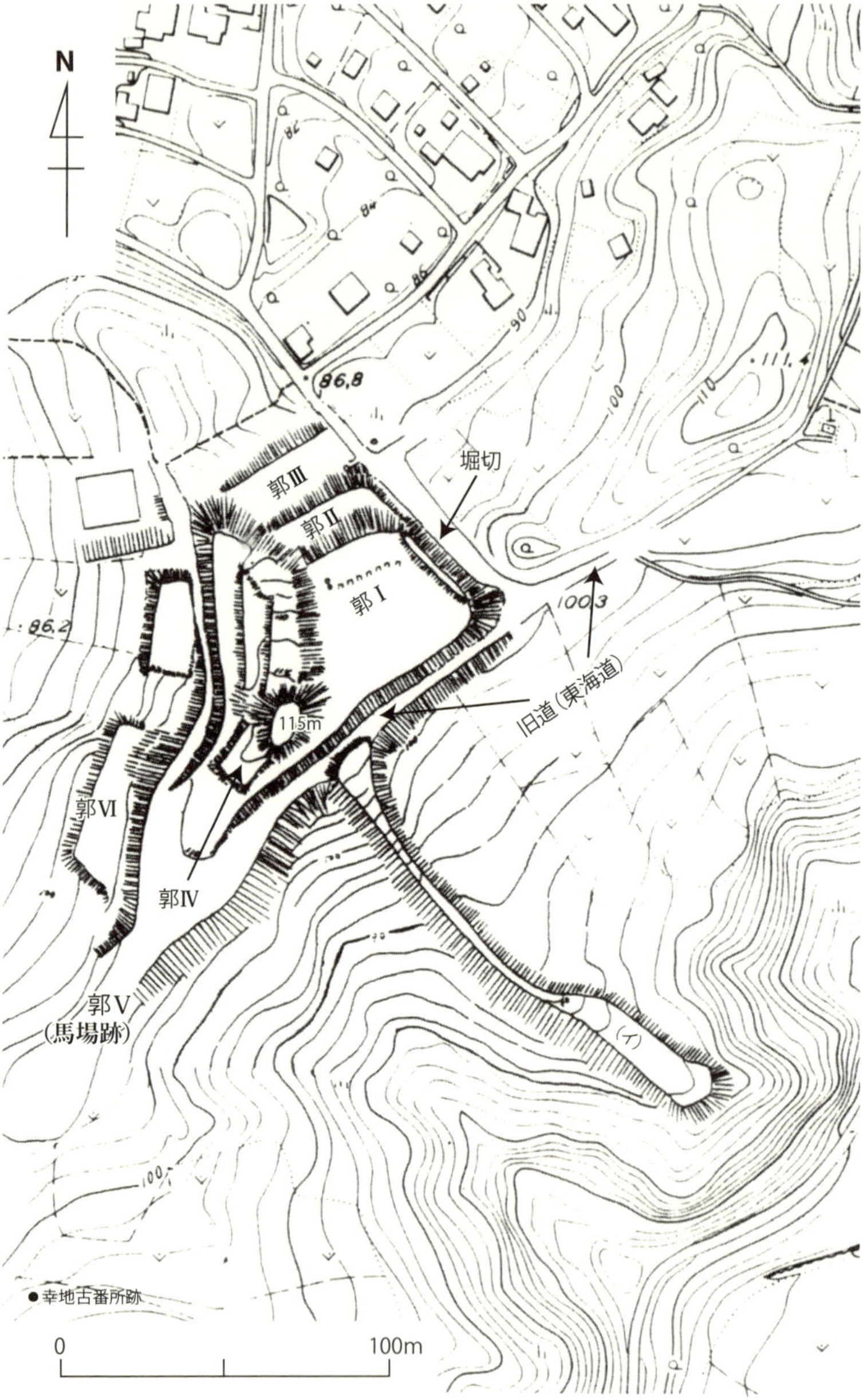

●—縄張図（作図：當眞嗣一）

●東シナ海を一望するグスク

北谷《ちゃたん》グスク

〔所在地〕北谷町大村城原
〔比　高〕四二メートル
〔分　類〕平山城
〔年　代〕一三世紀後半〜一六〇九年
〔城　主〕北谷王子、大川按司、金満按司
〔交通アクセス〕琉球バス「ハンビータウン前」下車、徒歩五分。

【自然丘陵にあるグスク】　沖縄本島の西海岸に迫り出した石灰岩丘陵上に立地する北谷グスクは、東シナ海ならびに沖縄本島西海岸の一帯を広く見渡すことができる。標高四二メートルのこの丘陵については、かつて西側は海に面し、北側は現在も白比川が丘陵北側裾部に沿って東西方向に流れているのを見ることができる。これらのことからこの丘陵一帯は自然地形として天険であると言え、城郭が立地するのに好条件であると言える。

【全体構造】　この丘陵頂部に一の郭とする中心となる石積《いしづみ》囲いがあり、その西側下方に二の郭、二つの石積囲いを見ることができる。さらにその下方にも広い面積を有する平場空間があり、それもグスクの範囲に含めると二万平方メートル近くの面積を有することになる。全体構成としては東から西側に向けて末広がりとなる階梯的な平面プランとなっている。

　一の郭から三の郭に見られる石積は高低差を活かして自然石を約二〜三・五メートル積み上げている。三の郭の西側石積ラインでは張出と思われるような石積の突出部が散見できるが、石積の崩落が著しいため判然としない。また、二の郭と一の郭の石積囲いについては地形に則して配置されていることから、防御性はあまりうかがえない。二の郭と三の郭の内部は平場造成されているのに対して、一の郭の内部は石灰岩が露頭していることから、二の郭と三の郭が主に居住空間であったこともうかがわれる。あわせて三の郭の北西部はさらに西へと丘陵尾根が続いており、その最西端には「西《いり》御嶽《うたき》」と呼ばれる拝所を見ることができる。この拝所周辺も平場造成されていることからも居住空間の可能性が指摘できる。

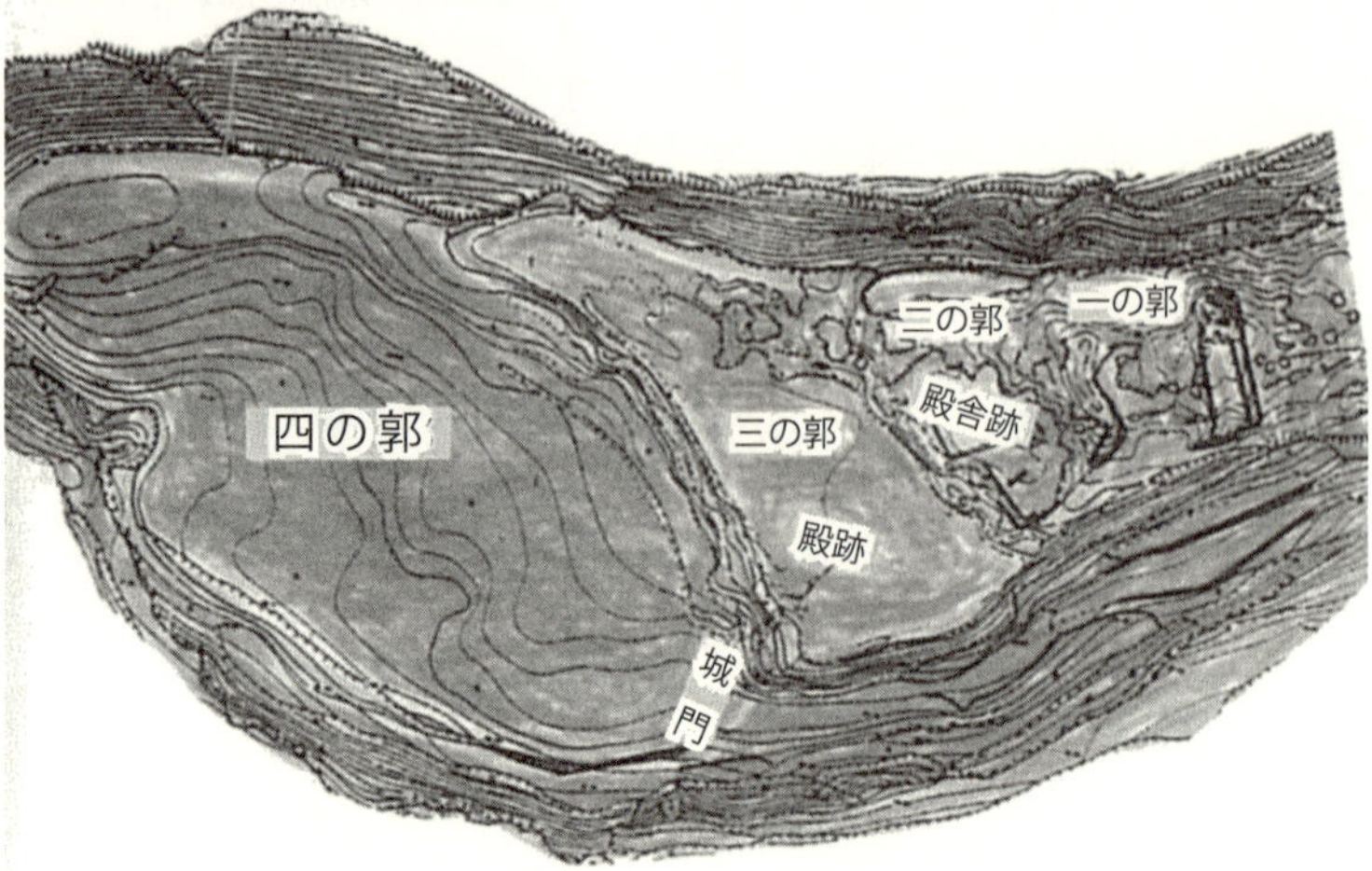

●—北谷グスク平面概要図（北谷町教育委員会提供）

●—北谷グスク一の郭出入口

発掘調査は詳細確認調査を目的に、一九八四年から断続的に行われており、石積の実態や内部の建物跡などが検出されている。二の郭と三の郭からは多数の柱穴が検出されていると共に、二の郭の「城内の殿」と呼ばれる拝所がある一帯からは基壇建物の基礎と思われる切石《きりいし》の石列遺構が検出されている。また、一の郭の西側石積では基礎部が切石であることと、石積幅が約四メートルも有していることが確認された。これらの成果から一の郭の西側は東西方向に尾根が続いていることにより、尾根沿いからの進入を遮断するために高い石積を配置したことが見て取れる。

出土遺物についてはカムィヤキといった一一世紀後半からの遺物も見られるが、主体は青磁、白磁、褐釉《かつゆう》陶器といった中

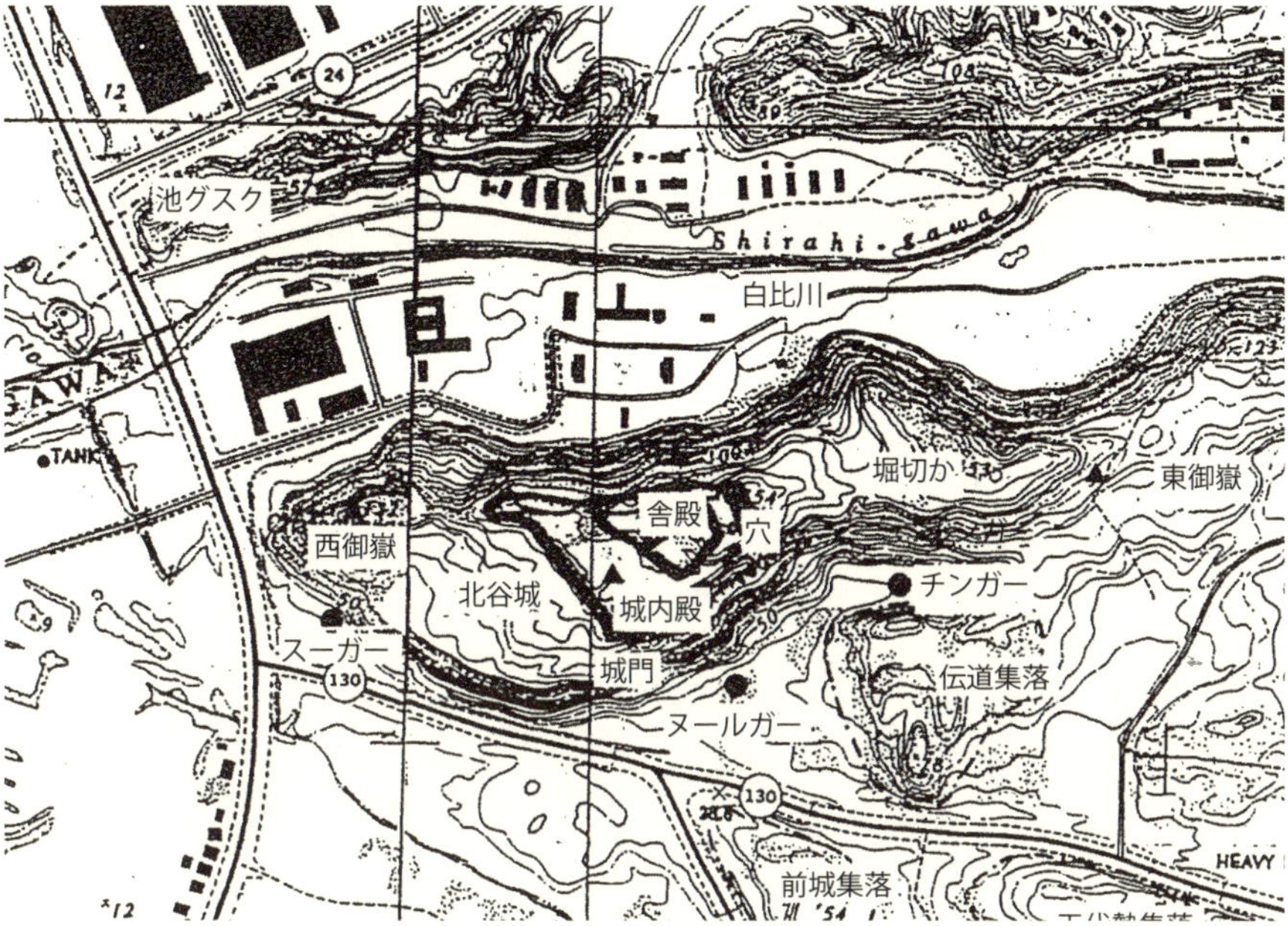

●—北谷グスク全体平面概要図（北谷町教育委員会提供）

国産陶磁器をはじめ、グスク土器、石製品、貝製品、金属製品、銭貨、獣骨などが見られる。これらの遺物より一一世紀後半からこの丘陵上に人が入りはじめ、一四世紀後半から一五世紀前半にかけて当グスクの盛期であったと考えることができる。

【谷茶按司の攻略伝承】　文献史料では当グスクに関係する記載が見られないことから、その詳細は不明であるが、谷茶《たんちゃ》の按司《あじ》は大川按司が籠るこのグスクを攻略する際に、グスク内の井戸水を涸らせて干攻めを行い、落城させたという伝承が残る。この谷茶の按司による城攻めの伝承は組踊り「大川敵討」のモデルとなっている。また、一六〇九年の薩摩侵攻の際に雍肇佐敷筑登之興道が首里王府から、北谷グスクに派遣された。激しい戦闘が行われたが、首里城落城の噂を聞いて興道は自害したという伝承も見られる。

なお、グスクが立地する丘陵全域は現在、米軍関係施設内となっていることにより一般人の出入りは制限されている。

【参考文献】　北谷町教育委員会「北谷城」『北谷町文化財調査報告書』第一集（一九八四）、名嘉正八郎「グスク（城）の姿」『日本文化研究所叢書』（鹿児島短期大学附属南日本文化研究所、一九九五）、中村愿「沖縄県北谷城（グスク）の状況」『考古学ジャーナル』（ニューサイエンス社、一九九六）

（山本正昭）

北部

根謝銘グスク堀切（上里隆史撮影）

●護佐丸最初の居城

山田《やまだ》グスク

〔国指定史跡〕

〔所在地〕国頭郡恩納村山田
〔比　高〕約九五メートル
〔分　類〕平山城
〔年　代〕一四世紀後半～一五世紀前半
〔城　主〕護佐丸父祖～護佐丸
〔交通アクセス〕沖縄バス「山田」下車、徒歩一〇分。

【山田グスク築城と地理的優位性】　伝承によると帕尼芝《はにじ》による北山城（今帰仁城《なきじんじょう》）攻略により南方に逃れた一族が伊波《いは》城の主（伊波按司《あじ》）となり、山田城は伊波按司系統の血縁関係にある人物より築城された城（グスク）とされる。山田城は、琉球王国建国前の三山勢力圏のうち、中山勢力圏の北西の要に位置する場所に居城され、東には同じ一族にあたる伊波按司の居城伊波城が守護している。山田城の北東には河川が流れ、西側は断崖絶壁となっており容易には城内に入れない自然の地形をうまく利用している平山城のグスクである。また、城下町の中を通り南北へ古道国頭方《くにがみほう》西海道が走っており、尚巴志の北山討伐に当たってはグスクの眼下を通らざるを得ない交通の要所ともなっている。その北山討伐に際し、先祖の遺恨を晴らすために参加したとされ、北山討伐後は今帰仁城にて北山監守を務めた。

【山田城より座喜味城へ】　北山監守後、護佐《ごさ》丸《まる》は山田城より座喜味《ざきみ》城へ城を移すが、その際に山田城の城壁を手渡しで座喜味へ運び築城したと伝わる。伝

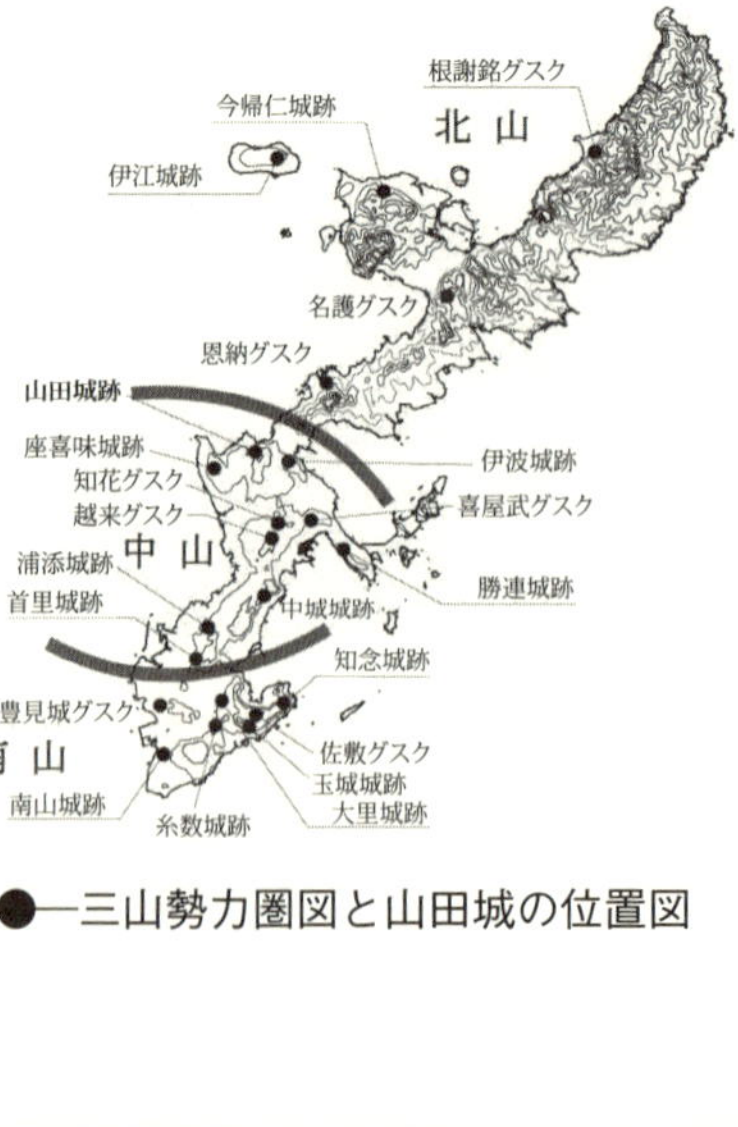

●―三山勢力圏図と山田城の位置図

承によると座喜味城築城に際し、城壁の石材が近隣で調達することが困難であったため山田城より城壁の石を運んだとされる。関連することとして山田城から座喜味へ続く近世の古道国頭方西海道中で石材と考えられる石灰岩が点在することが挙げられる。かくして、山田城は廃城となるがその伝承と符合する状況が発掘調査により明らかになった。

●—国頭方西海道 山田谷川（ヤーガー）の石矼（恩納村教育委員会提供）

文献による山田城の記述はほぼなく、『毛氏家譜』や『毛氏先祖由来伝』など後世の記述が主である。伝承等によると護佐丸が読谷山按司と記述されたことから城の名前を分ける意味でも後世に山田城の名称が付けられたと考えられ、新旧を示す意味で山田を古読谷山《よみたんざん》、山田城

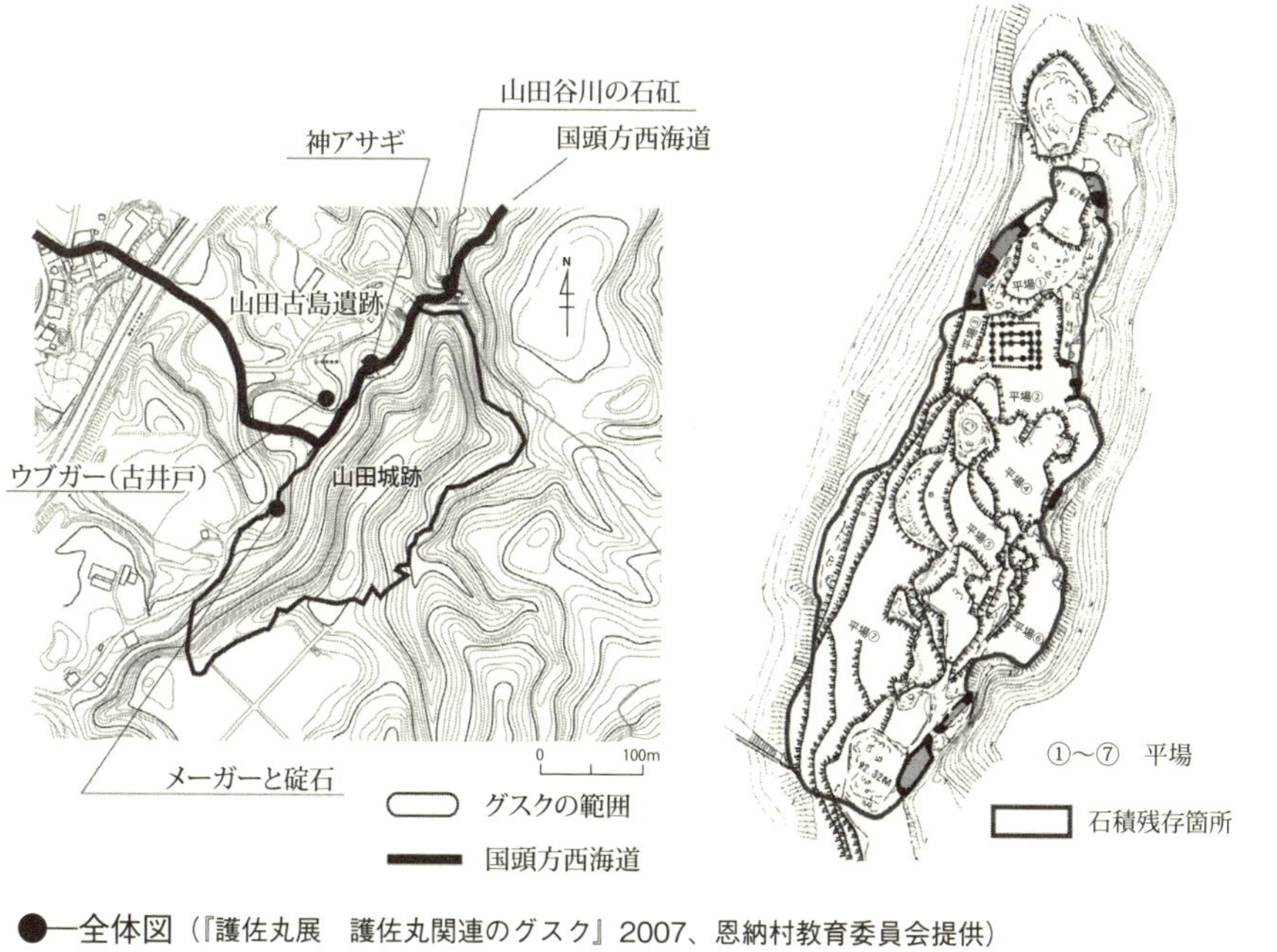

●—全体図（『護佐丸展　護佐丸関連のグスク』2007、恩納村教育委員会提供）

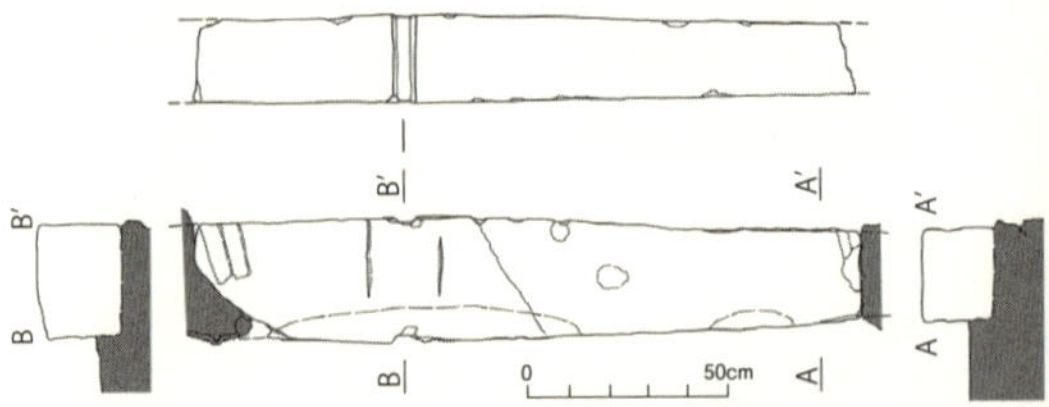

●―メーガーの碇石（恩納村教育委員会提供）

●―出土遺物（『護佐丸展』2007、恩納村教育委員会提供）

●―上段：切石積の根石、下段：柱穴と根張石（恩納村教育委員会提供）

の按司を古読谷山按司と表現されたのであろう。

【掘り出された山田城】 一九八六年度に現況地形測量調査、一九八七年から八八年度にかけて主郭部分を中心に遺構保存および活用を目的とした発掘調査が実施された。発掘調査等の結果、城壁で囲まれた中には七つの郭が確認され、グスクの年代観は出土遺物や放射性炭素年代測定から検討すると一三世紀頃に築城され、一四世紀後半から一五世紀初頭に全盛期を迎え廃城へ至ったと考えられる。

出土遺物は、主に貿易陶磁器類が多く銭貨、武器・武具類、装身具、金属製品、漆製品、石器・石製品、屋瓦、ガラス製品などの生活道具や武具、遊具等が出土している。主郭部分では、掘立柱《ほったてばしら》建物跡が検出され歴代山田按司（古読谷山按司）の居住跡と想定されている。調査地区の北地区の第Ⅳ層から第Ⅴ層直上にかけてほぼ全面で掘立柱建物の柱穴（三二〇余基）が検出され、柱穴の構造も素掘《すぼり》、柱穴内に礫《れき》を数個入れ込む構造、根固めとして礫を入れ込み固定する構造などが確認された。それらの柱穴の構造等から建物の規格および建て替え回数等を検討した結果、梁間三軒、桁行三軒の四面に庇《ひさし》が廻る寄棟屋根の建物が想定された。建物の方位軸を一貫させて複数回（約七回）にわたり建て替えをしていることがうかがえる。

後に築城される座喜味城では主郭部分で出土した建物跡が礎石建造物であることから、それ以前の建物建築形式として比較ができる良好なグスクであると言える。城壁は、切石積《きりいしづみ》と野面《のづら》積の二種類が確認され、Fトレンチの発掘調査から赤土の地山土に積まれた根石が二段残存するが、上段にあったと想定される石積の切石が抜かれ、中込石《なかごめいし》が露見する状況が検出されている。そのことから座喜味に城壁の石を運んだという伝承の裏付けがなされた。

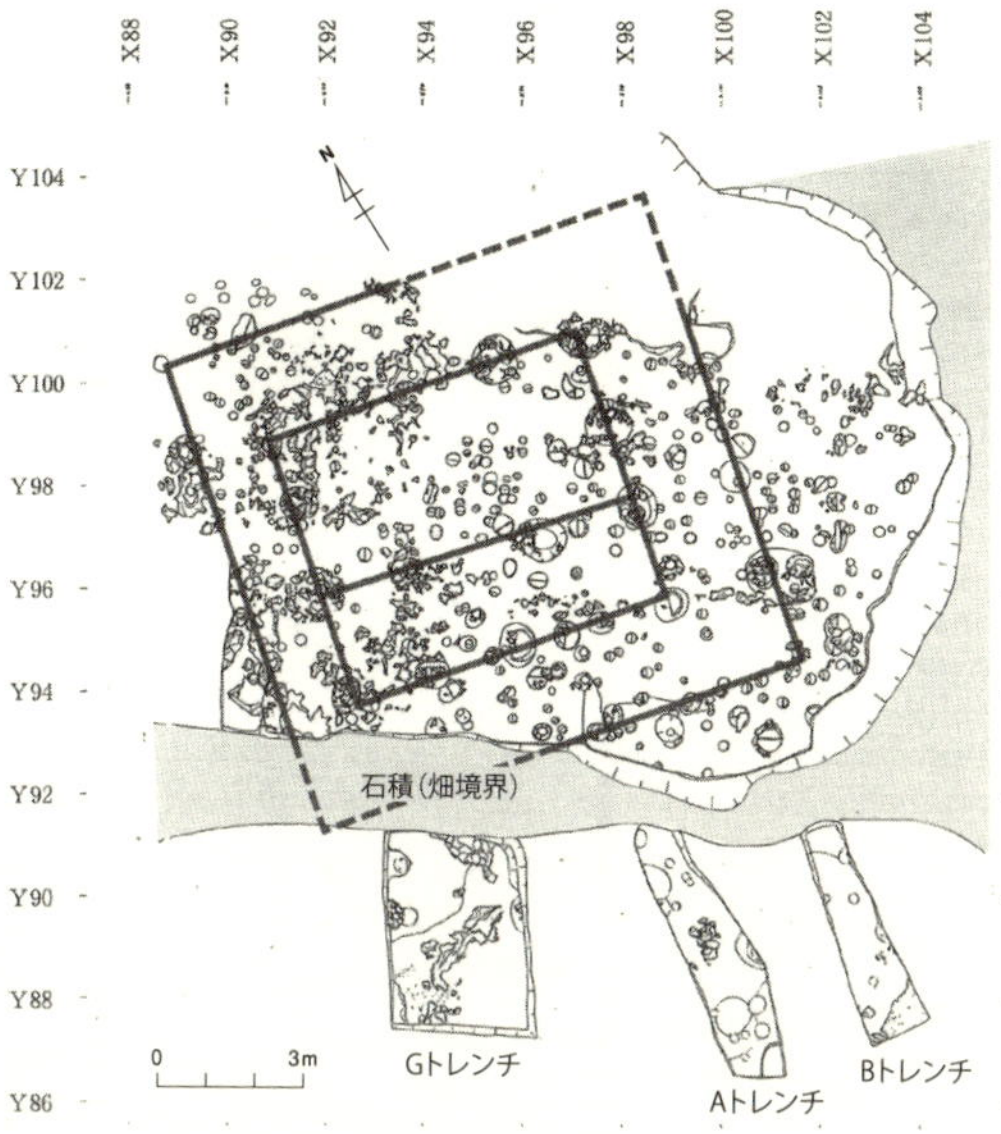

●—掘建柱建物跡（恩納村教育委員会提供）

【港と碇石】　グスクの眼下に広がる久良波海岸を港とし、輸入陶磁器など物流の玄関口としていたと考えられる。交通関連遺物としてグスク下にあるメーガー（前の井戸）の縁石に転用された碇石《いかりいし》がある。花崗岩製の左右対称型の碇石で縁石に利用するためか一部打ち割れている。外洋船の碇として使用されていたと考えられ、船の往来があったことがうかがえる。

【城下町とグスク】　城下町とされる古集落跡は「ムラウチ」と呼ばれ、山田城が機能していた一四世紀〜一五世紀前半にかけて集落が営まれていたことが採集遺物より考えられる。現時点において一六世紀頃の遺物は今のところ確認されず、時代が空いて一七世紀以降、いわゆる近世琉球の集落跡がある。グスクの機能が座喜味城へ移った際に何らかの集落の移動があったのかもしれないが発掘調査等は実施されていないため、今後の調査成果に期待したい。

＊山田グスク＝国指定史跡の名称は「山田城跡」。

【参考文献】上原靜編『山田グスク遺構確認調査報告書』（恩納村教育委員会、二〇一三）、當眞嗣一「歴史の道とグスク」『文化課紀要第四号』（沖縄県教育委員会、一九八七）、『護佐丸展〜護佐丸関連のグスク〜』（恩納村博物館、二〇〇七）

（崎原恒寿）

●琉球最大規模の堀切で防御されたグスク

名《な》護《ご》グスク

〈所在地〉名護市名護
〈比　高〉約九〇メートル
〈分　類〉山城
〈年　代〉一三世紀後半から一五世紀前半か？
〈城　主〉城主　伝承上は名護按司
〈交通アクセス〉沖縄・琉球バス「名護城入口」下車、徒歩一五分。

北部

【名護湾を望む】　名護グスクは地元では「ナングスク」と呼称され桜の名所として親しまれている。名護市街地の東側丘陵に立地し、標高約一〇六メートルの丘陵頂上部を主郭とし、その中腹あたりを削平して築かれた山城形式のグスクである。名護が発祥の地と伝えられ、『琉球国由来記』（一七一三）に記され、大兼久《おおがねく》、城、東江《あがり》集落（名護三箇）の御嶽《うたき》として現在も重要な参拝地となっている。

【土からなるグスク】　グスクは名護岳から西側にかけて延びる舌状台地を利用して築かれている。台地の北側および南側は自然の急斜面で、特に北側は深い谷間となり川が流れているが、尾根筋にあたる東側は比較的緩やかな斜面となる。このため尾根筋がグスクの最大の弱点となっており、この弱点を補うように尾根筋を遮断する幅約八メートルの大きな堀切《ほりきり》1と、幅約二メートルの小さな堀切2が二重に設けられている。

主郭北西側の緩斜面は段々に削平しており、複数の郭（平場）が北西側中腹の緩斜面に確認されている。いくつかの郭にウチ神屋、ノロ殿内、首里殿内などの祠・拝所が点在する。

現在の登城道は西側の舌状に張り出した尾根筋を削って直線に登り、拝殿を通って左手に折れると参道が主郭まで開削されている。本来の登城道と考えられるのは二つあり、一つは南側からジグザグに登り、主郭南側から直接主郭にいたるルートで、もう一つは北西側の麓から狭小な郭を縫うように登城し主郭北西の郭群をへて主郭にいたる道の二本が想定さ

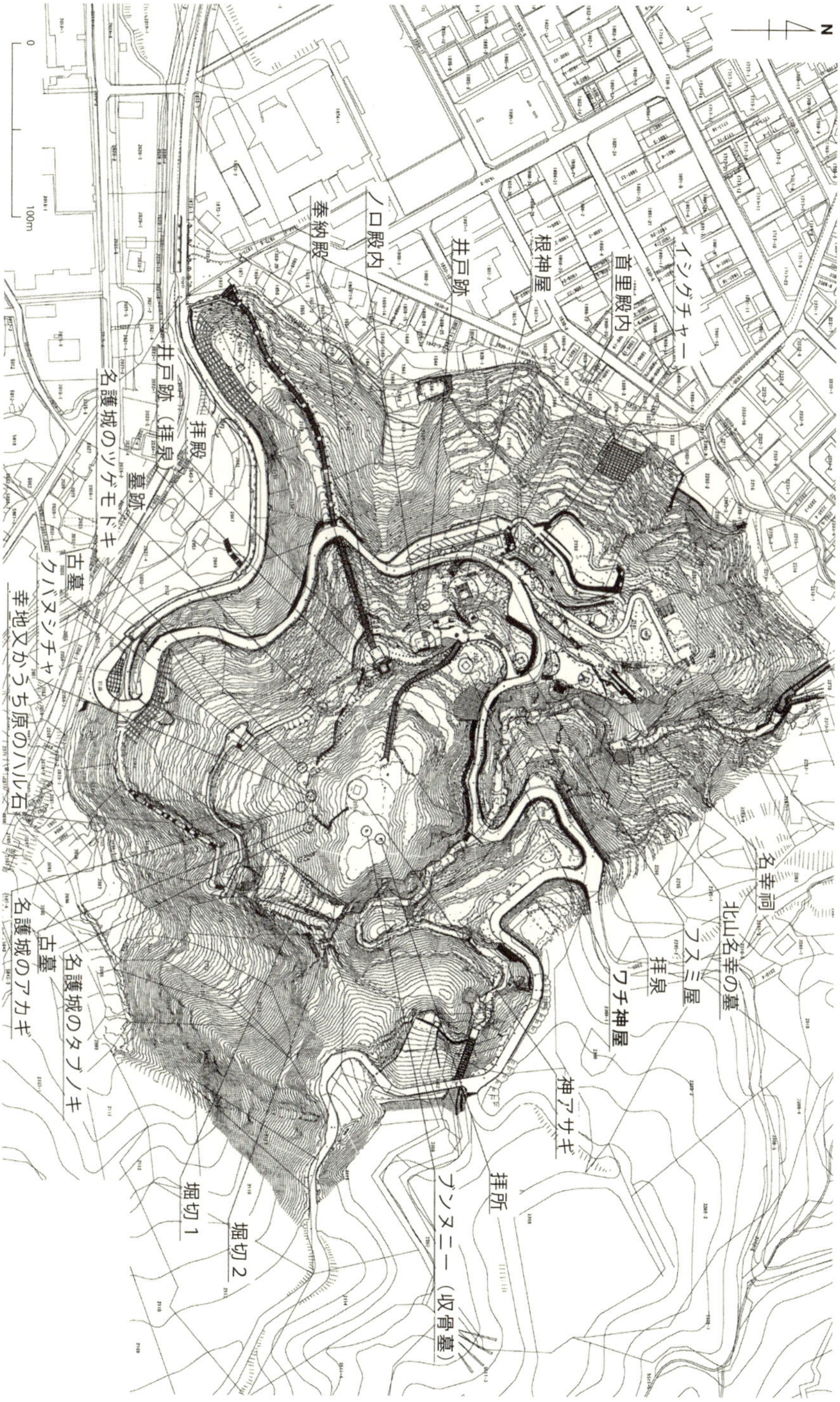

●—名護城縄張図（名護市教育委員会提供）

れている。前者は主郭にいたる神道とよばれる神行事の際の古道で、後者は地積上の里道となっている。

他にも、北側の斜面中腹部には細長い郭が配されている。古写真では段々畑が広がるため城郭築城時の削平と近世以降の耕作地との別を明らかにする必要があるが、踏査などでもその別を明らかにするに至っていない。琉球のグスクの多くが石積《いしづみ》を多用するのに対して、本グスクは石積が見られず、堀切と切岸《きりぎし》によって築かれたいわゆる「土のグスク」となっている。

【発掘と踏査から】 これまで、名護グスクは、名護市教育委員会によって数次にわたり発掘調査が行われてきた。一九七九・八〇年度に行われた分布調査ではグスク土器やカムィヤキ、中国陶磁（青磁《せいじ》・染付《そめつけ》）等が採取されている。一九七九・八一年度には試掘調査が行われグスク時代の遺物が多数出土している。二〇〇九・一〇年度には城域を含むおよそ一一・八万平方《メートル》の測量調査が実施されており、これまでにも把握されていた拝所等を含めグスクの具体的な郭の配置などを把握できるようになった。その翌年から、主郭に近接する西北緩斜面を削平して築かれた郭の一部や、南北の狭小な削平された郭でも試掘調査が行われ、狭小な調査区ながらも炉跡や柱穴などが検出されている。

【歴史記録に見る名護グスク】 同時代史料に乏しく詳しい歴史については不詳ながら、『海東諸国紀』（一四七一）の「琉球国之図」の地図中に記載される「那五城」が名護グスクに比定されており、一五世紀には沖縄島でも名の知れた交通の要衝として交易船も寄港するグスクであったと推定される。

伝承では、名護グスクは代々名護按司《なごあじ》の居城だったと伝えられ、山北今帰仁《なきじん》城主の弟（次男の説あり）が、居城として名護グスクを築城したとされる。その後羽地《はねじ》グスク（親川グスク）に居住した怕尼芝《はねじ》によって滅ぼされ、羽地按司の支配下にあったとされる。

名護按司は琉球の歴史書『中山世鑑』（一六五五）に記されており、これによれば、一四一六年の山北王の居城今帰仁グスク攻略に際して、中山王尚巴志に与して、羽地、国頭、などの諸按司とともに、連合軍として参加したと記されている。

歴史書に登場するのはわずかな記録ばかりだが、県内では数少ない石垣を持たない堀切と切岸《きりぎし》によって構築されたと考えられる土のグスクで、九州以北の中世山城の築城構造に通じる点が多く認められる点では、中世山城的な築城技術の南端の事例となっている。

【参考文献】 名護市教育委員会編『市内遺跡詳細分布調査報告書』名護市文化財調査報告二三（二〇一三）

（宮城弘樹）

●堅固かつ優美な石垣のグスク

今帰仁《なきじん》グスク

〔国指定史跡・県指定名勝・世界遺産〕

〔所在地〕国頭郡今帰仁村字今泊
〔比　高〕八〇メートル
〔分　類〕連郭式山城
〔年　代〕一三世紀末頃築城、一六〇九年廃城
〔城　主〕怕尼芝《はにじ》・珉《みん》・攀安知《はんあんち》
〔交通アクセス〕沖縄・琉球バス本島半島線「今帰仁城跡入口」下車、徒歩一〇分。

【琉球屈指の巨城】　今帰仁グスクは石材に適した石を産する標高約一〇〇メートルの山塊に立地する。東に志慶真川が流れ、川面から石垣までの比高差八〇メートルを測る崖が天然の要害として機能する。主郭を含め一〇に画された郭からなり、時代的な変遷はあるものの、一貫して主郭に主殿が配され、対峙する空間の「庭」や脇殿等を備えた一段低い大庭等の郭は、主殿とともに有機的に機能したと推定される。山頂主要施設に至るまでの登城道は自然の谷を取り込んだ狭小な道が配された郭が南北に展開し、南側に一段低い郭が志慶真門《しじまじょう》郭、北側に一段低い郭が大隅郭等で、いずれも防御線となる高石垣によって囲繞《いじょう》されている。城壁の規模がもっとも大きいところでは幅四・五メートル、高さ六メートルを測り、自然地形に沿うような形で蛇行して積まれている。その様は『おもろさうし』に、百《もも》曲がりと謡われ、優美な城壁の姿が謡われている。

石垣の石材は、城地の立地するその大地から切り出された灰色の結晶質の古期石灰岩で、堅固な趣は他の琉球石灰岩のグスクと異なっている。

今帰仁グスクは琉球王国統一前に、覇権を争った三勢力のうち、北部地域を統治した山北（北山）王の居城である。築城は主郭の発掘調査の成果により一三世紀末に遡る。一四世紀中頃には主郭を石垣に普請《ふしん》するなど早くから中国など大陸の土木技術に影響を受け築城されたと考えられている。一三八三年中国明朝との朝貢関係を結び山北王も明《みん》に入貢。『明実録』の記録によると、朝貢は怕尼芝《はにじ》・珉《みん》・攀安知《はんあんち》の三代、

●—今帰仁グスク（今帰仁村教育委員会提供）

三三年間に合計一八回行われている。一四一六年（一説には一四二二）に後に沖縄を統一し琉球の覇者となる中山による武力侵攻を受け、山北王統は途絶える。その後、城地には中山の重臣が監守として派遣され居城とするが、監守もまた一六〇九年に薩摩の軍事的侵攻を受け、城は実質的な廃城となった。

【明らかにされた築城変遷】 一〇の郭のうち本格的な発掘調査が行われたのは、主郭、志慶真門郭、外郭の三つの郭である。主郭の発掘によると堆積層は大きく九枚の層序に分けられる。それぞれの層から検出された遺構と遺物および文献史料で確認される史実とあわせ、四期に区分されている。

今帰仁グスク主郭Ⅰ期（Ⅶ層）は柵列に囲まれた大型の掘《ほっ》立柱《たてばしら》建物跡が検出されている。またその下層のⅧ層は版築の造成層で土留めの石積といった大規模な土木工事の様子が確認されている。その下のⅨ層は、出土陶磁器から一三世紀後半頃と考えられている。

主郭Ⅱ期（Ⅴ層）は一四世紀前半頃で、この段階になってはじめて石垣が築かれている。主郭は矩形《くけい》単郭の砦として当初は整備された。空間南側に庭的な空閑地が配され、北側には翼廊付基壇建物跡が検出されている。

主郭第Ⅲ期（Ⅱ層）は今帰仁グスク隆盛期にあたり、中国

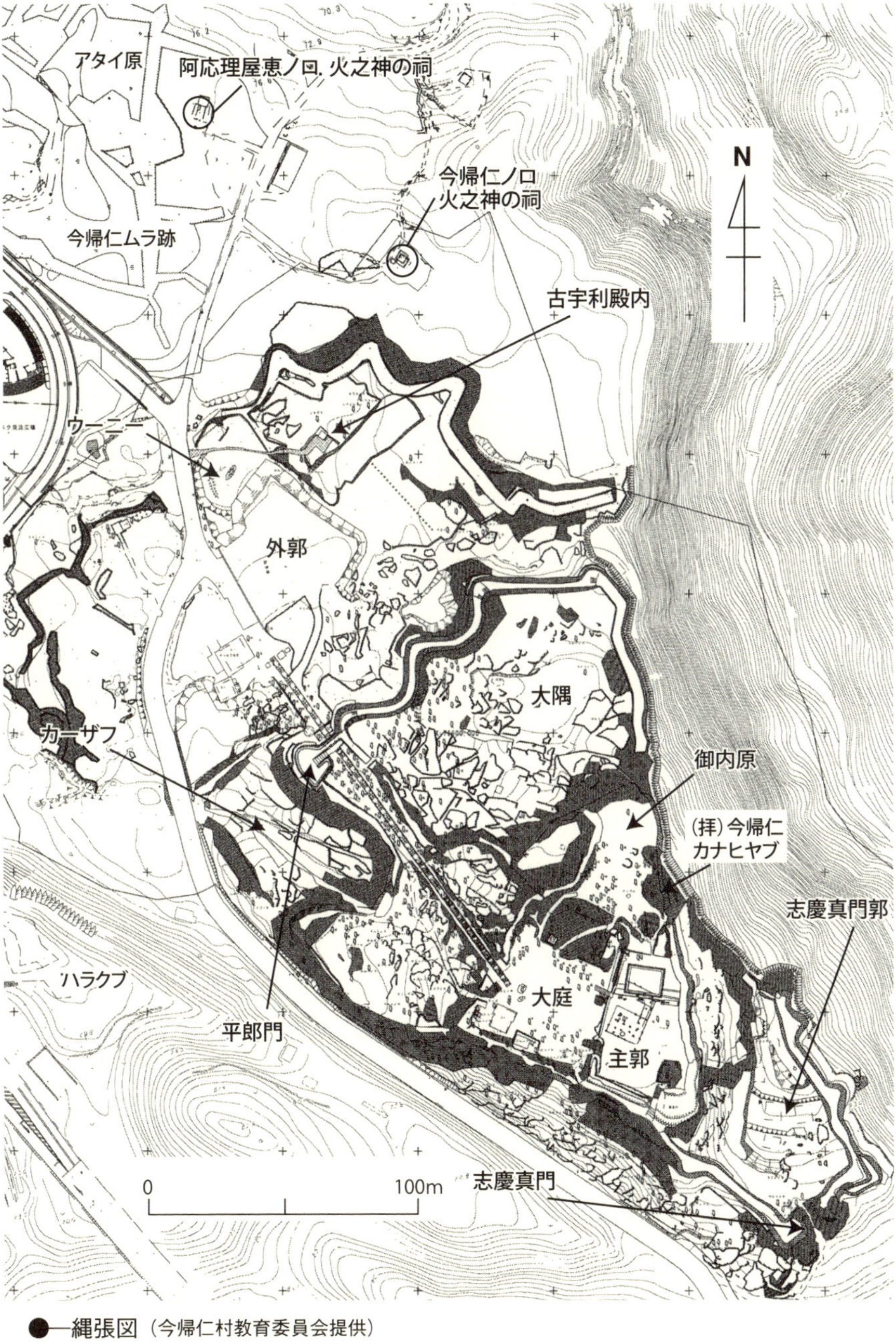

●─縄張図（今帰仁村教育委員会提供）

明王朝の『明実録』が伝える一四世紀後半から一五世紀前半に登場する山北王の時代と考えられている。石垣が拡張され、後述する志慶真門郭などもこの時期に増築されたと考えられる。城は多郭化し、面積を広げていった。

主郭第Ⅳ期（Ⅰ層）は一四二二年以降に居住した、中山から派遣された監守の五×九間の建物跡が確認されている。しかしここに居住した監守も文献によると一六〇九年の薩摩侵攻によって壊滅的な損壊を受けたと伝えられており、事実一七世紀以後の陶磁器はほとんど皆無である。なお、主郭廃絶後は、「火之《ひの》神《かん》の祠《ほこら》」と呼ばれる祭祀施設が建立され、現在まで今帰仁グスクを中心とした祭祀において重要な参拝地となっている。

●—大隅城壁（今帰仁村教育委員会提供）

【家臣の居住地】　志慶真門郭は高石垣に囲まれた郭で五段の平坦面から形成されている。それぞれの平坦地は第1~5区（もしくはテラス）として区分される。この平坦地はいわゆる宅地造成によって造られたもので、四棟の掘立柱建物跡が発掘調査で確認されている。それぞれの平坦面は石畳道や階段などで結ばれる。志慶真門郭の使用年代は、その出土遺物から一四世紀～一六世紀と考えられている。

【複雑な機能変遷の追求】　外郭の本格的な調査が二〇〇六年から現在も継続して行われている。外郭の石垣は北側の防御線であり、城内でも低い石垣となっている。郭内は志慶真門郭と同様に複数の平坦地が構築されるが近代以降の改変が著しく全体の構造は不明な点が多い。調査がほぼ完了した東区は、一六世紀以降の遺物がほとんど出土していないことから、一五世紀のある段階まで恒常的に人々が暮らした生活地があったと推定され、城郭の整備に伴って空閑地となった可能性が指摘されている。また、発掘前より古宇利殿内《ふいどぅんち》と呼ばれる祠が立地していた地区の地下から、石積の基壇状の遺構が検出されており規模の大きな格式の高い建物が建てられていたことが確認されている。加えてその使用年代は遺物から一六〇九年以後も利用されていた可能性が高く、主郭や志慶真門郭とは異なる機能変遷を追ったことが明らかとなってい

●—地城内での参拝状況（今帰仁村教育委員会提供）

る。

【今帰仁グスク麓の集落】　琉球において確立した地方行政制度の一つに間切《まぎり》・シマ制度がある。間切は現在の市町村に引き継がれ、シマは区ないしは字《あざ》におおよそ該当する。今帰仁グスクに接し南北には三つのシマがあったと考えられている。北に今帰仁・親泊、南には志慶真である。近世はこれら行政上の末端単位を邑《ムラ》と呼称している。近接する三つのムラの行政界は判然としないが、地名や地形、地籍等を読み込むと三つの集落塊があって、これらが文献上もあらわれる今帰仁・親泊・志慶真のムラ・シマ（以下ムラで統一）跡と考えられている。

今帰仁ムラ跡は、今帰仁グスク北側緩斜面一帯約四㌶に広がる。石積や露頭岩盤によって隔絶された小規模な平坦地を数えると、おおよそ四〇～五〇の区画が確認されており屋敷空間と想定されている。二〇〇四年に行われた発掘調査では多くの柱穴が確認されている。これはいくどとなく掘建柱の建物が建て替えられたために地山面に柱穴が重複する形で検出されたことに起因する。おおむね一つの屋敷から母屋《おもや》と高倉《たかくら》がセットで検出されており往時の集落の様子をうかがうことができる。なお、ムラ跡の終期は遺物から見て今帰仁グスク主郭廃絶と同時期と考えられ、一六〇九年の薩摩侵攻の際に、集落地も壊滅的ダメージを受けたと推定される。

一六〇九年城主を失ったグスクと集落遺跡には、御嶽《うたき》があって当該グスク所在の今泊集落によって守り継がれてきた。主殿の配された主郭北側にある御内原《うーちばる》には、城内に配された複数ある拝所の中でももっとも霊験高き御嶽がある。また、城外にも拝所が数多く残されており、質素な祠内に自然石が祀られている。今泊集落では、現在も古式に則り旧暦に合わせ、ノロと呼ばれる祭祀を司る女性とともに、グスクとその周辺に所在する拝所を参拝し集落の繁栄や豊穣を願い、祈りを捧げている。

【参考文献】今帰仁村教育委員会編『今帰仁城跡』今帰仁村文化財ガイドブックNo.1（二〇〇二）、今帰仁村教育委員会編『グスク文化を考える』（新人物往來社、二〇〇四）

（宮城弘樹）

●グスク誕生の謎を解くピース

シイナグスク

〔国指定史跡〕

〔所在地〕国頭郡今帰仁村
〔比　高〕約三〇メートル
〔分　類〕城塞的な集落遺跡
〔年　代〕一三世紀後半から一四世紀前半
〔城　主〕城主不詳
〔交通アクセス〕沖縄・琉球バス本部半島線「懇謝堂」下車、徒歩一五分。

【伝説の真偽】　そのグスクは今帰仁《なきじん》グスク築城前に築城を目的に選地され、水の便が悪いという理由で現在の今帰仁グスクに移ったと伝えられていた。二〇〇二年に開発に伴いはじめてシイナグスクが発掘されるまでは、その伝説は取るに足らない話と考えられていた。しかし、発掘によって出土した遺物は今帰仁グスク築城前のⅨ層出土の遺物とほぼ同じ構成であることが確認され注目されるところとなった。

　具体的には、丘陵の頂上を中心に平坦地で行われた複数の発掘調査区から、一三世紀後半から一四世紀前半の土器や陶磁器が出土。存続期間もきわめて短期間の使用であることが推定された。また、出土陶磁器の組み合わせも今帰仁グスクの築城直前のⅨ層とほぼ同じ様相であることが確認されている。

【城か集落か】　シイナグスクには明確な防御施設はほとんど認められない。わずかに地表面に石塁が約一〇〇メートルにわたり一の郭を囲繞《いじょう》するが、その石塁も、もともとある岩盤と岩盤の間を繋ぐように積まれた軽微なもので防御施設としてははなはだ貧弱なものである。今帰仁グスクは一四世紀中頃（Ⅴ層）に主郭を石垣にしているが、それ以前のⅦ層では防御施設は柵列であることから考えると、その下層（Ⅸ層）から確認された「土留石積《どどめいしづみ》」こそ、シイナグスクの石積に類する遺構の可能性がある。

　グスクは標高約九〇メートルの丘陵上にあって河川が西に流れる場所にある。西は急な崖で川面からの比高差は約六五メートルとな

北部

●—シイナグスクから羽地内海を望む（今帰仁教育委員会提供）

●—石積（今帰仁村教育委員会提供）

っている。基盤岩は今帰仁グスクと同じく結晶質の古期石灰岩となる。遺跡ではこの石灰岩を積みあげた軽微な石積が現地表面で観察されるが、その実態は自然地形に沿って築かれた石積で防御としては軽微である。現時点では石積の築造年が定かではないが、石積を用い画された居住地が点在するグスクである可能性が高い。その景観からは後年登場する大規模な造成や石垣を備えた本格的な城塞グスクとはほど遠く、山間に集居した自衛集落の趣を残す遺跡となっている。しかし、発掘は部分的であり、今後の調査の進展によっては、その見方もまたかわるかもしれない。

地表面で観察される空間は、もっとも標高の高い場所に三〇×三〇メートルの平坦地があって、ここを一地区、南の緩斜面を順に二地区と呼称する平坦地が備わる。その北はほぼ自然地形ながら、自然岩盤の屹立《きつりつ》しない一〇〇平方メートルにも満たない狭小な空閑地があって、これを北の郭群とし踏査によって都合三区画ほど確認されている。ここでは一部の発掘ながら炉跡や柱穴が検出され遺跡形成時の生活の痕跡が残されている。居住地としての使用がこのような空閑地に展開し、それぞれの空閑地も岩盤と岩盤の間を縫うように連絡路があって繋がっている。

一の郭北側の一段低くなった場所には石灰岩の割れ目があって、水の溶解作用によってできた洞窟はいかにも伝説で語られる涸《かれ》井戸を思わせる。

●―涸れ井戸の伝承を持つ洞窟（今帰仁教育委員会提供）

【河川沿いに連なるグスク群】 シイナグスクの今一つ注目される点は時代には新古があると思われるが、大井川と呼ばれる河川沿いにグスクが連なる特徴がある。大井川河口（北側）から南に、順次今帰仁村域に「グスクンチジ」「ウチグスク」「シイナグスク」、本部町域に「ジングスク」となり、各グスク間の距離は一キロと近接する。グスクンチジは地元仲宗根集落の信仰を集める御嶽《うたき》で河口を見下ろす小丘にある。ウチグスクは、小字《こあざ》名古島原で玉城集落の故地とされている。当該遺跡では実際にグスク時代の遺物も採集されている。その上流にシイナグスクがあって、さらに上流の本部町にジングスクが所在する。ジングスクは山北に仕えた按司《あじ》の居城、あるいは山北の残兵と中山軍との古戦場などと伝わる。

シイナグスクは本島北部地域を統べる山北の伸長をうかがい知る遺跡であるとともに、シイナグスクをはじめとするグスク群は、その後展開する集落の歴史を伝えている。

【参考文献】今帰仁村教育委員会編『シイナグスク』範囲確認調査報告　今帰仁村文化財調査報告書第一七集（二〇〇四）、今帰仁村教育委員会編『シイナグスク２』今帰仁村文化財調査報告書第二七集（二〇〇九）

（宮城弘樹）

●港湾部をふくむ沖縄本島北部のグスク

根謝銘《ねじゃめ》グスク

〈所在地〉大宜味村字謝名城
〈比　高〉四〇メートル
〈分　類〉山城
〈年　代〉一三～一五世紀
〈城　主〉大宜味按司・国頭按司
〈交通アクセス〉沖縄・琉球バス辺士名線（67）、「田嘉里入口」下車、徒歩一五分。

北部

【立地の地形】　根謝銘グスクは、沖縄島北部大宜味村字謝名城の東に聳える山の上に築かれている。グスク北側の足下には、水量豊富な屋嘉比川《やかび》（田嘉里川）が国頭脊梁山系の上流から西に貫流し東支那海に注いでいる。屋嘉比川の河口にはかつてヤファインナト（屋嘉比港）と呼ばれる港があって北部周辺の離島や奄美大島諸島などを往復する交易船が出入りしていたとのことである（『国頭村史』一九六七）。河口の港湾部を擁する地理的環境は、グスクが立地するうえで好条件であり、根謝銘グスクはまさに地の利を得たグスクであった。

　このグスクは、尾根の上に削平段を連ねその中に三つのピーク部を取り込んで築かれている。主郭の郭Ⅰがある北側のピークは、標高一一五メートルで、周辺に腰郭《こしぐるわ》を配し三〇×二〇メートルの規模をもつ郭である。周辺の各段に腰郭を付属させ、背後には鋭い切岸《きりぎし》と断崖を控えるなど他の郭に比べ防御が厳重になり主郭としての体裁が整っている。郭内に琉球石灰岩の大岩が自然のままに残され、中の様子が外から見えないよう防御上の工夫がみられる。郭Ⅱは比較的大きい郭で、その中に神アシャギと呼ばれる六間四方（東西六三〇×南北五六〇センチ）の壁のないセメント瓦葺きの建物が建っている。この建物の前庭部では、現在、旧盆後初亥の日に神女たちによって祭儀がとり行われている。この前庭部の北側には鋭い切岸が設けられ城内への侵入を阻んでいる。南南西の隅には火の神を祀る小祠が設置され村人の祈願所になっている。この小祠

●—遠景（南から）

の南の隅には崖下に通じる小道が取りつく。現在コンクリートの階段になっているが、階段を降りて行くと崖下に二つの泉がある。グスクの水場になっていたのであろう。

郭Ⅲは、全面石灰岩によって被われた二〇×一〇メートル規模の小さい郭で、南側は鋭い断崖に面し、北と東側は低い段差によって郭Ⅱに接している。地元の人はこの郭のことを中城と呼んでいる。現在は御嶽《うたき》として聖域になっているが、郭内から城下の謝名城や喜如嘉の集落、さらに西に広がる海上を眺望することができる。郭Ⅳには琉球石灰岩で囲まれた直径約一メートルの円形状をした井戸跡といわれる窪みがあり現在拝所になっている。この郭の東端には比較的しっかりした土塁《どるい》が廻されている。さらに一段高くなって郭Ⅴがある。郭Ⅳとの比高差は七〇～八〇センチを測る。さらに郭Ⅴより二メートル程高くなって郭Ⅵが連続する。この郭の南東側一二三メートルのピーク部には人頭大の琉球石灰岩塊（つぶて石か）を雑然と積みあげている。この背後には上端の幅が約一〇メートル、底幅が約六メートル、深さ約九メートルを測る大きい堀切《ほりきり》が入っている。堀切の南側は、尾根続きになっているが尾根の両側を削り落して幅を狭めている。この瘦せ尾根をしばらくいくと標高一一三メートルのピーク部に達する。このピーク部の四方は切岸になり、防御された削平地として認識できる。規模は四×三メートルである。これから南へは自然地形の下りの瘦尾根となっており城外と判断できるので、このピーク部をもって城域の南端と考えることが可能である。

【築城主について】　このグスクは、規模の大きさと縄張の構

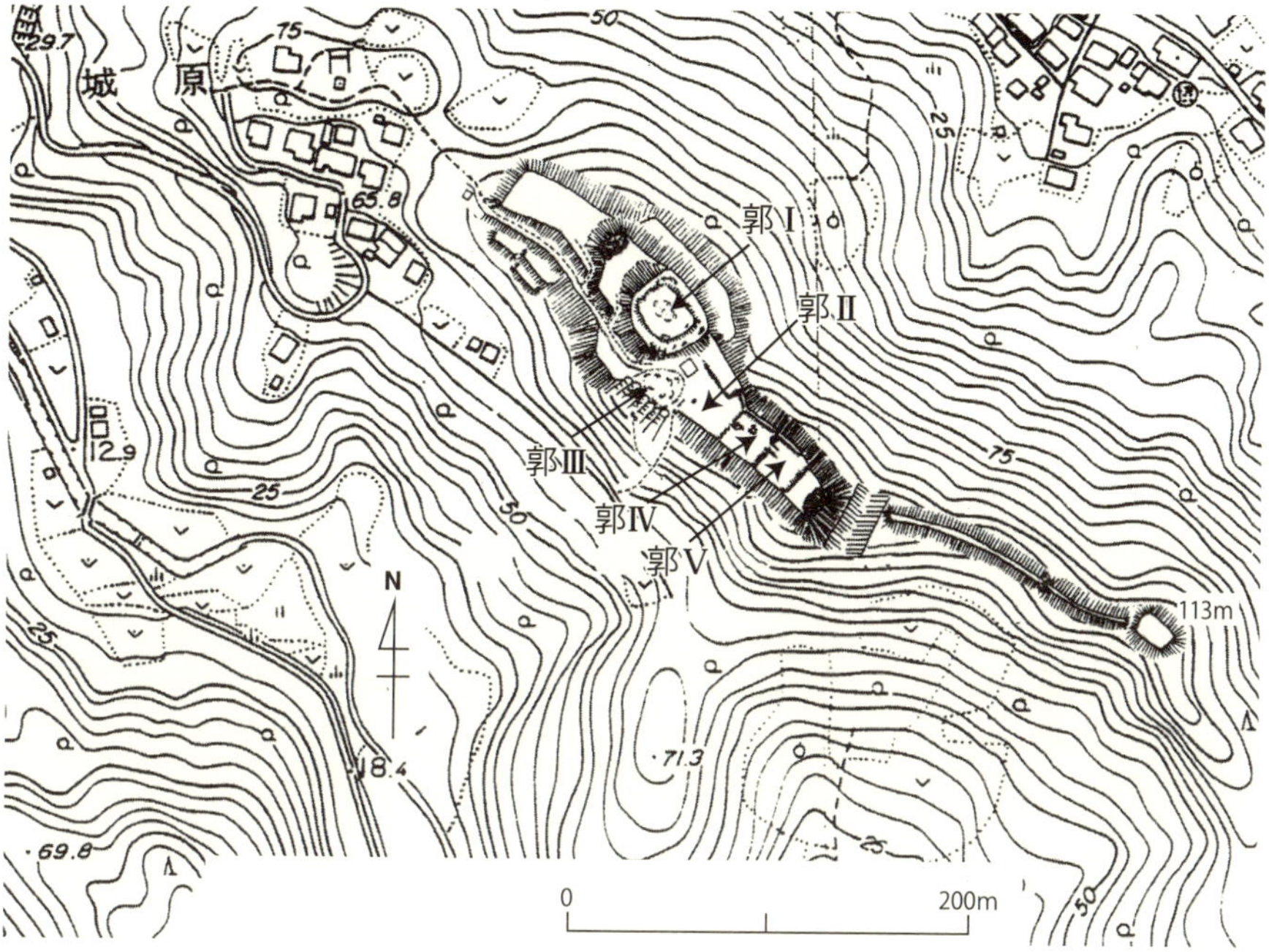

●—縄張図（作図：當眞嗣一）

造からみて、かつてこのあたりに存在していた数ヵ所の村落を拠点に築城された城郭であることがわかる。築城主体者については、これまで、英祖王の後裔・大宜見《おおぎみ》按司《あじ》の居城とするいい伝え（『国頭郡志』）と、国頭按司の居城であろうとする考え方『国頭村史』があり、判然としない。ただ言えることは、このグスクを築いた按司は、喜如嘉《きじょか》や謝名城《じゃなぐすく》など複数の集落と屋嘉比川一帯に広がる豊かな水田をバックに勢力を拡張していった有力者だったことには間違いがなく、これだけのグスク普請《ふしん》をたった一人の人が一代でなし遂げたとは考えられないので、複数の按司が関与しながら改修を繰り返しつつ城としての変遷を辿っていったことが考えられる。

一九六四年、郭Ⅱを中心とする一帯で試掘調査が実施された。この時に発掘された貿易陶磁の年代を検討すると、一三世紀から一五世紀に属するものである。最下層から出土した陶磁器は一三世紀に属し、上層からは一四〜一五世紀のものが数多く出土している。したがって、この根謝銘グスクは、三山分立の時代から琉球王国の形成期をへて、第一尚氏による琉球王国の統一の時期まで存続していたことになる。

【参考文献】『国頭村史』（国頭村役所、一九六七）、新城徳祐『沖縄の城跡』（緑の生活社、一九八二）、當眞嗣一『琉球グスク研究』（琉球書房、二〇一二）

（當眞嗣一）

島嶼部

ブリブチ遺跡（下田原城跡）

（北西より望む．『みんなの文化財図鑑＜史跡・名勝編＞』より．竹富町教育委員会提供）

●海に面した海上交易の要の城

久米具志川《くめぐしかわ》グスク

〔国指定史跡〕

〔所在地〕島尻郡久米島町字仲村渠クメシ原
〔比　高〕約一一メートル
〔分　類〕山城
〔年　代〕一五世紀初めか
〔城　主〕具志川按司（真達勃《まだふつ》→真金声《まかねこえ》→真仁《まに》古樽《くたる》）
〔交通アクセス〕久米島町営バス久米島一周線「仲村渠」下車、徒歩一〇分。

【海岸に面した場所に築城】　具志川城は久米島町の北西海岸に位置し、東シナ海に面した琉球石灰岩の独立丘陵上に築かれたグスクである。

文献等の記録が乏しく築城年代について詳しいことは分かっていないが、一五世紀の初め頃、真達勃《まだぶつ》按司《あじ》によって築かれ、その子真金声《まかねこえ》按司の時、伊敷索《ちなは》按司の次男真仁古樽《まにこたる》按司に攻められて落城し、沖縄本島南部に逃げて喜屋武《きやん》岬に同名の具志川グスクを築いたと伝えられている。

グスクに面した海岸は大和泊《やまとどまり》海岸と呼ばれ、一二世紀から一七世紀頃の奄美・沖縄諸島に伝わる古謡などをまとめた『おもろさうし』に具志川グスクと按司を讃えた歌が残されている。「具志川城を立派に築いたすぐれた按司のこの城は、唐や大和の船がやってきて酒、黄金持ち寄せる城である」とあり、古くから大和泊に唐（中国）から来た船と交易し、交易により具志川グスクが栄えていたことがうかがえる。城内外から中国陶磁器や古銭が発掘調査で出土していることからも証明されている。

【グスクの構造と石材の特徴】　具志川グスクは約三〇《メートル》前後の石灰岩の独立丘陵上に築城され、南側がやや緩やかな斜面であるほかは、三方は断崖で囲まれており、特に北西から東側にかけて急峻な崖となっている。グスクの立地の特徴としては、南西方向から北東方向が軸に、地形に合わせて三角形の形をしている。

城内は四つの郭に分かれており、大人の腰高程の低い石垣

島嶼部

●―具志川グスク全景

で区切られている。北東側の一番高い場所にある郭から一、二、三の郭、その北側にある郭を四の郭と呼んでいる。一の郭は城内でもっとも高い場所にあり、標高は約三二メートルで二つの拝所があり、東側から大和泊海岸とミーフガーと呼ばれる奇岩が見えるなど、当時は物見的な役割を果たしていたと考えられる。一の郭の南側城壁の崖下には按司墓がある。毎年の四月頃に行われる清明祭では、具志川按司の子孫らが按司墓近くで祭祀を行っている。

二の郭は北側半分に南面して基壇がある。一九九九年度（平成十一）に行われた発掘調査では青磁や青花、褐釉《かつゆう》陶器など多くの遺物が出土している。表面にいくつかの礎石が確認されている。主殿に当たる建物は政務を執る場所と言うより、貿易で得た陶磁器を一時的に保管する倉庫的な役割を果たしていたと思われる。また、基壇西側にコの字状の石囲い遺構があるが、低い石垣で囲まれ、基壇側に向かって開口部が見られる。物見的な施設が想定されるが、遺構の性格は不明である。基壇南側には約二〇×約四〇メートルの広場があり、前庭部と呼ばれているが、首里城の正殿とその前の御庭との関係に構造的な類似性があると考えられている。

三の郭と四の郭は低い石垣で区切られ、三の郭の南東側と南西側に城門があり、南東側の門が正門となっている。正面の外側には野面積《のづらづみ》と中央には切石《きりいし》積で積まれた外郭石積があり、正門を守りつつ、城内へ侵入しようとする敵兵を細長い広場に追い込み横矢で攻撃できるようにしている。

ただし、後世の地形改変や崩落により南東側斜面一帯で遺構が確認できず、実際に城外からどの道を通って城内に入っていたのかが不明である。城外にある駐車場から木製階段を登っていくと正面に立派な切石積が見られるが、城門かどうかは不明である。また、その手前側には珊瑚石灰岩石積上に

●—具志川グスク現況図（久米島町教育委員会提供）

大きな安山岩平石が置かれているが、旧暦六月二十五日に行われる六月ウマチーの際に、久米島の最高神女《ノロ》である君南風《チンベー》が座って祈願を行う場所である。

四の郭は海に向かって傾斜しているが、南側の上段部近くには窪みがあり、馬場跡であったとの伝承がある。下段部には安山岩平石を並べた礎石があり、倉庫的な建物が想定されるほか、南東側には物見的な役割を果たす石積が残っている。これらの石積は城の立地と関係があり、特に三の郭の南側はもともと緩やかな低い斜面地であり、また谷状地形で基礎岩盤がない場所であるため、高い場所で約四《メートル》、石積幅が約三《メートル》と他の郭の石積と比べて幅広い。防御性を高めることと、岩盤のない場所に積んだため崩れ難くするため幅広く石垣を積んだと考えられる。

このように緩やかな傾斜地にある石垣は高く、断崖上にある石垣は大人の腰高ぐらいに低く積んでいるのは高く積む必要がないからである。三の郭南側には虎口となる正門があるが、城内へ侵入してきた敵を横矢掛けで攻撃できるよう正門を囲んで南に向かって突出している。大きく崩落し裏込めが見えているが、二の郭南側にも大きな張出部があり、二の郭から三の郭の南側に押し寄せる敵に対して横矢を効かし防ごうとする意図が見える。また、駐車場右側には、城門に攻め

●―三の郭、南側内壁

●―三の郭南側城壁

てくる敵兵を攻撃する腰郭《こしぐるわ》があったが、駐車場整備でほとんどが失われている。

【具志川城の攻防】　城の攻防については、一八世紀中頃に編集された「久米具志川《くめぐしかわ》間切《まぎり》旧記《きゅうき》」に記されており、琉球王国第三代尚真王代の一六世紀初めに滅ぼされ、廃城となったとされる。

具志川グスクは断崖上に築かれ、難攻不落の城に見えるが、城内に水場がないことが城の運命を決めた。王国軍は具志川グスクのすぐ東にある山の頂上から城の中が丸見えだったことと、この山から湧き出る水路が断たれたことが落城の原因とされている。

【発掘調査から見た海上交易】　一九九九年度から城跡整備を目的とした発掘調査が行われており、二の郭の基壇で行われた調査では青磁、青花などの中国陶磁器が出土した。これらの遺物は一五世紀半ばから後半頃で、この時期が具志川城跡の最盛期にあたる。また、基盤に近い下層からは一四世紀後半頃の青磁碗が出土したことから、具志川城が少なくとも二つの時期に渡って営まれたことが分かったことが、特筆すべき事例である。他の郭と比較しても基壇一帯で出土した中国陶磁器が圧倒的に多く、また古い時期の遺物が確認されていることから、具志川グスクの築城の歴史と海洋交易で発展した往時の様子が伺うことができる。

【参考文献】　當眞嗣一『久米島のグスクについて』（文化課紀要第一五号・沖縄県教育庁文化課」一九九〇）、久米島町教育委員会『具志川城跡発掘調査報告書Ⅰ』（二〇〇五年）、久米島町教育委員会『具志川城跡発掘調査報告書Ⅱ』（二〇〇八）、久米島町教育委員会『具志川城跡発掘調査報告書Ⅲ』（二〇一四）

（中島徹也）

●城の眼下に唐船が停泊する交易の城

伊敷索《ちなは》グスク

〔県指定史跡〕

〔所在地〕島尻郡久米島町字嘉手苅
〔比　高〕約五メートル
〔分　類〕山城
〔年　代〕—
〔城　主〕伊敷索按司
〔交通アクセス〕久米島町営バス久米島一周線「公立久米島病院」下車、徒歩五分。

【白瀬川河口の断崖上に築城】 伊敷索グスクは久米島町の南西側を流れる白瀬川河口近くの石灰岩断崖状に築かれたグスクである。伊敷索と書いて、チナハと呼ばれている。

川に面した城の西側は河岸段丘で急峻な断崖である一方、南東側は緩やかな傾斜面となって字嘉手苅集落の平野部へと続いている。このグスクは伊敷索按司の居城で、沖縄本島から久米島に移住し、城を構え最終的には息子達を宇江城《うえぐすく》、具志川《ぐしかわ》、登武那覇《とんなは》の各地に配置し、久米島全域を支配するなど勢力を誇ったといわれる。

最終的には琉球王国に討伐され、落城したとされるが、築城時期や落城の様子はよく分かっていない。城内からは青磁など中国陶磁器が採集されており、白瀬川河口には唐船池と呼ばれる船の停泊地があり、また兼城《かねぐすく》泊という良港が控えている。これらの持つ伊敷索グスクが海洋交易の拠点として築かれ、発展したことが伺える。

【伊敷索グスクの構造】 伊敷索グスクは白瀬川に沿う形で北東から南西方向を軸に立地し、三つの郭に分かれている。北東側に位置する一の郭は幅が約二から三メートル、高さが約一メートルほどの低い石垣で区切られた台形状の郭で、中央部に基壇があるが現在は竹林になっているため現況は把握できない。基壇の北西側には方形状の石積遺構があり、この場所は城を守護する御嶽《うたき》（聖域）のような遺構ではないかと考えられる。一の郭の南側内壁の石垣が城内でもっとも残りが良く、それ以外は城内外に崩れている。

二の郭は一の郭の南西側に位置し、川側と陸側との間に約五〇《センチ》ほどの段差があり二段で構成されている。この段差が機能的な違いによる造成によるものかは分かっていない。さらに、三の郭とは南北から延びる仕切り石垣の根石が中央に向かって伸びているが、二段ほどの低い石垣で途中でなくなっている。

三の郭は久米島博物館前から階段を登って、道なりに進むと虎口《こぐち》から城内に入ることができる。虎口の両脇を守るように前後に張り出し、比較的高く積まれているなど工夫が施されている。

●—一の郭内壁

●—出土遺物（表面採集）（久米島町教育委員会提供）

上段部の石垣が崩れているものの、他の郭と比べて比較的高く、幅の広いしっかりとした石垣である。南東側が緩やかな平野が広がり、周囲が比較的高い丘が続いていることから敵兵が侵入しやすいため高い城壁が高く積まれていると考えられる。前述のとおりこの城のもっとも弱点となるのが南東側に広がる平野である。

この一帯では城壁沿いに約三〇《メートル》近くの削平《さくへい》地が設けられ、周辺の平地との比高差が三《メートル》ある。このように斜面を削って人工的な断崖とした切岸《きりぎし》を作ることで斜面を通して敵の侵入を防ぎ、特に南東側の平野からの侵入を防ぎ、直接城壁に取り付くのを防ぐ役割を果たしている。削平地は小さな切岸が数段に分かれており、防御性は極めて高い。

また、これらの削平地は三の郭南側の虎口に続く城道に対して、横矢《よこや》が効く仕掛けになっていて、侵入者は城門に向かう際には横腹をさらし削平地側より攻撃を受ける格好になっている。一方、守備側は城内にいると高さ三、四《メートル》余りの石垣で城内から外部の様子を知ることはできない。そのため、城壁上か、削平地に兵を配置し、敵兵を監視しつつ防戦することは城の運命を左右することになる。

●―伊敷索グスクと唐船池

なお現在では、二の郭外の削平地では、稲作に関する行事が行われており、自由に見学することができる。その場所から北東側の一の郭の南東隅には城壁の一部を突出させて横矢掛けすることができる雉《ち》が確認されている。一帯は竹など雑木が生い茂り、一部しか見えないが本来であれば、雉の上に立てば城の東側から南西側まで見通せる監視所的な役割を果たし、三の郭の城門と周辺に展開する削平地群と連携すれば防御しやすい場所であったと考えられ、築城者の意図が垣間見える。

【天然の良港を持つ伊敷索グスク】 伊敷索グスクの南西側には唐船池（トウシングムイ）と呼ばれる深みがあり、近くに兼城港がある。兼城港については寛永二十一年（一六四四）に第三代将軍徳川家光より作成が命じられた「正保国絵図」には兼城湊と記載されている。兼城湊の大きさが広さ五〇間（約九〇メートル）、深さ八尋（約一四・五メートル）で大船が四・五艘を繫ぐことができると記され、風向きに関係なく自由に停泊できるなど天然の良港であったことがうかがえる。

伊敷索按司は兼城泊を眼下に支配拠点として伊敷索グスクを築城し、港に寄港する中国船と交易し、貿易の利益を得て繁栄を築いた。久米島に寄港した中国船は隆起サンゴ礁の間を抜けて白瀬川河口にある唐船池と呼ばれる辺りで停泊し、中国陶磁器などを荷揚げした後、伊敷索グスクの三の郭の北東隅から城内へ搬入したと思われる。

往時の繁栄を伺わせる証拠として、城内より青磁《せいじ》や白磁など中国陶磁器が多数採集されているほか、一九九八年には兼城港の浚渫土砂の中から青磁碗・盤、白磁椀などが確認された。このように中国との海外交易の拠点として築かれた可能性が高いグスクであり、現在でも地域の聖域として崇められている。

【参考文献】 當眞嗣一『久米島のグスクについて』（文化課紀要第一五号・沖縄県教育庁文化課、一九九〇）、沖縄県教育委員会『琉球国絵図史料集第一集―正保国絵図及び関連史料―』（一九九二）、米田文孝・森下真企・松浦暢昌・大向智子・藤井陽輔・石原由莉・渡邊貴亮・『久米島・伊敷索グスク測量調査（その一）』（久米島博物館紀要第一〇号、二〇一〇）

（中島徹也）

●久米島支配の拠点の城

宇江《うえ》城グスク

〔国指定史跡〕

〔所在地〕島尻郡久米島町字宇江城山田原
〔比　高〕約七〇メートル
〔分　類〕山城
〔年　代〕―
〔城　主〕宇江城按司
〔交通アクセス〕久米島町営バス久米島一周線「比屋定」下車、徒歩四〇分。

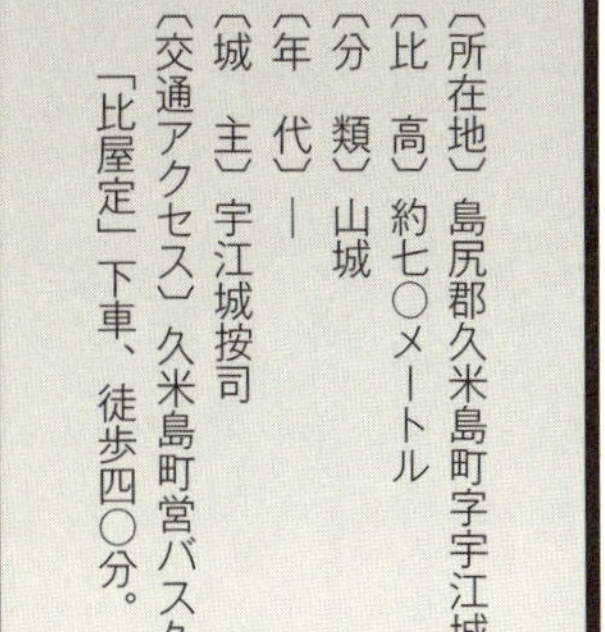

【県内でもっとも高い場所にあるグスク】　宇江城グスクは最初中城《なかぐすく》グスクと呼ばれていたグスクで、久米島の北側中央部にある宇江城《うえぐすく》岳山頂の標高約三一〇メートルの山頂に所在する。久米島だけでなく、沖縄県内にあるグスクの中でもっとも高い場所に位置し、久米島の全域を見ることができる。

北東側から東の彼方には粟国《あぐに》島、渡名喜《となぎ》島や慶良間《けらま》諸島を望み、年に数回の天気の良い日には沖縄本島が眺望できると言われている。南の麓には城下集落として城村が展開し、湧水をためる井戸跡や石積区画跡や棚田《たなだ》などが残されている。

この城村から城へ登るためのグスク道があり、西北側にもチンベー（君南風）道と呼ばれる道があり祭祀の際に利用されたと言われている。この城は最終的には久米島支配の拠点となったが、中城按司によって築かれたほかは文献等の資料が乏しく、築城年代は不明である。最終的には具志川グスクと同じく一六世紀初め頃に琉球王国によって攻め滅ぼされたと言われている。

【城の構造と特徴的な石積】　宇江城グスクは宇江城岳中央部の東西方向の尾根上に築城され、東端より一の郭（主郭）、一段下がって二の郭《ナカグーイ》、さらに下って三の郭が配置される梯《てい》郭式《かくしき》とされている。

南側山腹やグスク道の脇に防御を目的とした腰郭《こしぐるわ》群が造成され、北側と比較してやや攻めやすい南側から攻め寄せる敵兵に対して防御施設として重要な役割を果たしている。また、地域の古老の聞き取りから三の郭の南側にアーチ型の城

●―宇江城グスク全景

門が東向きに開いていたようである。

　沖縄戦前までは城門遺構は良好に残っていたが、戦後、宇江城グスクに隣接して米軍基地が建設された際に二の郭と三の郭の石積が持ち出されたほか、地形も改変された。以前は三の郭内に通信施設があり、城内に入って自由に見学できなかったが、二〇〇二年に通信施設と基地の東側入り口一帯が返還され、現在では自由に見学することができる。

　宇江城グスクのある宇江城岳は安山岩と呼ばれる火山岩類からできており、黒っぽい色をしている。宇江城グスクで使われている安山岩は硬質な火山岩であるため、現在の技術でも原石から石垣用の石材を整形することは困難である。この謎を解き明かすには城内外を散策するとヒントを得ることができる。

　城内を三の郭から一の郭へと散策すると、石材の形状が異なっていることが分かる。三の郭では丸みを帯びた安山岩の野面積《のづらづみ》であるが、二の郭では根石《ねいし》は丸形の石材であるが上部は平石の石材を使用している。一の郭の石垣はやや小振りの平石で積まれている。築城当時、石材をどのようにして調達したか不明であるが、恐らく宇江城岳の山中にあるさまざまな形状の安山岩を集めて、使用したと考えられる。

　また、一の郭から二の郭一帯の壁面は、横方向に亀裂が入り小さく分かれている。亀裂にくさびを入れて切り出せば、裏込め石として使えそうである。

　一の郭は城内でもっとも高い位置にあり、他の郭と比べて高く積み上げられており、東端部には石垣幅が広く、物見《ものみ》跡ではないかと言われている。郭内ではグスクの守護する聖域として中城御嶽《なかぐすくうたき》と呼ばれる一メートル余りの大きな平石があり、祭祀の場所となっている。

　西端部では珊瑚石灰岩の切石《きりいし》が点在し、城門があったと想定され、二の郭を監視していたと考えられる。二の郭はナカグーイとも呼ばれ、高さ約七〇センチの基壇が西面し、その前に具志川グスクと同様に前庭部に相当する平場がある。隣接して井戸跡と伝わる方形状の石積遺構があるが、実際に水を溜めていたのか、発掘調査の成果が待たれる。

三の郭は城内でもっとも大きい平場で、西端には標高三〇五メートルの小高い丘があり、頂部に平場があり、一、二の郭から見えない西側の尾根筋を見通せて周辺の様子を監視するのに適している。

【久米島支配の拠点として】

この城は発掘調査で一の郭では一四世紀後半から一五世紀前半、二の郭では一三世紀から一六世紀頃の中国陶磁器などの遺物が出土している。伊敷索按司《あじ》の長男である中城按司が築城し、落城したのが一五一〇年と伝えられている。

伊敷索按司一族が島内各グスクに配置され、宇江城を久米島全島支配の拠点として支配したと考えられる。宇江城グスクからは具志川グスクや中城按司の異母弟が築いた登武那覇グスクは見えないものの、海上や周囲の集落からはひときわ

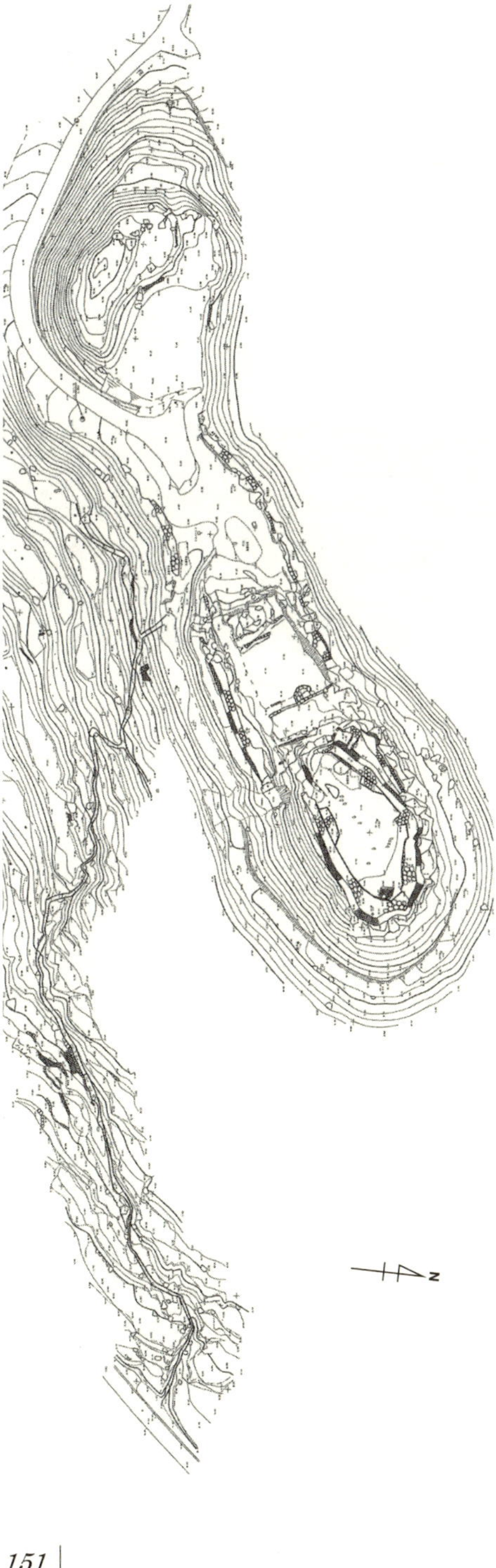

●—宇江城グスク現況図（久米島町教育委員会提供）

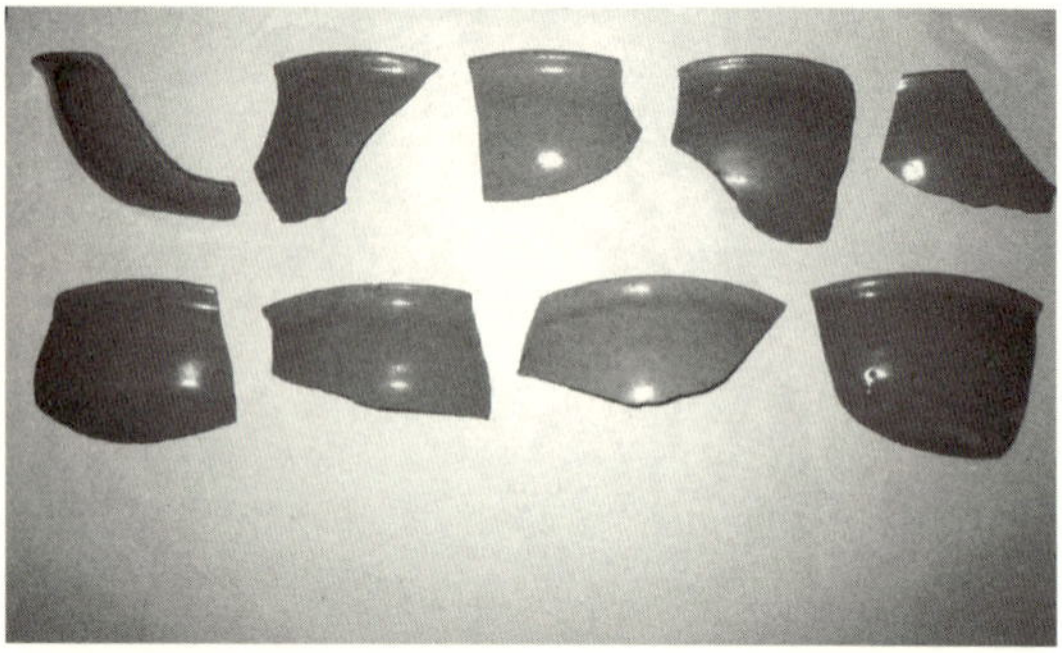

●—一の郭出土の青磁碗

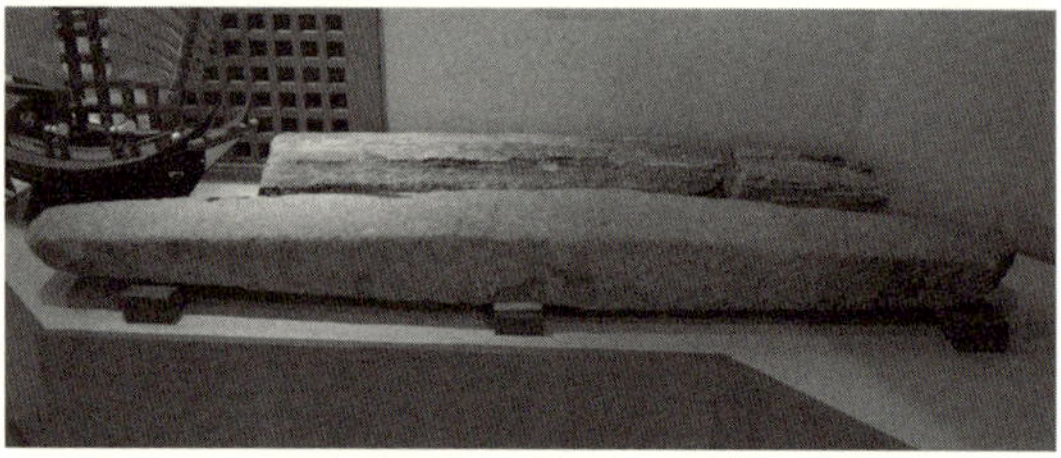

●—二の郭南側発見の碇石

高い宇江城岳のさらに上に積まれた石積を確認することができる。

自衛隊基地や家屋などの施設がない当時、宇江城グスクの持つ威圧感や存在感はものすごく大きかったのではないかと想定される。当初は、伊敷索グスクが一族の拠点として発展し、最終的には宇江城グスクが武力だけでなく、精神的な意味での支配の象徴となったと思われる。

【築城と攻防に関する伝承】　宇江城グスクに関する文献等は少なく、「久《く》米《め》具《ぐ》志《し》川《かわ》間《ま》切《ぎり》旧《きゅう》記《き》」などに築城や落城の際の伝承が記述されている。それによれば、宇江城グスクから南西に位置するフンナカグスクという場所に築城しようとしたが、オトチコバラという神女《ノロ》に神託を受けて、現在の場所に築城し、中城按司となった。

築城に当たっては、ムクチタルガニが指揮し、ティーヤントールが石工として城が完成したと伝わっている。最盛期を迎えたが、琉球王国の統一の過程で滅ぼされたとされる。

落城に関しては、中城按司の家老職であった堂の比屋《ひや》が裏切り、按司の息子を殺害して、自分が久米島の支配者となろうとしたが、城に入場する際に不慮の死を遂げたという。このように伝承では歴史ロマンあふれる宇江城グスクの歴史は、発掘調査の成果を積み重ねることでより真実に近づけると思われる。落城後は、グスクとして使われることはなく、聖域として祭祀の場として使われ、現在も、君南風を中心とした稲作に関する祭祀場所として使われ、島の最高峰として島内有数の観光地として多くの来場者が訪れる場所である。

【参考文献】當眞嗣一『久米島のグスクについて』（文化課紀要第一五号・沖縄県教育庁文化課」一九九〇）、久米島町教育委員会『宇江城城跡発掘調査報告書Ⅰ』（二〇〇八）、久米島町教育委員会『宇江城城跡保存管理計画』（二〇一五）

（中島徹也）

●按司伝承が残る城

塩《す》原《はら》グスク

〔久米島町指定史跡〕

〔所在地〕島尻郡久米島町字銭田津波良
〔比　高〕約一二〇メートル
〔分　類〕山城
〔年　代〕—
〔城　主〕塩原按司《すはらあじ》
〔交通アクセス〕久米島町営バス島尻線「銭田」下車、徒歩二〇分。

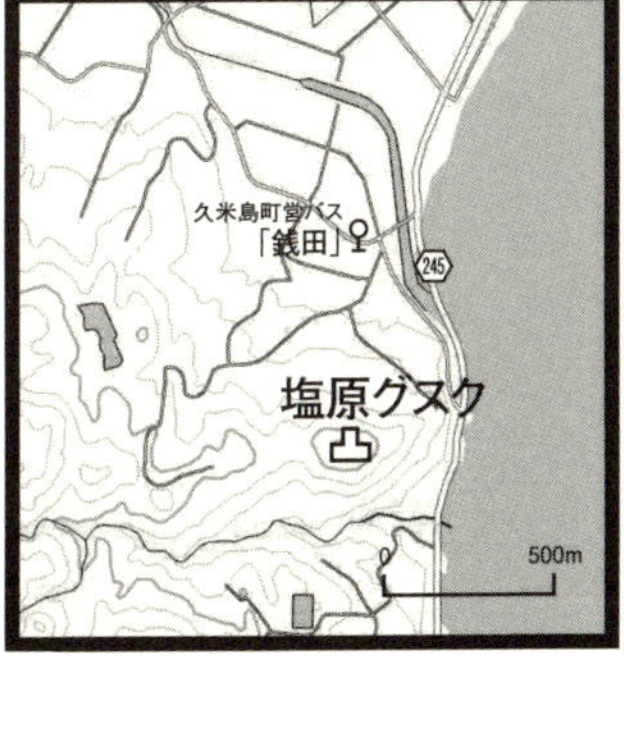

【周囲を睨む山頂に築城】　塩原《すはら》グスクは久米島の南南東、字銭田《ぜんだ》集落から約四〇〇メートル南に位置する塩原ムイと呼ばれる標高約一三〇メートルの頂上に立地する。北側にある銭田集落から見るとひときわ目立つ存在で、周囲ににらみをきかすグスクとなっている。

以前は城へ登るためには草深き山道を登っていたが、一九八〇年代前半頃にグスクの東側の裾野に銭田森林公園とグスクへ登るための林道が整備され、見学しやすくなっている。公園から約五〇〇メートルほど登っていくと、約二〇×約四〇メートルの広場があり、城の東側を防御する広場の可能性があるが調査が行われていないため、遺構かどうかは不明である。

そこから約一〇〇メートルほど登っていくと塩原グスクの石積が見えてくる。最頂部の平場にある石垣から周囲を見渡すと北東には銭田平野からイーフビーチ、南には島尻集落と島尻沖の大海原が広がり、人の動きや貿易船の往来を監視するにも適していると考えられる。

また集落を越えて見てみると、北西にはクニグスク、メンダグスクなどが見えるほか、北側には宇江城グスク、北東には登武那覇《とんなは》グスクを見ることができる。これらのグスクは同時期に存在したのではなく、築城の時期差があると考えられ、伊敷索按司《ちなはあじ》一族が久米島を支配する以前のグスクだったと考えられている。

【城の構造と防御】　グスクは山頂部に主郭となる郭があり、その周辺を石塁が取り囲む鉢巻式のグスクで、東西方向に楕

●―主郭・虎口石積

円状に積まれた二重構造の石塁となっている。このほか、南西側に虎口《こぐち》が開いているほか、主郭の内側には幅約二〇〜三〇センチの楕円状の浅い溝が南側から北西側へ繋がっている。郭内に溜まった水を外へ出す排水溝跡と考えられている。

　これらの遺構は北東側に位置する登武那覇城でも同様の溝跡が確認されており、地形的な類似点があるのか、同じ石工集団によって築城されたからなのか不明である。グスクの石積は久米島特有の楕円形や丸みを帯びた安山岩を雑多に積んだ野面積《のづらづみ》となっている。石垣の幅は約二メートル、高さは約一・五メートルとそれほど高くはない。このグスクの特徴としては、北側の急斜面も含め、東、西側の傾斜面に二重石垣を巡らすなど攻めてくる敵に対して防御を固めていることが伺える。

【城の歴史】　塩原グスクを歴史については、これまでに本格的な発掘調査が行われていないため、築城時期がはっきりしていない。

　一九七五年に行われた現地調査では遺物が出土していないほか、眼下の銭田集落も明治以降に成立した集落であり、グスク周辺に集落が見つかっていないことから、伝承で伝わる按司が本当にいたのか、この城は誰が築城したのかなど不明な点が多い。

●―主郭石積

【塩原按司に関する伝承】　塩原按司に関する伝承としては二つ残されている。一つ目は女城主で、中城（宇江城）按司との恋物語、二つ目は間抜けな塩原按司である。後者はある日、村々を巡視中の塩原按司が見つけた昼寝中のザン（ジュゴン）を捕まえてもいないのに、どこそこへ贈呈しようと考えていたところ、目を覚まし海に飛び込んで逃げてしまった。防御に優れた城を築いた按司と同一人物と思えないことをしていて、城の歴史は不明な点が多いが、一人の英雄としてはとても魅力的な按司だったと言える。

【参考文献】　當眞嗣一『久米島のグスクについて』（文化課紀要第一五号・沖縄県教育庁文化課）一九九〇）、仲村昌尚『久米島の按司物語』（一九九四）、渡邊貴亮・森下真企・中東洋行・藤井陽輔『久米島町指定史跡「塩原城跡」測量調査報告』（久米島博物館紀要第一二号、二〇一二）

（中島徹也）

●自然地形を活かした高い防御性

田名《だな》グスク

〔県指定史跡〕

〔所在地〕伊平屋村田名
〔比　高〕一八〇メートル
〔分　類〕山城
〔年　代〕一四世紀後半～一五世紀
〔城　主〕—
〔交通アクセス〕伊平屋村営バス「田名」下車、徒歩一時間。田名神社に駐車場有り

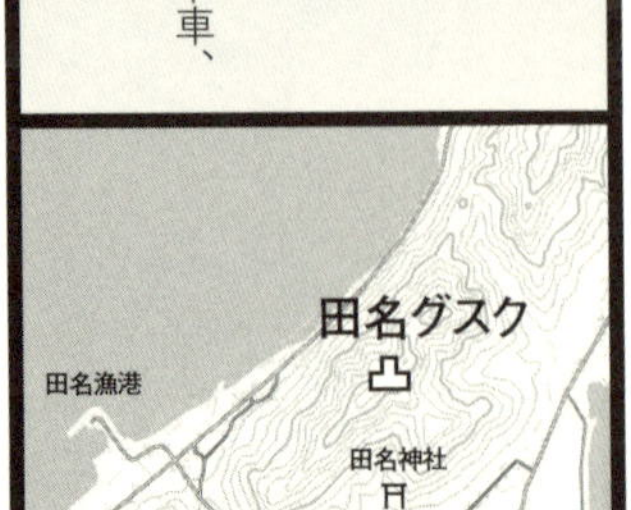

【長い登坂路】　田名《だな》集落の北側にある独立丘陵の頂上部に当グスクは立地している。現在のグスクへの進入路は丘陵麓にある田名神社の背後から頂上部へと続く登坂路である。標高四〇メートルあたりから登坂路の東側に隣接して小平場が一〇ヵ所以上取り付いている。それらはすべて登坂路に隣接して、南北方向の雛壇《ひなだん》配置となっていることから、登坂路を進む寄せ手に対して横矢《よこや》を容易に掛けることができる。標高五〇メートルあたりまで登坂路を進むと左右をチャートを粗割した石材で組まれた出入口にあたる。出入口の幅は約二メートルで奥行は三メートル、石積の高さは最高部で約一・五メートル残っている。この出入口からさらに上部の出入り口までは斜面が続き、平場が三ヵ所連続的に配置されている。

【全体構造】　出入口の西側は急傾斜となり、とくに石積は配置されていない。また、出入口の東側は石積の高さが一・五メートルほどで、その上部から登坂路だけではなく田名集落とその東側に広がる水田を眼下に見ることができる。おそらく物見《ものみ》としての機能を有していたと思われる。さらにそこから東側には南北方向に延びる石積が斜面に沿って配置されている。この石積の東側は急斜面となるが西側の急斜面ほど勾配《こうばい》が強くないため、東側斜面から侵入する寄せ手に対する障壁の機能をこの石積が有していると考えられる。同時に、先の出入口から上方の出入り口まで誘導させるための仕切りとしての機能も考えられる。

頂上部を東西五二メートル×南北約八〇メートルの範囲で囲繞《いじょう》する石

●—田名グスクの城門

積は高さ一～一・五メートルほど残存している。この内部は井戸と思われる窪みが北東部にあり、その近くには「城嶽《うたき》御イベ」とされる御嶽が所在している。平場は見られるものの、石積までは高低差を有しており、囲繞している範囲の約半分の面積約二〇〇〇平方メートルしか平場は占めていない。この石積囲いの南側に登坂路として使われている出入口が見られる。その東側は下方の出入口と同様に高い石積が配置されており、やはり南側にかけての眺望が利く場所となっている。また、南側からの寄せ手に対する防御側の起点となった場であることが想定される。この石積囲いには、高い石積が配置される箇所が北東隅にもある。加えて、この石積から北東へさらに三〇メートル程の位置に竪堀《たてぼり》状の溝や平場、土塁《どるい》状の高まりがまとまって配置されている。これらを組み合わせることで複雑に進入路を屈曲させているようにも見ることができる。これらの遺構が見られる箇所は北東—南西方向に延びる丘陵尾根の最頂部になり、この尾根線は麓《ふもと》まで続いている。さらにその延長線上には小さな湾があり、そこは田名の泊《とまり》とされている場所となっている。現在見られる登坂路とは異なる登坂路としてこの尾根線が想定され、それに対応する形での防御施設を重点的に配置していたものと考えることができる。ちなみにこの石積囲いの西北方向にも丘陵尾根が延びているが、そこに接する石積は他の石積とは規模が大きく変わらないのは、西北方向の尾根線の延長線上は山岳地帯であることから、寄せ手の進入路としてあまり想定していなかったことによるものであると推測される。

【特異な性質】当グスクは斜面部並びに尾根線ラインに対する防御を石積や平場などを組み合わせて巧みに配置させていることから、琉球列島のグスクの中でも地形を最大限に利用した、特異なグスクであると言える。なお、発掘調査は過去において実施されていないが、頂上部付近においてカムィヤキや中国産青磁が表採されている。

【参考文献】沖縄県教育委員会「沖縄グスク分布調査報告書」『沖縄県文化財調査報告書』第五三集（沖縄県教育委員会、一九八五）、名嘉正八郎「グスク（城）の姿」『日本文化研究所叢書』（鹿児島短期大学附属南日本文化研究所、一九九五）、當眞嗣一「太郎と和夫の田名グスク（伊平屋島）探検」『南島考古』第二九号（沖縄考古学会、二〇一〇）

（山本正昭）

●孤島の海城
伊是名《いぜな》グスク
〔県史跡指定〕

〔所在地〕伊是名村字伊是名
〔比　高〕五〇メートル
〔分　類〕山城
〔年　代〕一四～一五世紀
〔城　主〕第一尚氏王統の祖尚思紹の父佐銘川大主と伝わる
〔交通アクセス〕伊是名（今帰仁村運天港からフェリーで五五分）。

【岩山に築かれた城】　伊是名島は、沖縄本島北部本部半島の北方海上約三五キロに浮かぶ周囲一七キロの小さな島である。伊是名グスクは、この伊是名島の南東端、海に突出する円錐《えんすい》状のチャートからなる岩山に築かれた孤島の海城である。

　伝承によれば伊是名島の北に隣接する伊平屋島の島主・屋《や》蔵大主《ぐらうふぬし》が伊是名島統治のためその子・佐銘川《さめがわ》大主に築かせたとされ、築城にあたっては島民に命じて石を供出させたとのいい伝えがある。また、この石の供出のことを「石カネー」といったといわれている。後になって佐銘川大主は島民とのトラブルにまきこまれ島を追われ沖縄本島南部佐敷に至ったといわれ、琉球史でその子苗代之大親（のち尚思紹《しょうししょう》）が第一尚氏の祖になったということはよく知られている。

【グスクの構造】　グスクの東は海に面して断崖をなし、南と西の二面は切り立った断崖で北面だけが漸く昇降し得る地形になっている。グスクはこうした北面の緩斜面部を削平し、中央部にメインとなる通路を設け、その左右に細長い郭を交互にはりつけることで攻者に対して各々の郭から横矢《よこや》が効く。また、テラス状になった郭（この郭のことを「伊是名ミヤー（庭）」と呼び、首里王府時代の公儀祈願所であった）が頂上部を超えた裏側にあたる南の平地に向かって流れる斜面部にも見られる。岩山の裏側から攀《よ》じ登ってくる攻者に警戒を怠らなかったことが見て取れる。西側の崖の縁辺部には、崖下からの侵入に備えて野面積《のづらづみ》の石垣が二～三メートルの高さで直に積まれている。石垣の石材は周辺で採れるチャートの岩塊片と海中で採れるテーブルサンゴの破片を交互に積み重ねる独特な積み方になっているが、石積を安定させ崩落を防ぐ工夫であろう。グスクの東側には、旱魃《かんばつ》にも枯れることがないという「イシカー」という泉がある。この泉があったお陰で北山軍の水攻めにも屈しなかったという伝説が残っている。

●―遠景

【海上の拠点】　正式な発掘調査は、未実施だが城内から青磁酒会壺や青磁高足杯、朝鮮象嵌青磁《ぞうがんせいじ》などの輸入陶磁器の破片等が採集されている。一四～一五世紀に属するものとされる。この時期の琉球社会は、三山分立の時代であり、北部では今帰仁《なきじん》城に拠っていた北山政権を中心とする一大政治勢力が存在していた。この伊是名グスクは、北山政権を支える海上勢力の拠点になったグスクとして捉えることができる。

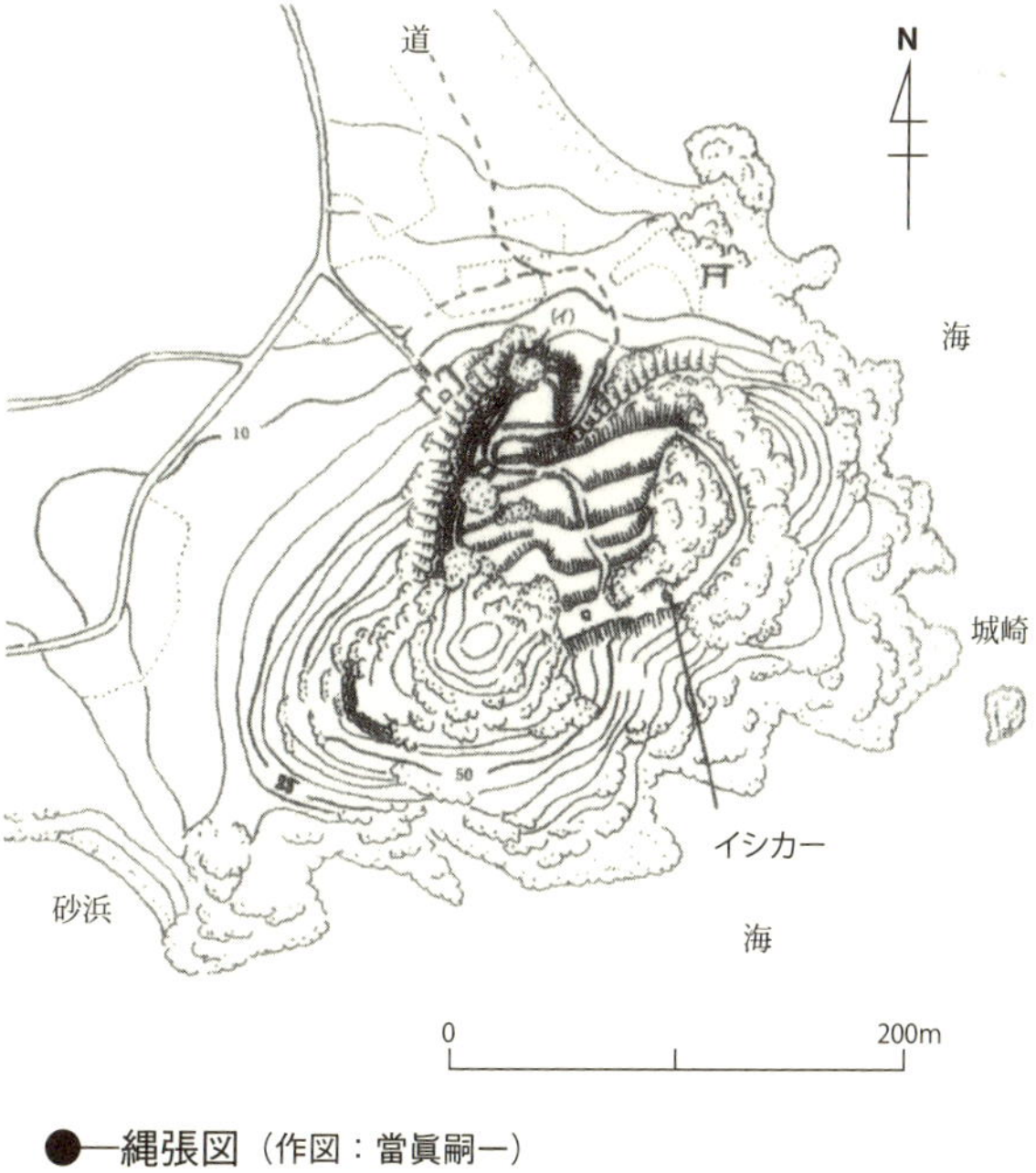

●―縄張図（作図：當眞嗣一）

【参考文献】新城徳祐『沖縄の城跡』（緑の生活社、一九八二）、當眞嗣一『琉球グスク研究』（琉球書房、二〇一二）

（當眞嗣一）

島嶼部

慶良間海峡を睨む海城

シルグスク

〔所在地〕座間味村字阿真
〔比　高〕三五メートル
〔分　類〕平山城
〔年　代〕一三～一四世紀
〔城　主〕シンマヌヒャー
〔交通アクセス〕座間味港（那覇泊港南岸から
フェリーで九〇～一二〇分）。

【グスクの立地】　シルグスクは、那覇市の西方約三〇～四〇キロに位置する慶良間諸島の中の座間味《ざまみ》島阿真《あま》集落の西南端、海に突出する岩山の上に築かれている。国土基本図ではこの一帯を深城の崎と記している。グスクが立地する岩山は標高三五・五メートルをピークにピラミッド形をなし、その裾野は砂洲になって小さな島を形成する。満潮時には島に渡ることができなくなる。

【グスクの構造】　グスクの頂上は一八×八メートルの規模を有する郭Ⅰである。この郭が主郭であろう。郭Ⅰの四方は切岸になり登りにくく城壁の役目をする。北西と南東の縁には痩せた土塁《どるい》がかすかに残っている。現在、この郭には祠《ほこら》があり、旧暦八月十一日と九月九日には阿真集落の各家庭から一人ずつ参加してシルグスク拝みが行われている。

郭Ⅰの下には石垣の障壁を有する腰郭《こしぐるわ》が北西側に一段、北東側と南東側にそれぞれ二段造られている。南西側は切り立った断崖が迫っているために切岸《きりぎし》だけで終わり、腰郭がない。腰郭一・二・三は崖を攀《よ》じ登って来る敵を意識したものであり、郭Ⅰを防御するために緻密に計算されたつくりになっている。主郭Ⅰの虎口《こぐち》は東北東に開いており、郭Ⅱと郭Ⅲを跨ぐ形で郭Ⅰに入る。主郭を中心として求心力の強い郭配置になっている。グスクの下から頂上へと進むには、等高線沿いにジグザグにカーブしながら登っていくが、急な坂道のために容易なことではない。現在は、村当局によって偽木による階段が取りつけられ、いくぶん登りやすくなった。

●—遠景

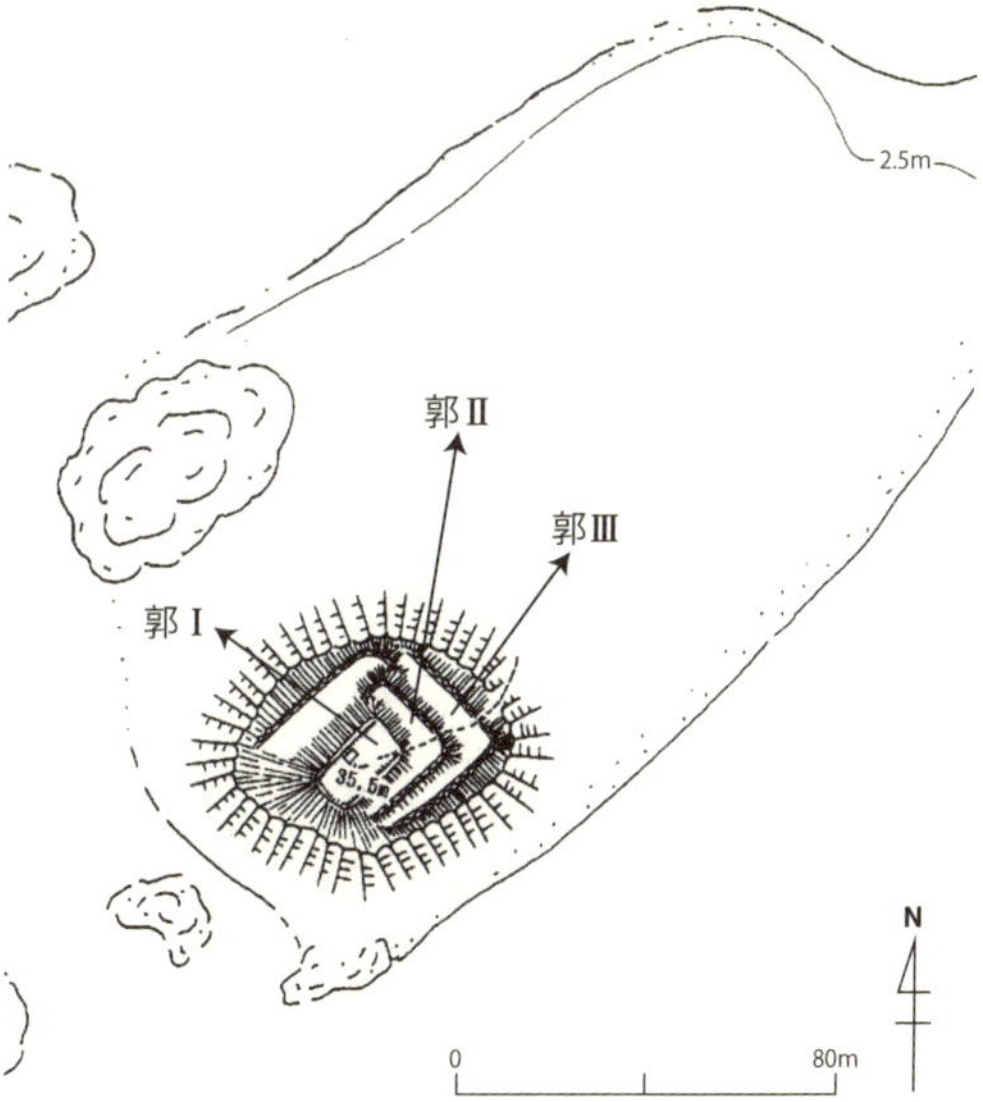

●—縄張図（作図：當眞嗣一）

【シンマヌヒャー伝説】　このグスクには、シンマヌヒャーという人物の伝説が残っている。座間味村史には次のように記述されている。「昔、シンマヌヒャーという人が、何かのことから渡名喜島と戦争を引きおこし、敵軍の来襲から身を守るためにこの城をつくったという。この人は力持ちのうえに勇敢で、刳舟《くりぶね》一隻分の石を両脇に抱えて、八、九丈ほどもあるその険しい岩山に運びあげて城を築き、彼が投げる石弾は遠く渡名喜《となぎ》島にまで達したので、敵は恐れて来寇しなかったと今に伝えている」。

この伝承は、このグスクの性格や機能を考えるうえで非常に示唆的である。切り立った岩山の上になぜこのようなグスクを築いたのか。縄張の特徴を見ると、防御を意識しつつ、非常に求心力の強いグスクだったことがわかる。やはり伝承されているとおり、外敵への備えとしてこのグスクが築かれたのであろうか。頂上部には薄い遺物包含層が確認されることから居住空間としても使用された可能性があり、郭Ⅰを中心に誰かが常駐していたことが考えられる。臨時的なグスクならば遺物包含層は存在しないはずであり、このグスクの性格や機能をどのように考えるか今後の課題としたい。

なお、グスクの登り口に近い平地からは若干の貿易陶磁器が採集される。時期的には一三～一四世紀に属するものである。

【参考文献】座間味村史編集委員会『座間味村史』中（一九八九）

（當眞嗣一）

●火の神を祀るグスク

安禰宜《あねき》グスク

〔所在地〕渡嘉敷村渡嘉敷
〔比　高〕一〇六メートル
〔分　類〕平山城
〔年　代〕一四世紀後半〜一六世紀
〔城　主〕—
〔交通アクセス〕フェリー渡嘉敷港から徒歩四〇分。

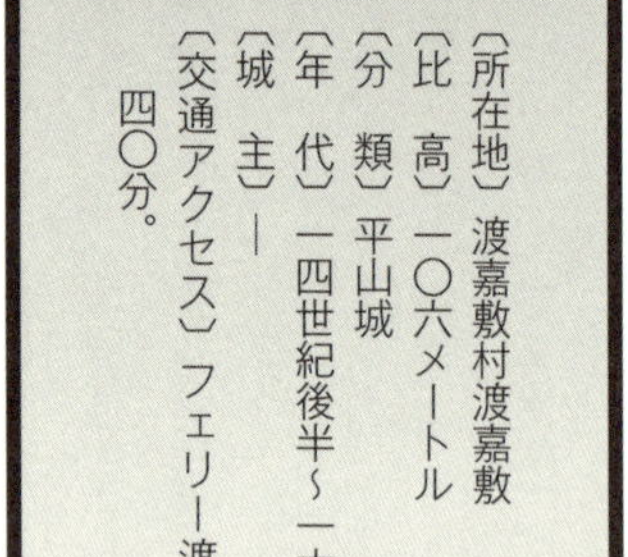

【頂上にそびえるグスク】　渡嘉敷島の渡嘉敷港から北東へ六〇〇メートルほど離れた無人島である城島の頂上部に安禰宜グスクは立地する。城島は緑色岩が露頭する周囲一・五キロほどの小さな島であるが、干潮時にのみ渡嘉敷港の北東に位置する儀津崎から島までの間に約三〇〇メートルの陸橋が現れ、渡嘉敷島から陸路で城島へ渡ることが可能である。この島は頂上付近にのみ平坦地が見られ、裾部が急傾斜となる。全体的に椀を伏せたような島影となっている。

　南北東は屹立した崖が形成され、西側も傾斜のある斜面が標高約九〇メートル付近まで続いている。安禰宜グスクへは西側斜面からのみ登坂が可能であり、かつては北西側にグスクへと至る道が取り付いていた。現在は斜面崩落などによってグスク内へ至る道は残っておらず、本来のグスクの出入口は判然としない。

【構造と拝所】　標高一〇〇メートル付近に一〇〇〇平方メートルほどの平場が頂上部の東西に各一ヵ所見られる。とくに石積《いしづみ》や土塁《どるい》などの遺構は見ることはできない。西側の平場は面積が約二五〇〇平方メートルで東西約五〇メートル、南北六〇メートルと南北方向に展開している。さらに西側にも平坦地が見られるが、あまり平場造成が行き届いていない。東側の平場は面積が約二〇〇〇平方メートルで東西約五〇メートル、南北四〇メートルで東端に集石が見られ、さらに少し離れた場所には石製の香炉《こうろ》が置かれている。この一帯は御嶽《うたき》とされ、火の神を祀っている。

　また、『琉球国由来記』には「安禰宜城嶽・神名　国カサ」

●—安禰宜グスク遠景

の記載が見られることから、この拝所に同定されるものと思われる。この平場の西側、頂上部から続く傾斜面の裾部には伝承で井戸跡とされる擂鉢《すりばち》状の窪みがある。この窪みの底部には水分を含んだ土が現在も見ることができる。頂上部はとくに平場造成はされておらず自然地形のままである。またかなり狭小で、現在は下草が繁茂していることにより眺望は叶わないが、渡嘉敷港に入る船舶を望むには絶好の位置であることが全体の平面プランから見て取ることができる。防御性においては自然地形として急峻な丘陵上に立地していること以外に見出すことができないが、集石が見られる点などは礫石《れきせき》として溜め置いている可能性が指摘できる。

【集落と伝承】 当グスクの来歴については文献史料にまったく現れてこないため、詳細については不明である。渡嘉敷集落に残る伝承では西御嶽周辺、城島、クミチヂ山の三ヵ所に集落があったが、近世以降は現在の渡嘉敷集落が立地している場所に移住し、統合したとされている。そのため、城島から移住した由来を有する家は城島の御嶽を拝むことになっている。また、別名「アマチヂグスク」とも呼ばれており、近年まで雨乞いのために城島の拝所まで祭祀を行うために登坂した話を聞くことができたが、最近は参拝が途絶えている。

グスク内で遺物が表採できなかったことから集落遺跡であ

るかは判断を下し難いが、四五〇〇平方メートルもの面積を有する平場があることから、生活域としては十分な空間を有している。今後においてさらなる詳細な確認調査でその性格を明らかにしていく必要がある。

【参考文献】渡嘉敷村史編集委員会『渡嘉敷村史　通史編』（渡嘉敷村役場、一九九〇）、沖縄県立埋蔵文化財センター「慶良間諸島の遺跡」『沖縄県立埋蔵文化財センター調査報告書』第八一集（二〇一六）

（山本正昭）

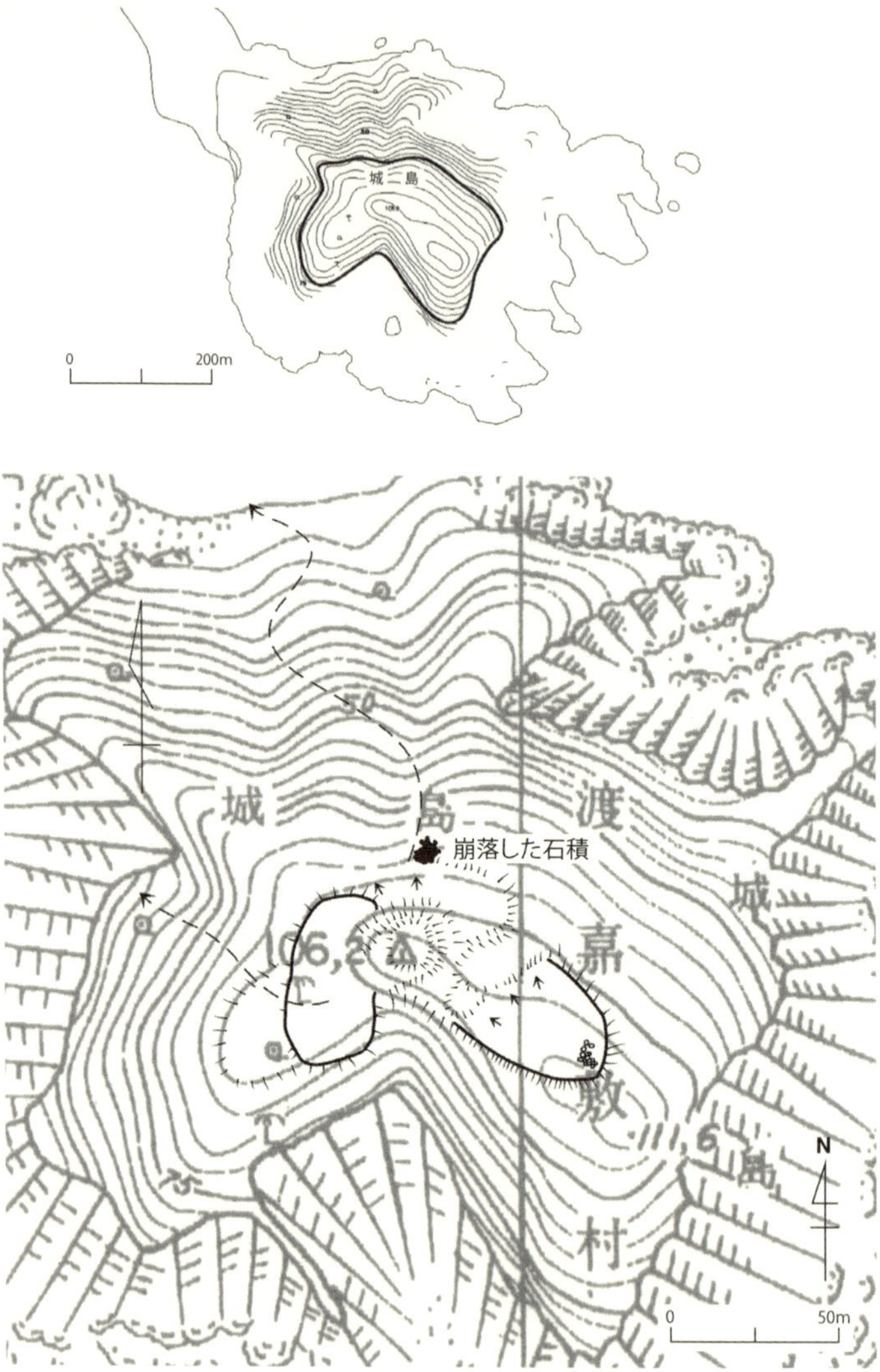

●—安禰宜グスク平面概要図（沖縄県埋蔵文化財センター提供）

●宮古島東部最大のグスク

高《たか》腰《うす》グスク

〔県指定史跡〕

〔所在地〕宮古島市城辺
〔比　高〕一一三メートル
〔分　類〕山城
〔年　代〕一三〜一四世紀中葉
〔城　主〕高腰按司
〔交通アクセス〕宮古協栄バスターミナルから、協栄バス「比嘉」下車、徒歩二〇〜二五分。

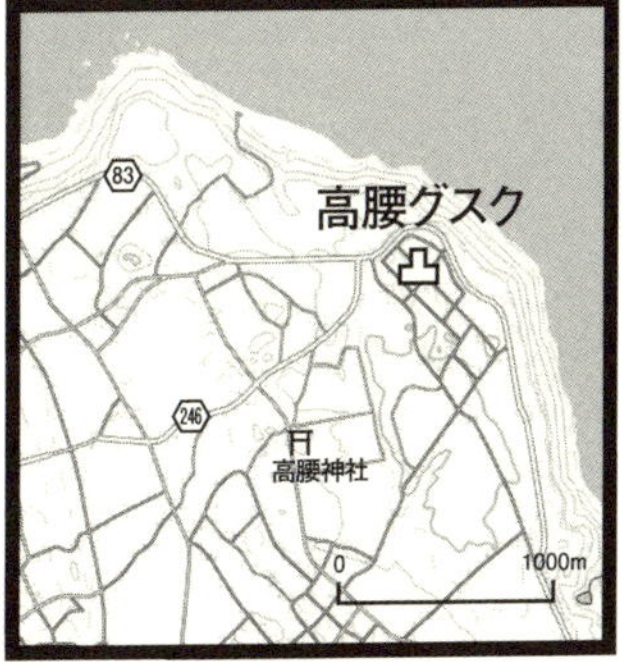

【宮古諸島で最高所に築城】　本城は、宮古島市城辺《くすべ》比嘉《ひが》集落北方の標高一一三メートルの丘陵（高腰嶺）上に形成されている（写真）。

グスクは、「低島」群の宮古諸島域では最高所に築城され、北に大神島《おおがみじま》、西に伊良部《いらぶ》島、南に野原岳《ぬばるだき》丘陵が眺望できる要所に所在している。また、グスクの北東部には城主・高腰按司が使用したと伝承される按司ノ泉《あずぬかー》（湧泉）が、さらに西方約六〇〇メートルには城主を祀ったと伝承される高腰神社（御嶽《うたき》）が所在している。

グスクの立地する丘陵は、南東から北西に向けて舌状に延びており（図）、南東部では馬背状の緩傾斜をなすが、西〜南西部にかけては急崖をなしている。このため、城の防御としては、北〜東〜南側は高石垣を積んで防御を固め、西〜南西部は崖という天然の要害で守られている。

【グスクの構造や規模と城門】　グスクの構造は、南南東に追手門を設け、東西に延びた隅丸長方形状の石積《いしづみ》囲いの中に、三〜四の郭が構築されている（図・次頁写真）。これらの郭は、すべて同規模ではなく、全域の五分の四にあたる南側の大区画と、約五分の一をさらに、三区画した北壁寄りの小区画からなる。各郭は、各々異なった機能を有していたものと考えるが、内部の面的調査が行われていないため、判然としない。

グスクの規模や残存状態等について、『雍正旧記』（雍正五・享保十二（一七二七）年編さん）に「高腰城長三拾間二横弐拾三間門未ノ方向ニ向フ右由来ハ往古城主高腰按司ト申人ノ由候得共往古ニテ子孫相知不申村モ致落去城囲等モ散々罷成根積計爾今有之候前代ニテ不詳候事」とあることから、当該史書が記された一八世紀前半代には、石積は根石《ねいし》部分のみが（現状に近い状態?）遺されていたことが判る。

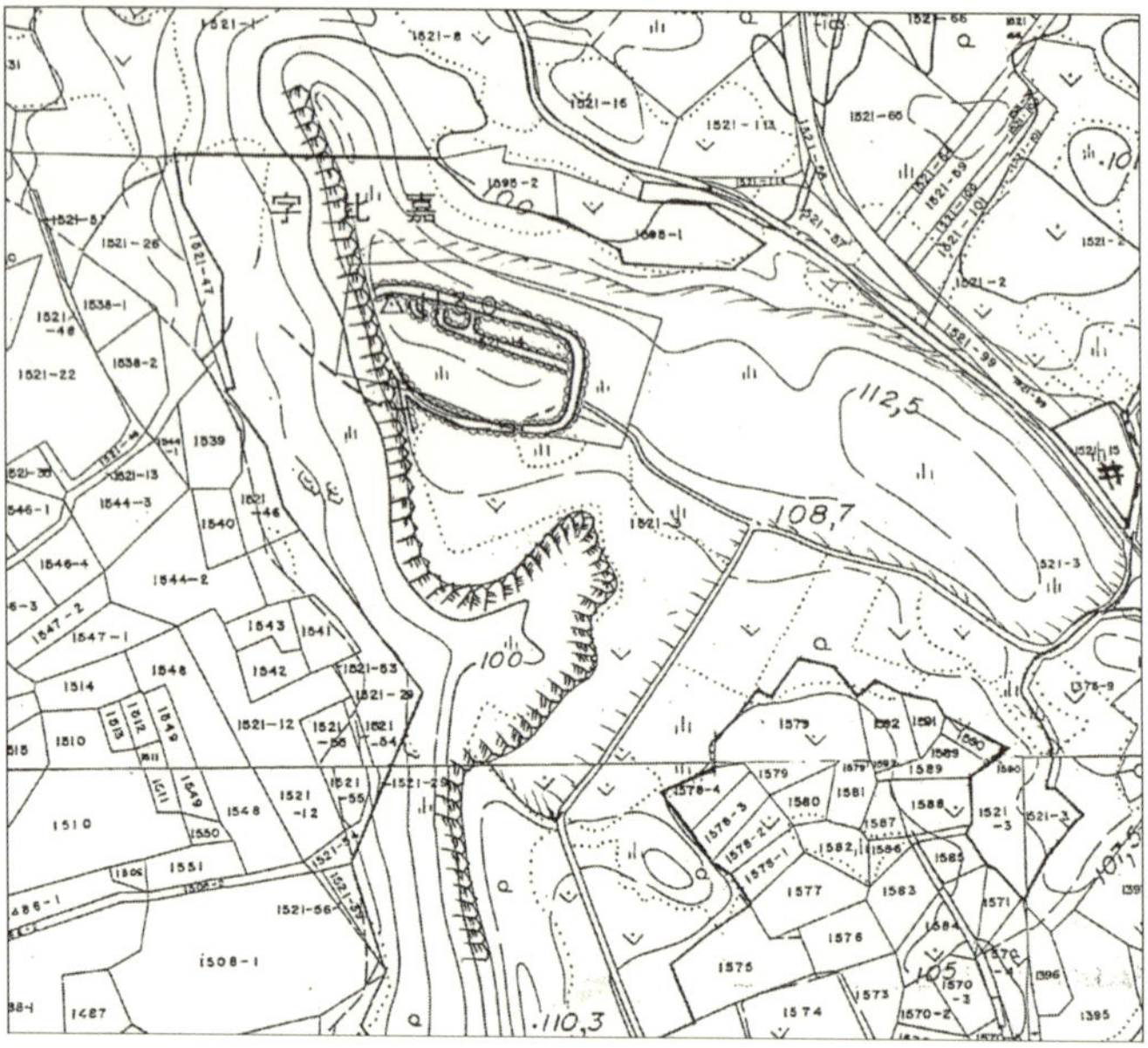

●—縄張図（城辺町教育委員会編「高腰城跡範囲確認調査報告書」1989より）

一九八五～八七年度に、グスクの規模、構造、性格、保存状態等の解明を目的とした発掘調査を実施した結果、長さ（東西長）は七〇メートル（三八・八間）、横（南北長）四〇メートル（二二・二間）を測り、長さ、横とも『雍正旧記』記載の数値と調査結果の数値には誤差が認められる。すなわち、横（南北長）は、おおむね近似した値が得られているが、長さ（東西長）については一六メートル（八・八間）の差異が生じている。この差異が何に起因するかは判然としないが、現在の測量技術の精度の差にしては決して小さくはない。また、門は「未《ひつじ》ノ方向ニ向フ」（南南西）と記されていることから、南南西部の石囲いを丹念に調査したが、門跡らしきものは発見されなかった。逆に、逆方向の東部に石積が途切れた箇所が確認されたことから、当該地点の発掘調査を行っ

●—近景（南から）

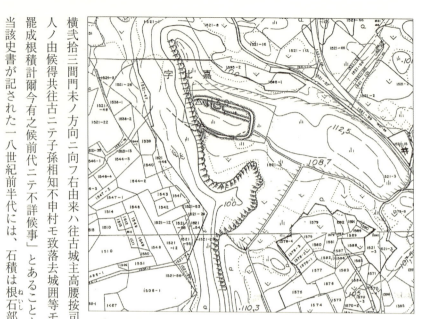

た結果、石積ラインの端部から扇形状にスロープをなして、拳《こぶし》大程の大きさの石灰岩礫が敷き詰められた箇所が検出された（写真）。当該石敷は途切れた石積をへて城内へ進入する登城路の終点部分であることがわかった。このようなことから、当該部分が史書にみられた門なのか、あるいは「未」の方向に追手門は存在し、当該門は通用門的機能を有した門であったのか、今後の研究を待ちたい。

【与那覇ばら軍に攻められ落城】 伝承等によると、城主・高腰按司は強力無双、武勇絶倫の人物で、グスク一帯を支配し、牧場と肥沃な土地を領有していたといわれる。そして、常日頃から領民保護のために産業を奨励し、宮古地域で初めて水田開発を行い、鍛冶を取り入れ、村の豊穣・繁栄のために力を注ぎ、地元では名君と称されていた。

一方、「高腰按司のアヤゴ（歌謡）」には、女按司の領地を策略により奪い取ったことが謡われていることから、欲深い一面も覗かせている。

グスクの落城は、「与那覇《ゆなは》ばら軍《いうさ》」の戦いで、盟友と言われた「中喜屋泊村《なかきやとまり》」の内立按司《うちだてあず》の寝返りにより、平良の東方一帯に勢力を拡大していた「佐多大人《さたうぷんとう》」率《ひき》いる軍に攻め込まれ、自害したと伝えられる。

述べてきたように、グスクとしての良好な遺構を残しているうえ、その規模や構造等からして、宮古地域に琉球王国の勢力がおよぶ以前の様子を窺ううえで重要なグスクと言えよう。

【参考文献】城辺町教育委員会編『高腰城跡範囲確認調査報告書』（一九八九）

（盛本　勲）

●—上空からみたグスク石積の全景

●—追手門手前に敷き詰められた石敷

●池間島統治の中心地

上《うえ》原《はら》遺跡

〔所在地〕宮古島市池間
〔比　高〕二〇メートル
〔分　類〕平山城
〔年　代〕一三世紀～一九世紀
〔城　主〕ナカマトゥユミャ
〔交通アクセス〕宮古協栄バス「漁協前」下車、徒歩一〇分。

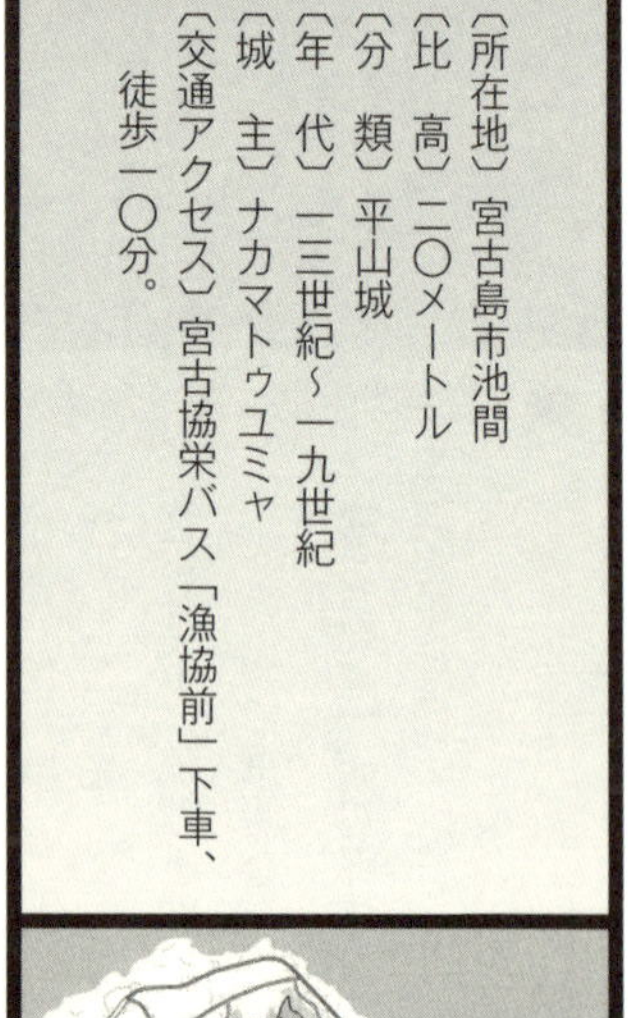

【池間島集落に隣接する】　宮古島の北側に浮かぶ面積二・八三平方キロメートルの島である池間島《いけまじま》、その南西端に当遺跡は立地している。島の南側には池間漁港があり、その南西側にある丘陵とその背後が遺跡の範囲となっている。遺跡内には池間集落の拝所であるウパルズ御嶽《うたき》があり、その南東側に石積遺構を見ることができる。石積は野面《のづら》積で高さはおおむね一～一・五メートルで、一部では二・五メートルに及ぶ部分も見られる。

【全体構造】　平面プランでは四一の石積《いしづみ》囲いが見られ、北から①不整形の石積囲いが連結される区画、②方形を基調にした石積囲いが連結される区画、③道路上の区画を介して方形の石積が配置される区画におおよそ大別することができる。①の区域では池間島を統治していたナカマトゥユミャの屋敷とされる区画があり、「ナカマニー」と呼ばれる拝所となっている。②は①に隣接しており、②の区域には池間村番所跡があり、その北東側の丘陵上には遠見台が近世期に設置されている。③の区域には南北方向を軸とする道と東西方向を軸とする道が各一筋見られ、それぞれの石積囲いはその道に向けて出入口を開けている。また、③の区画の南西側には「マジャムトゥ」「アゲマスムトゥ」といった拝所があり、これらに隣接した石積囲い内には大正期まで家屋が存在していた。

　以上のようにそれぞれの石積囲いの特徴においては、石積囲いの方形化、道の有無から①～③にかけての規格性を見て取ることができる。また、表採される遺物から①が一五世紀

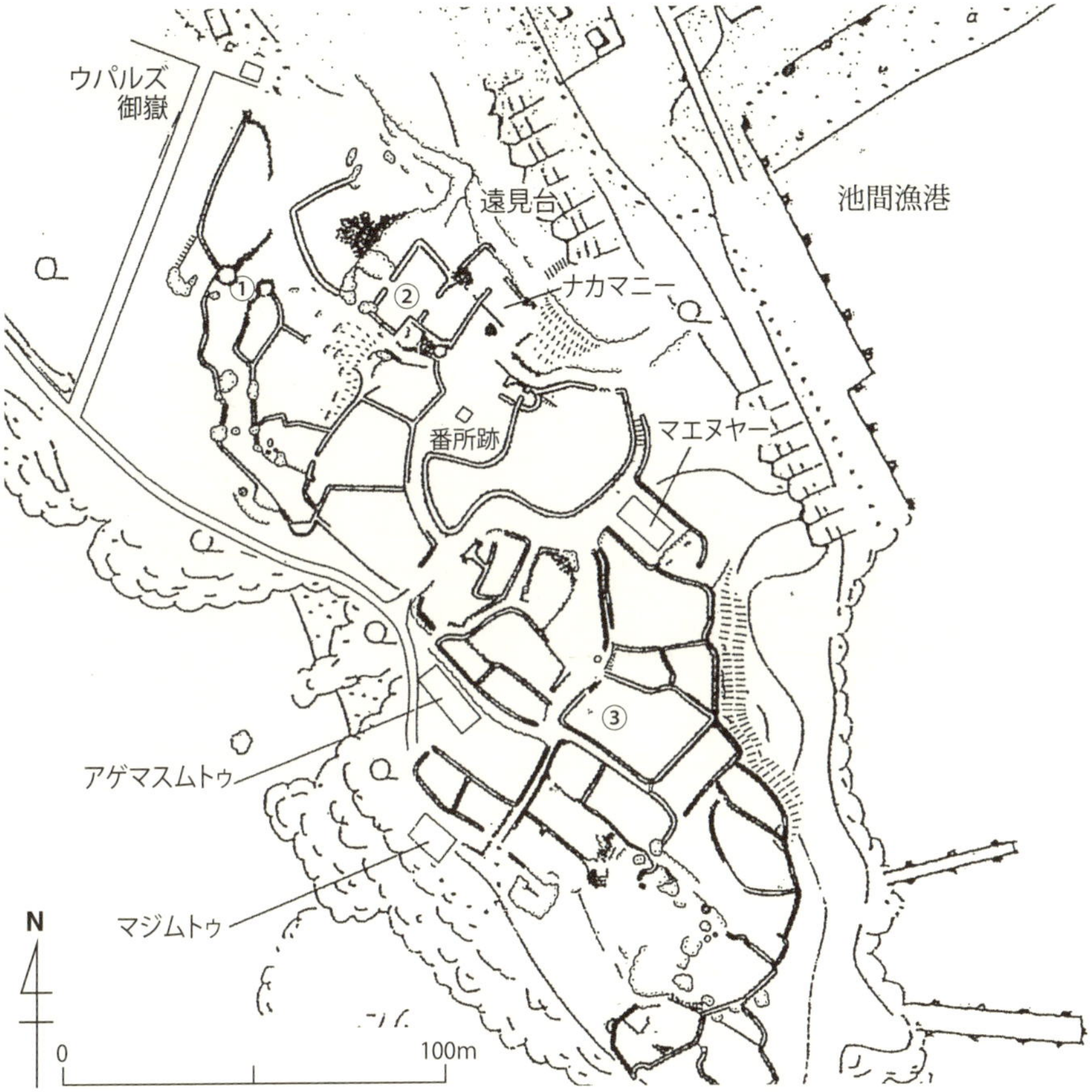

●―上原遺跡平面概要図（作図：山本正昭）

頃に成立し、②が近世期、③は近代までは居住地であったことから、当遺跡は南西側へと位置を少し移動させながら、展開していったことが窺われる。

【石積が意味するもの】　伝承では、現在の池間集落が成立する以前は当遺跡が集落域であったとされていることからも集落遺跡としての様相を強く有している。他方で、防御性については遺跡の外縁部に配置されている石積が約二・五メートルの高さを有している点に見て取ることができる。それは③の区域における東端で確認することができ、海岸部に面している。当遺跡の平場から海水面までは五メートルほどの高低差を有しており、遺跡内部の平場と海岸へ下る緩斜面との境に石積を配置していることから、高低差を活かした障壁を設置しようとした意図を読み取ることができる。ただし、この規模の石積が配置されているのは東端のみで、海岸部に面した南側や南西側に見ることはできない。これは海岸部に面した南側

●—上原遺跡内に残る石積

や南西側は「マジャムトゥ」「アゲマスムトゥ」といった拝所や、ウパルズ御嶽への参道設置等による後世の改変が著しいことから、かつての石積の旧状を知ることはできない。よって、障壁となるような石積が遺跡の外縁部にどの程度、配置されていたのかについては今後における当遺跡の性格を明らかにしていくうえでの課題であると言える。

宮古諸島の中でも当遺跡は極めて残りのよい集落遺跡であると共に、集落域を防御することが当地域において具体的にどのような意味を有していたのかを考える意味で重要な遺跡であると言える。

【参考文献】仲宗根将二「池間島の〝ユークイ〟みたまま」『昭和五十二年度文化財要覧 平良市の文化財』(一九七八)、仲宗根将二「池間島の〝ミャークヅツ〟」『昭和五十三年度文化財要覧 平良市の文化財』(一九七九)、平良市教育委員会『平成一一年度文化財要覧 平良市の文化財』(二〇〇〇)

(山本正昭)

●宮古島南岸の要害

上比屋山遺跡《ういぴやーやま》

〔県指定史跡〕

〔所在地〕宮古島市砂川
〔比　高〕四〇メートル
〔分　類〕平山城
〔年　代〕一三世紀～一五世紀
〔城　主〕砂川大殿
〔交通アクセス〕宮古協栄バス「友利 新里公民館」下車、徒歩約二〇分。遺跡周辺駐車可

【九ヵ所の拝所のある構造】　宮古島の南岸に面する、標高四〇～五〇メートルの丘陵の斜面部に立地しており、一帯は「ウイピヤーグシク」と呼ばれている。北から南にかけて緩傾斜に雛《ひな》壇《だん》状の平場を約一〇ヵ所見ることができ、その平場の縁辺部には高さ〇・五～一・二メートルの石積《いしづみ》囲いが配置されている。この石積は平場を囲繞《いじょう》するように配置しており、すべて野面《のづら》積となっている。とくに核となる平場は見られず、その面積は区々で平場相互も直接、連結しているものや小道で連絡しているものなど多様で、平面プラン上の法則性は読み取れない。この平場が展開している区域には九ヵ所の拝所が点在している。これらのうちマイヌヤー御嶽《うたき》にともなう三棟の建物は茅葺《かやぶき》屋根を有し、壁面は石積で、屋内には掘立ての棟柱と炉を有する、琉球列島でもあまり見ることができない建造物で、現在も周辺住民によって維持・管理がなされている。南方は丘陵のピークとなり、畑地として広く削平を受けている。この区域からも中国産陶磁器が表採できることから、遺跡としてはさらに北東側へ展開していることが確認される。

【方形石組遺構】　一九五七年に試掘調査が実施され、宮古式土器、中国産青磁、白磁、褐釉《かつゆう》陶器、青花《せいか》といった遺物が出土している。これらの出土遺物は一三～一五世紀に比定することができる。また、当遺跡北端に「トウンカイフィイス（唐んかい岩）」と呼ばれる六×三・五メートルの方形石組み遺構を見ることができる。北側へ突出するように築かれたこの石組遺構は遠見台として機能していたものと推測される。この遺

●—上比屋山石積

構は規格性を有し、かつ切石《きりいし》を多用しているといったことから、当遺跡が形成されて以降、おそらく近世以降に構築されたと考えることができる。一三〜一五世紀以降においても、当遺跡の一部では機能し続けていたものと思われる。

文献史料においては上比屋山遺跡についての記載はまったく見られないことから不明な点が多い遺跡と言える。しかし、右記のことから、高低差を活かして、平場縁辺部の石積により、障壁としての機能した以外での防御性を読み取ることができず、集落としての性格が強いことを読み取ることができる。

【倭寇の根拠地の可能性】 この遺跡の性格についてはかつて稲村賢敷が立地面から要害の地であることや近隣に「みなごじ浜」という碇泊《ていはく》地に適した浜があること、上比屋山《うぃびやーやま》一帯が「やまとがふ」と呼ばれていること、試掘調査で中国産陶磁器が出土したこと、遺跡にまつわる伝承などから海外から来島した倭寇《わこう》が当遺跡を根拠地として密貿易を行っていたという解釈をしている。これに対して下地馨は宮古の人々が居住した、「宮古の海外発展の遺跡」と評価し、倭寇に関連する遺跡ではないと稲村に対して反論を行っている。両者のやり取りから当遺跡が宮古諸島の中世相当期を考えていく上で重要な遺跡であることを示唆していると共に、近年の発掘踏査成果との比較検証により、その性格がさらに明らかになっていくものと思われる。

【参考文献】稲村賢敷『琉球諸島における倭寇史跡の研究』（吉川弘文館、一九五七）、多和田真淳『沖縄の史跡、建造物』（風土記社、一九七四）、下地馨『宮古の民俗文化』（琉球出版会、一九七五）、新城徳祐『沖縄の城跡』（緑と生活社、一九八二）、沖縄県教育委員会「ぐすく」『沖縄県文化財調査報告書』第九四集（一九九〇）

（山本正昭）

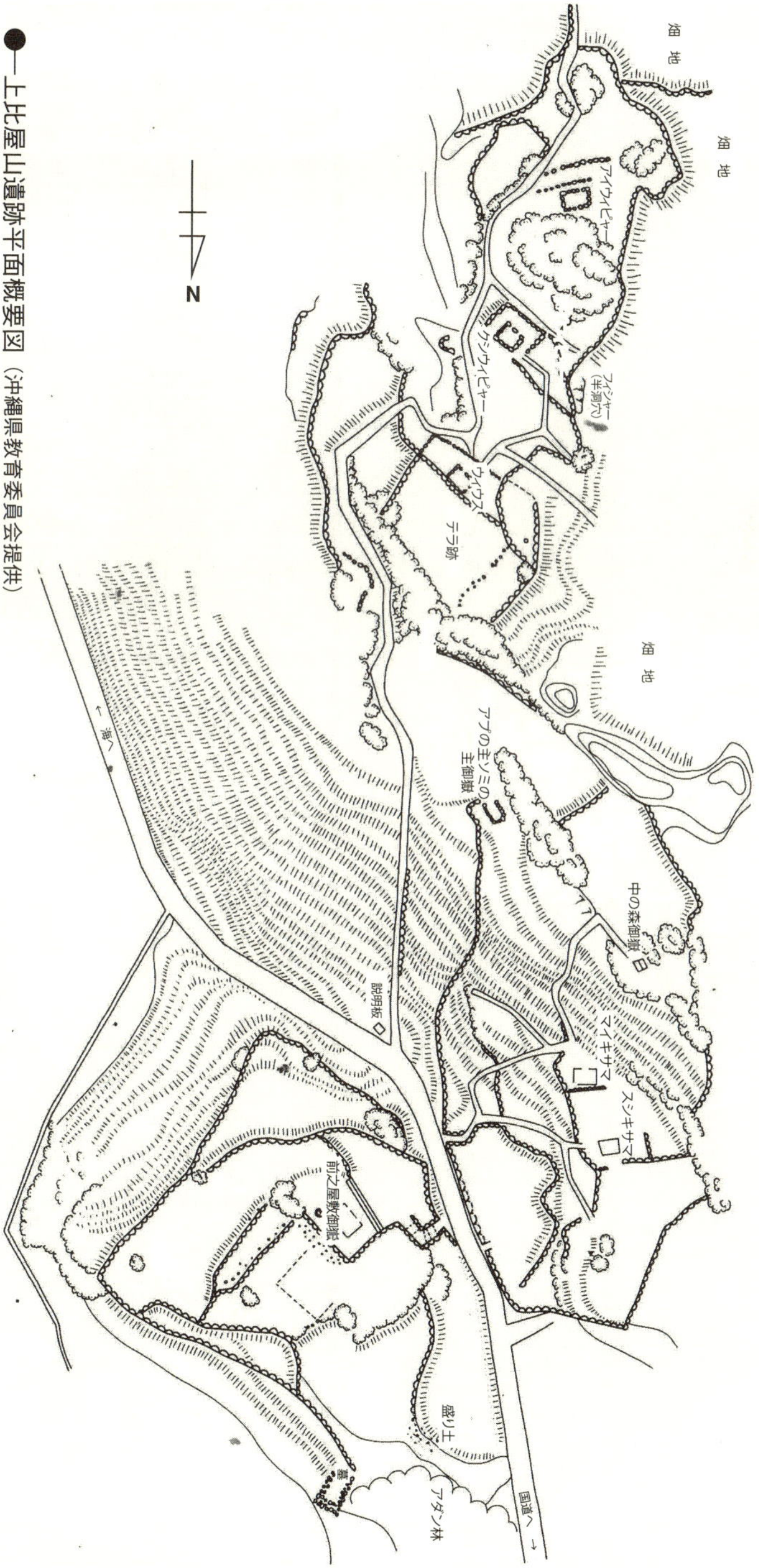

●―上比屋山遺跡平面概要図（沖縄県教育委員会提供）

●断崖沿いに立つ防御集落遺跡

フルスト原《ばる》遺跡《いせき》

〔国指定史跡〕

〔所在地〕石垣市大浜
〔比　高〕約一メートル
〔分　類〕山城
〔年　代〕一四世紀頃
〔城　主〕オヤケアカハチ
〔交通アクセス〕東運輸バス「大浜」下車、徒歩一五分。

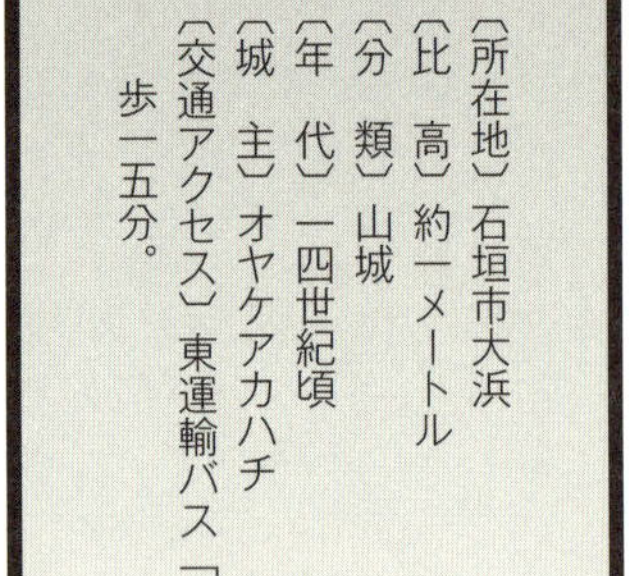

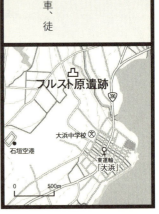

【伝オヤケアカハチの居館跡】　石垣島の南方、宮良湾をのぞむ標高二五㍍の琉球石灰岩台地上にある集落遺跡で、一五世紀後半、石垣島の有力首長の一人だったオヤケアカハチの本拠地と伝えられている。遺跡の規模は東西約二〇〇㍍、南北約九〇〇メートルの広大な範囲におよんでおり、高さ約一・五㍍、厚さ約四㍍ほど、約二〇㍍四方の石積《いしづみ》囲いが一五基、城門跡と古墓、崖下に同時期の貝塚などが確認されている。

一五世紀、八重山諸島は各地に首長が並び立ち勢力を争っていた。石垣島には長田大主《なーたうふしゅ》、満慶山英極《みつけーまえいきょく》や平久保加那按司《ひらくぼかなあじ》、オヤケアカハチ、西表島には慶来慶田城《げらいけだぐすく》、波照間《はてるま》島には明宇底獅子嘉殿《みうすくししかどぅん》がいた。このうち、石垣島大浜地域のオヤケアカハチが勢力を拡大、首里王府に従う長田大主らを破って石垣島の覇権を握り、さらに宮古島の攻略を企図。これに対し宮古島の首長・仲宗根豊見親《とぅゆみゃ》は一五〇〇年、首里王府の軍勢約三〇〇〇とともにアカハチを討つべく石垣島に侵攻した。迎え撃つアカハチは「衆兵を領し、険阻を背にし大海に面して」（『球陽』）布陣。王府軍は苦戦するも、軍勢を二隊に分け登野城《とのしろ》と新川方面から上陸してアカハチ軍を破った。捕縛されたアカハチは処刑され、石垣島は首里王府の完全な支配下に入った。アカハチが布陣した険阻を背に大海に面した場所は、フルスト原遺跡の立地を想起させる。

【一五基の石積み囲い】　フルスト原遺跡は台地断崖の縁に立地する五基の石積囲いと、崖から約二〇㍍ほど奥へ進んだ一〇基の石積囲いから構成される。崖沿いの四基はそれぞれ対になっており、さらに一基が約一九〇《メートル》離れて築かれている。その間に遺構が存在しないのは、後世の採石で破壊されたことによるもので、実際には連続して数基の石積囲いが存在していたようである。崖から離れた一〇基の石積囲いは本遺跡のもっとも高い地点にあり、集中して細胞状に連結して複雑な構造となっている。こうした形状は八重山地域の古集落遺跡のあり方と共通して見られるもので、フルスト原遺跡も集落としての性格を持っていたことがわかる。

いずれの石積囲いも野面《のづら》積《づみ》でほぼ方形をしており、幅約一、二《メートル》の入口が一つ設けられている。崖沿いの一号石塁と二号石塁の内部からは柱穴群が見つかっており、とくに二号石塁では約一〇〇個の柱穴と炉跡が検出され、柱を固定する楔石《くさびいし》も残る。建物は中柱を持つ円形の建物と、地表に石灰岩の露頭《ろとう》が多く見られることから、土間敷ではなく高床の建物があったと推定されている。

●—石垣

【防御的な集落遺跡】八重山諸島においては「スク」あるいは「シュク」と称される遺跡が存在し、代表的なもので石垣島のビロースク遺跡、竹富島のハナスク村遺跡、波照間島のマシュク村遺跡などが挙げられる。沖縄島の「グスク」に相当するものと考えられてきたが、八重山では「グスク」が単に石積そのものを指す語であり、スクも沖縄地域で見られるような城塞とは様相を異にし、主に集落の景観を有すること、また一六世紀まで首里王府の支配以前の八重山において独自に発展した歴史を重視して、ひとまずグスクとは区別して考えるべきとの意見もある。ただしこれらの集落遺跡は石灰岩の丘陵上などに築かれ、進入路も限定されるなど、防御的な性格が見られる遺跡であることも留意すべきであろう。断崖上に立地するフルスト原遺跡は外敵の侵入を想定した防御的な性格を充分に備えている。

【一四世紀代から存続】フルスト原遺跡の発掘調査では一

●—周辺図（石垣市教育委員会提供）

五、一六世紀を主体とした中国産陶磁器や八重山式土器、徳之島産のカムィ焼、鉄鍋や鉄釘、石器類や勾玉《まがたま》、骨製の鏃《やじり》などが見つかった。イノシシやジュゴンの骨で製作された多量の鏃は、貴重だった鉄製の鏃の代替品として利用されたと考えられる。銅鏡を三角形に割り（破鏡）、穴を開けた装飾品と思われる出土物も注目される。遺跡の存続年代は一四世紀から一六世紀前半で、オヤケアカハチが登場する以前の段階から存在していたことが判明している。

戦時中、フルスト原遺跡は日本軍の海軍飛行場（旧石垣空港）の建設や戦後の建設ラッシュにともなう採石で破壊が進んだが、一九七六年の沖縄県教育委員会による調査を契機に重要な遺跡としての認識が高まり、一九七八年に国指定史跡となり、現在も整備が進められている。

【参考文献】石垣市教育委員会市史編集課編『石垣市史　考古編』（二〇一五）、沖縄県教育庁文化課編『ぐすくグスク分布調査報告書Ⅲ　八重山諸島』（沖縄県教育委員会、一九九四）、當眞嗣一『琉球グスク研究』（琉球書房、二〇一二）

（上里隆史）

●石積が連結した首長の村跡

花城《はなつく》村《むら》、久間良《くまら》村《むら》跡

〔所在地〕竹富町竹富
〔比　高〕一五メートル
〔分　類〕平山城
〔年　代〕一三世紀〜一五世紀
〔城　主〕他金殿
〔交通アクセス〕竹富東港から徒歩二〇分。

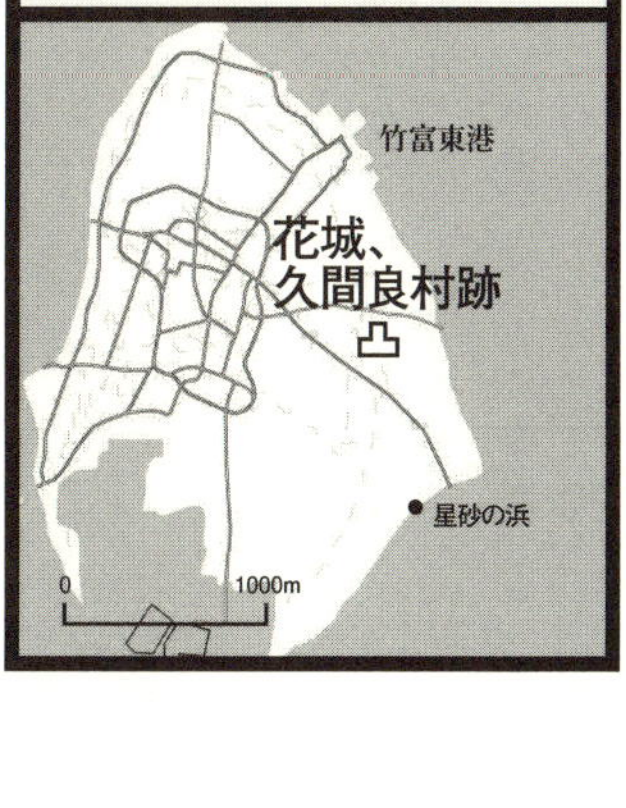

【「他金殿」の住居】　竹富島での唯一の集落である竹富集落から東に約六〇〇㍍離れた荒蕪地に当遺跡は立地している。花城《はなつく》村跡は別に「ハナスクの高城」と呼ばれ、伝承では竹富島の名の由来となった「他金殿《タカネトノ》」と呼ばれる首長が居住していたとされている。他金殿は沖縄本島からその一族を率いて竹富島に渡り、花城村を村立てした人物であるとして、当遺跡には他金殿を祀った拝所である「ハナックオン」を見ることができる。

　久間良村跡は沖縄本島から来た久間原発金《クマーラハチンガニ》により村立てされたとする伝承が残り、「クマーラオン」と呼ばれる拝所を当遺跡に見ることができる。

【村跡の構造】　これらの両村跡の拝所を核にして大小の石積囲いが東西方向に連結して展開しているのを確認することができる。野面《のづら》積の石積で基本的に高さは一〜一・八㍍と小規模で、石積囲いの総数は両村跡で二〇を越える。花城村跡と久間良村跡との中間にも石積囲いが展開しており、村境は明確ではない。また、これらの石積囲いには幅〇・九〜一・二㍍の出入り口が一、二ヵ所見ることができ、それらは道となるような区画を見られずに、直に連結している。このような平面プランは先島《さきしま》諸島地域における一四〜一五世紀の集落遺跡で散見され、竹富島では新里村西遺跡やフージャヌクミ遺跡も同様の形態となっている。また、三〇㍍四方の石積囲いを核に一辺が七〜八㍍の石積囲いが付属して五〇㍍四方の区画が二ヵ所、形成されており、さらにその外縁には不整形の大小の石積囲いが多数附属するといった三重の同心円構造であるという指摘がなされている。加えて、核となる二ヵ所の石積囲いの南側には拝所であるクマーラオン、ハナックオンが各々位置しており、共に三〇メートル四方の石積囲いに向けて拝するようになっている。

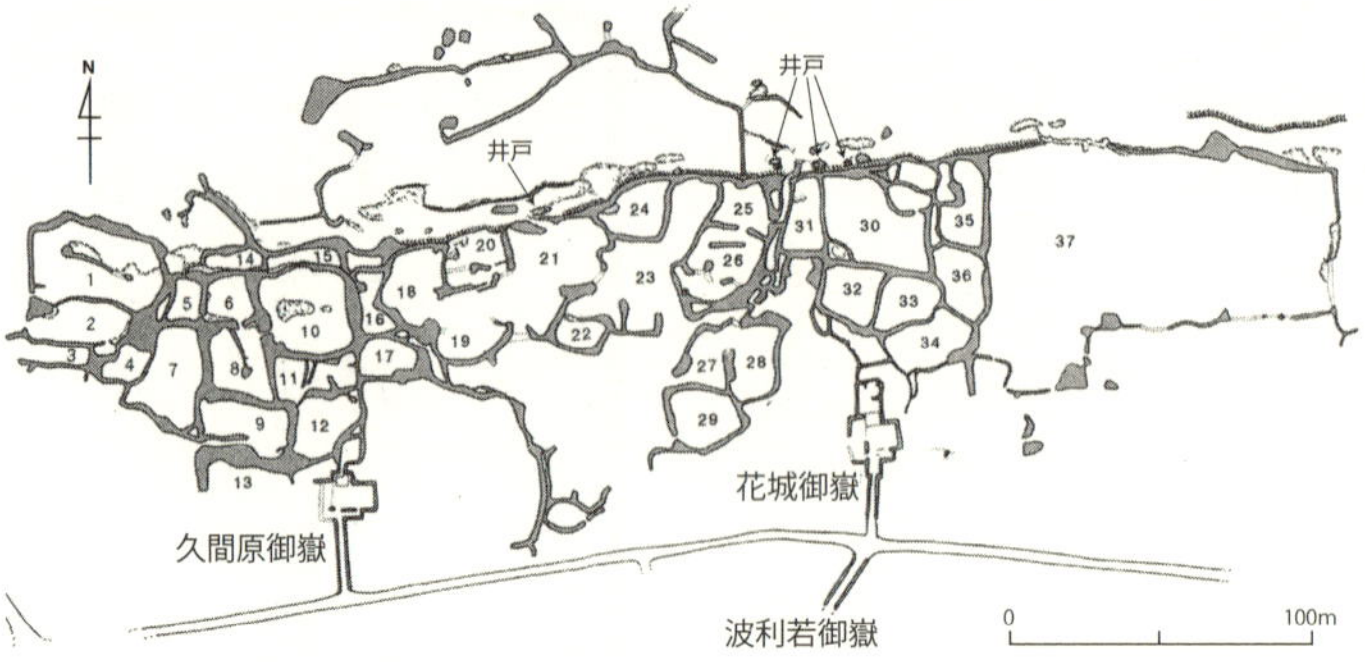

●—花城村跡平面概要図（小野1998）

これらのことから他金殿、久間原発金といった村立てに関わりのある石積囲いであるという指摘もなされている。

　両村跡の北端は東西方向に高低差三メートル前後の石灰岩崖が見られ、この崖より北側には石積遺構は見られない。この遺跡の北端となる崖上には東西方向に高さ二・五～三メートルを有する石積が東西方向に延びているのを見ることができる。石積は崖縁に沿って配置されており、三ヵ所途切れている部分が見られ、何れも崖下へ降りることができる。過去においてこの石積をもって防御性を有しているという見解があるが、とくに張出《はりだし》や複雑な出入り口を設けているのではないことから、高低差を活かした障壁としての機能に終始した、極めて単純な防御施設であると言える。過去に海岸部に向けてこの石積が配置されていることから、倭寇《わこう》を意識して設置したという見解がなされている。

【発掘調査が語るもの】過去に実施された発掘調査では中国産陶磁器をはじめ八重山《やえやま》式土器、獣骨、貝類など多くの遺物がクマーラオンの南側に位置する石積囲い内から出土しており、これらから一四世紀～一五世紀には集落として機能していたとされている。

　なお、当遺跡の崖下には一六世紀初めに八重山頭職《かしらしょく》となった長田大主《なあたうふしゅ》を匿ったとの伝承が残る洞穴「ナータ穴」や当遺跡の東側には村立てに関係する井戸「花城井」が位置している。

【参考文献】新城徳祐『沖縄の城跡』（緑と生活社、一九八二）、小野正敏「八重山の中世廃村遺跡」『日本歴史』第五九七号（吉川弘文館、一九九八）、仲盛敦「花城村跡遺跡発掘調査の概要」『村が語る沖縄の歴史』（新人物往来社、一九九九）

（山本正昭）

●断崖沿いに立つ防御集落遺跡

ブリブチ遺《い》跡《せき》（下田原城）

〔国指定史跡〕

〔所在地〕八重山郡竹富町波照間
〔比　高〕約一メートル
〔分　類〕山城
〔年　代〕一四世紀頃
〔城　主〕—
〔交通アクセス〕波照間港から徒歩一五分。

【連郭式の防御集落】　波照間島北海岸から約二〇〇メートルほど内陸側に立地する防御集落跡で、北西向きの急峻な崖を利用して築かれている。一四〜一六世紀頃の集落遺跡と考えられている。国指定史跡としての名称は「下田原城跡」となっているが、遺跡の実態をより反映したものとして「ブリブチ遺跡」とも称される。近くには下田原貝塚や大泊浜《おおどまりはま》貝塚など先史時代の遺跡も存在する。

本遺跡に関する記録や伝承はなく、誰が創建し住んでいたのかも不明である。波照間島にはブリブチ遺跡のほかマシュク村遺跡、ペミシュク遺跡など同時期の集落遺跡が多数存在しており、伝承によると「ブリャ」と呼ばれる有力者がそれぞれの集落を拠点としていたという。各集落は細胞状の不整然区画を連結した造りで、集落に街路はなく各区画が直接、通用門でつながる。八重山諸島にみられる古集落の形態であり、とくにマシュク村遺跡は約七〇もの区画が残存している。ただしブリブチ遺跡はその立地から島のなかでも防御的な性格の強い城塞的な構造を持つといえよう。

ブリブチ遺跡は北の大泊浜海岸とほぼ併行する崖沿いに築かれ、不整然の細胞状に野面積《のづらづみ》の石塁囲いを約二〇区画も連結させた複雑な構造をしている。大泊浜から遺跡に向かう「カミの道」と呼ばれる古道を挟んで東西の地区に分かれるが、東側は未調査で保存状態も悪い。西側は断崖上に東西二〇〇メートル、南北一五〇メートルの規模で石塁が残っており、西端には主郭に相当すると思われる東西四三メートル、南北二三メートルの広い区

●―周辺図（竹富町教育委員会提供）

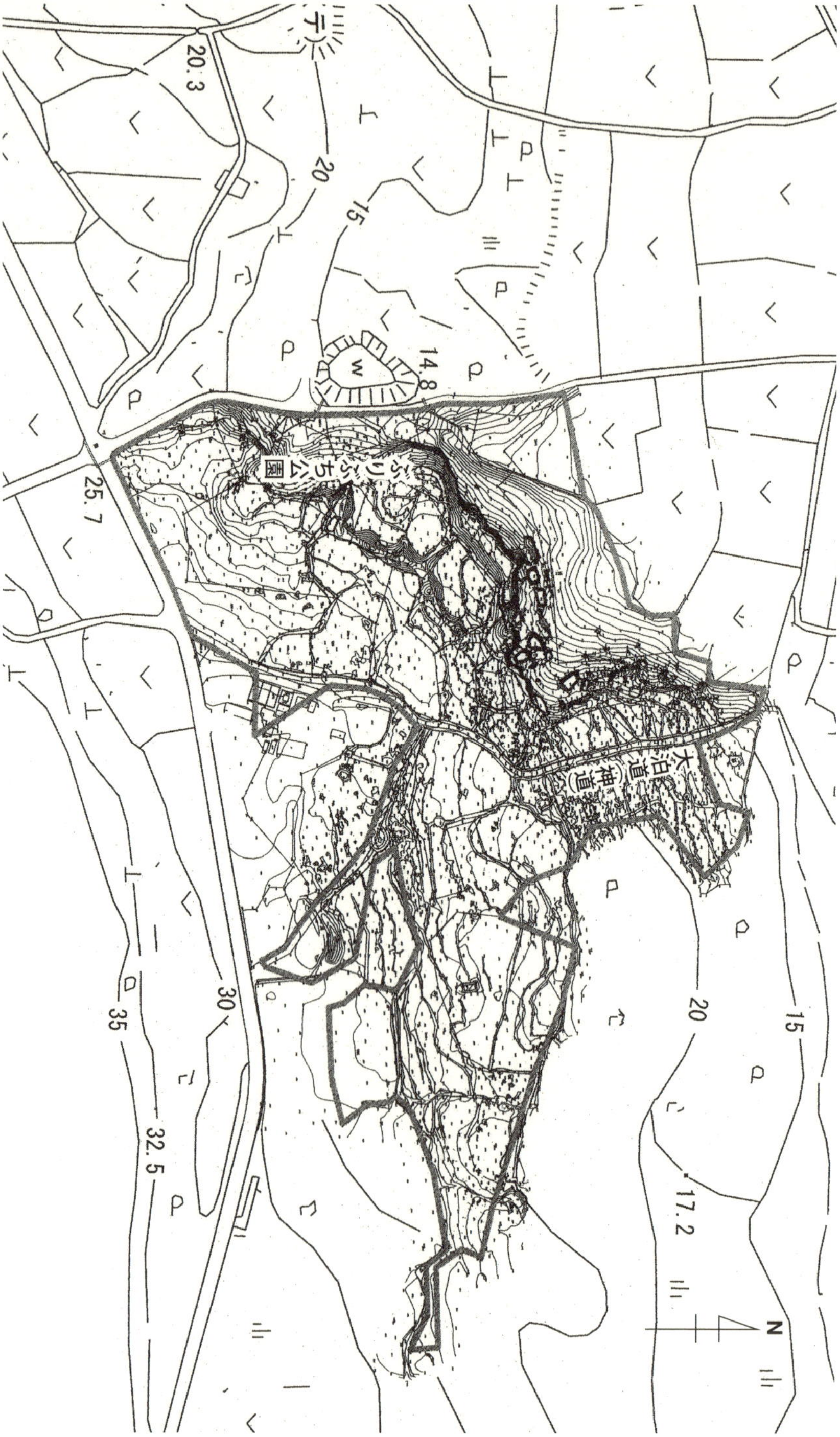

●—入口付近の石垣

画があり、南側に腰郭《こしぐるわ》のような三つの小区画を設けている。主郭から北東側へ断崖に沿って各区画が配置され、それぞれ通用門で連結される。

一九七二年、沖縄の日本復帰を記念して本遺跡は島民の手により「ぶりぶち公園」として整備された。二〇〇三年には国指定史跡となり、今後の本格的な調査や史跡としての整備が待たれる。

【参考文献】石垣市教育委員会市史編集課編『石垣市史　考古編』（二〇一五）、當眞嗣一『琉球グスク研究』（琉球書房、二〇一二）、竹富町教育委員会編『下田原城跡　国指定史跡保存管理計画書』（二〇〇六）

（上里隆史）

執筆者略歴

安斎英介（あんざい　えいすけ）	1982年生まれ	浦添市教育委員会
上里隆史（うえざと　たかし）	別掲	
大城一成（おおしろ　かずなり）	1969年生まれ	糸満市教育委員会
崎原恒寿（さきはら　つねひさ）	1980年生まれ	恩納村教育委員会
當眞嗣一（とうま　しいち）	1944年生まれ	グスク研究所代表
渡久地真（とぐち　まこと）	1970年生まれ	中城村教育委員会
中島徹也（なかじま　てつや）	1972年生まれ	久米島町教育委員会
仁王浩司（におう　こうじ）	1975年生まれ	浦添市教育委員会
比嘉清和（ひが　きよかず）	1975年生まれ	沖縄市教育委員会
宮城弘樹（みやぎ　ひろき）	1975年生まれ	沖縄国際大学総合文化学部
宮城伸一（みやぎ　しんいち）	1969年生まれ	うるま市教育委員会
盛本　勲（もりもと　いさお）	1955年生まれ	沖縄県立埋蔵文化財センター
山里昌次（やまざと　まさじ）	1967年生まれ	南城市教育委員会
山本正昭（やまもと　まさあき）	別掲	

編者略歴

上里隆史

一九七六年、長野県に生まれる
二〇〇六年、早稲田大学大学院文学研究科修士課程修了
現在、法政大学沖縄文化研究所国内研究員
専攻は古琉球史（文献史学）

〔主要著書〕

『海の王国・琉球』（洋泉社歴史新書y、二〇一二）
『尚氏と首里城』（吉川弘文館、二〇一五）
『琉日戦争一六〇九』（ボーダーインク、二〇〇九）
『新聞投稿に見る百年前の沖縄』（原書房、二〇一六）

山本正昭

一九七四年、大阪府に生まれる
琉球大学大学院人文社会科学研究科博士後期課程修了
博士（学術）
現在、沖縄県立博物館・美術館主任学芸員
専攻は考古学

〔主要著書・論文〕

『南島考古入門』（沖縄考古学会、二〇一八）
「城時代とグスク時代」『南島考古』第三六号（沖縄考古学会、二〇一七）

沖縄の名城を歩く

二〇一九年（平成三十一）三月一日　第一刷発行

編者　上里《うえざと》隆史《たかし》
　　　山本《やまもと》正昭《まさあき》

発行者　吉川道郎

発行所　株式会社　吉川弘文館

郵便番号一一三—〇〇三三
東京都文京区本郷七丁目二番八号
電話〇三—三八一三—九一五一〈代〉
振替口座〇〇一〇〇—五—二四四番
http://www.yoshikawa-k.co.jp/

組版・製作＝有限会社 秋耕社
印刷＝株式会社 平文社
製本＝ナショナル製本協同組合
装幀＝河村 誠

ISBN978-4-642-08344-7